临夏

民族地区脱贫发展的实践探索

LINXIA
MINZU DIQU TUOPIN FAZHAN DE
SHIJIAN TANSUO

张丽君　龙贺兴　许晨 ◎ 著

中国出版集团
研究出版社

图书在版编目 (CIP) 数据

临夏：民族地区脱贫发展的实践探索 / 国务院扶贫办组织编写 . -- 北京：研究出版社，2021.4
ISBN 978-7-5199-1036-5

Ⅰ.①临… Ⅱ.①国… Ⅲ.①扶贫 – 研究 – 临夏市
Ⅳ.① F127.423

中国版本图书馆 CIP 数据核字 (2021) 第 042923 号

临夏：民族地区脱贫发展的实践探索
LINXIA：MINZU DIQU TUOPIN FAZHAN DE SHIJIAN TANSUO

国务院扶贫办　组织编写

责任编辑：寇颖丹

研究出版社 出版发行
（100011　北京市朝阳区安华里 504 号 A 座）
河北赛文印刷有限公司　新华书店经销
2021 年 6 月第 1 版　2021 年 6 月北京第 1 次印刷
开本：710 毫米 ×1000 毫米　1/16　印张：17.5
字数：233 千字
ISBN 978 – 7 – 5199 – 1036 – 5　定价：39.00 元
邮购地址 100011　北京市朝阳区安华里 504 号 A 座
电话（010）64217619　64217612（发行中心）

版权所有·侵权必究
凡购买本社图书，如有印制质量问题，我社负责调换。

"新时代中国县域脱贫攻坚研究丛书"
编审指导委员会

主　任：刘永富　谭　跃

副主任：欧青平　洪天云　陈志刚　夏更生　黄志坚

委　员：海　波　陈武明　苏国霞　王光才　黄　艳　左常升
　　　　曲天军　杨　炼　许健民　桑　明　黄承伟　刘俊文
　　　　李富君　陆春生　李　岩　陈永刚

评审专家组：（按姓氏笔画排序）
　　　　于鸿君　王晓毅　艾四林　左　停　叶敬忠　向德平
　　　　刘晓山　张　琦　张志明　张丽君　陆汉文　和　龚
　　　　郑风田　郝振省　曹　立

《临夏：民族地区脱贫发展的实践探索》编写组

主　　编：张丽君

副 主 编：龙贺兴　许　晨

编写人员：马吉忠　马潇骁　帅昭文　红　霞　吴本健

　　　　　杨文勇　周嘉辰　赵思博　骆焕琪　曾新欣

　　　　　詹筱媛　熊　健

目 录

概　要 / 001

第一章　导论 / 009
　　一、研究背景和意义 / 010
　　二、民族地区贫困问题的成因和治理 / 013
　　三、临夏市脱贫攻坚的成效 / 022
　　四、研究内容和框架 / 031
　　五、研究方法 / 034

第二章　临夏市农村的贫困问题及其挑战 / 037
　　一、自然经济社会特点 / 037
　　二、扶贫开发的基本历程 / 046
　　三、贫困人口的基本特征 / 053
　　四、脱贫攻坚面临的主要挑战 / 059

第三章　临夏市精准扶贫治理体系构建 / 063
　　一、建立总揽全局协调各方的脱贫攻坚领导机制 / 063
　　二、构建协同推进的三位一体大扶贫格局 / 068

三、构建市镇村户四级帮扶联动体制 / 073

四、加强基层党组织建设 / 076

五、建立监督考核激励机制 / 081

六、构建精准扶贫治理体系的成效 / 084

第四章 临夏市贫困人口的精准识别、动态调整和精准退出 / 092

一、精准识别 / 092

二、动态管理 / 105

三、精准退出 / 111

第五章 临夏市坚持扶贫扶志扶智相结合激发脱贫内生动力 / 120

一、贫困群众的内生动力不足问题 / 120

二、扶贫扶志扶智行动的主要做法 / 123

三、扶贫扶志扶智行动的成效 / 137

第六章 临夏市以城带乡推进产业扶贫 / 149

一、贫困户发展产业面临的挑战 / 149

二、产业扶贫的主要做法 / 152

三、产业扶贫的成效 / 171

第七章 临夏市以就近就业推动就业扶贫 / 177

一、贫困户面临的就业挑战 / 177

二、就业脱贫的主要做法 / 182

三、就业扶贫的主要成效 / 209

第八章 临夏市健康扶贫提升健康水平 / 216

一、脱贫攻坚路上的医疗卫生挑战 / 216

二、健康扶贫的主要做法 / 220

三、健康扶贫的成效 / 231

第九章 临夏市脱贫摘帽的经验、启示和展望 / 238

一、脱贫摘帽的基本经验 / 238

二、脱贫摘帽的重要启示 / 245

三、从脱贫攻坚走向乡村振兴 / 253

参考文献 / 259

后　记 / 267

概　要

减少和消除贫困是全球重要的发展问题。自1978年以来，中国的多轮扶贫行动取得了巨大的成就：若按世界银行早期1天1美元的贫困标准，中国在过去40年共减少了8亿多贫困人口，贡献了全球同期减贫人口的90%以上；若按人均每天支出1.9美元的现行国际贫困标准，过去40年中国共减少贫困人口8.5亿多人，对全球减贫贡献率超过70%。中国也是世界上首个实现联合国千年发展目标中减贫目标的国家。党的十八大以来，以习近平同志为核心的党中央高度重视脱贫攻坚工作，着眼于全面建成小康社会，把扶贫开发纳入"四个全面"战略布局，推动贫困地区和贫困群众加快脱贫致富奔小康步伐，中国减贫事业取得了巨大成就。

为了真实记录党的十八大以来中国脱贫攻坚波澜壮阔的生动实践，全面宣传脱贫攻坚的历史成就，丰富和发展中国特色扶贫开发理论，国务院扶贫办组织实施了"贫困县摘帽案例研究"项目。2018年11月，受国务院扶贫开发领导小组办公室全国扶贫宣传教育中心委托，中央民族大学少数民族扶贫研究院承担了甘肃省临夏市（县级市）的"贫困县摘帽案例研究"，负责全面总结甘肃省临夏市摘帽过程中的问题、做法和成效，系统提炼临夏市脱贫攻坚典型经验，为宣传民族地区脱贫摘帽的成就经验提供案例支持。2018年12月，课题组一行15人赴甘肃省临夏州临夏市，通过座谈会、关键人物访谈、小组访谈、问卷调查、参与式观察等方法，全面了解临夏市脱贫攻坚中面临的问题、主要做法、典型经验，探讨临夏市脱贫摘帽后可持续稳定脱贫和乡村振兴战略的谋划和打算。

本书围绕"扶持谁、谁来扶、怎么扶"构建研究内容和逻辑，重点回答了下列问题：临夏市贫困人口的致贫原因和面临挑战有哪些？如何构建县域精准扶贫治理体系开展精准扶贫？如何贯彻落实精准扶贫、精准脱贫方略？脱贫攻坚有哪些值得总结和借鉴的经验和教训？如何将脱贫攻坚与实施乡村振兴战略相衔接？为此，本书共分九章来回答上述问题：第一、二章是研究背景部分，分别介绍研究的背景、意义、内容和方法，以及临夏市农村贫困问题的表现、原因及其挑战；第三章介绍临夏市精准扶贫治理体系构建，回答"谁来扶"的问题；第四章介绍临夏市如何对贫困人口进行精准识别、动态调整和精准退出，回答"扶持谁"的问题；第五、六、七、八章分别介绍临夏市如何实施扶贫扶志扶智行动、产业扶贫、就业扶贫、健康扶贫，回答"怎么扶"的问题；第九章是总结部分，分析临夏市脱贫摘帽的基本经验、重要启示和展望。

民族地区作为深度贫困的集中地带，是深度贫困攻坚战的主战场，尤其是少数民族集中聚居的"三区三州"，更是脱贫攻坚的坚中之坚、难中之难。临夏市地处黄河上游，位于甘肃省西南部，是临夏回族自治州（以下称"临夏州"）州府所在地，2011年被确定为六盘山连片特困地区贫困县。2017年临夏州被列入集中连片的深度贫困地区（"三区三州"之一），临夏市因此也成为深度贫困地区。2013年以来，临夏市将脱贫攻坚当成政治任务、主业主责来抓，强化党建引领，主动担当作为，配备最精锐的扶贫队伍，凝聚全市人民力量和全社会的智慧，多措并举、一户一策，全力打赢打好脱贫攻坚战。经县级自评、市级初审、省级核查验收、国家专项评估检查，2018年9月甘肃省人民政府正式批准临夏市退出贫困县，成为截至2017年的全国153个摘帽县之一。全面梳理和分析临夏市脱贫攻坚主要做法和经验教训，有利于了解民族地区脱贫摘帽后贫困县和贫困人口面临的问题和挑战，为2020年之后新减贫战略制定、乡村振兴战略实施提供实践依据和案例支持。

临夏市的自然、经济、社会环境具有如下六个典型特征：（1）地处黄河上游，州府所在地。临夏市是全州政治、经济、文化和商业中心，辖区面积为88.6平方公里，仅辖4个镇7个街道，包括36个行政村37个社区。（2）生态环境脆弱，自然资源贫乏。水资源地域分布极不均衡，水土流失严重，矿产资源匮乏，人均耕地面积仅为0.37亩，不利于发展农业生产。（3）经济发展水平较低，服务业为主导产业。经济发展水平相对全国较差，但相对于临夏州的各个市县较好。一二三产业比重分别为6.49%、19.77%、73.74%。2013年临夏市农村人均可支配收入为7296元，仅占全国9430元的77.37%。（4）城镇化水平高，呈现出"半城半农"特点。人口密度为每平方公里3238人，是全国人口高密度县市之一。2017年常住人口城镇化率为88.62%，远高于全国的58.52%。城乡二元结构仍然明显，城乡发展一体化程度仍然较低。（5）区位优势突出，商旅文化浓厚。临夏市是茶马古道的旱码头，是古代西部地区的重要商埠，是丝绸之路经济带上的西部地区的重要节点，商贾文化发达。费孝通先生曾有"东有温州、西有河州（今临夏市）"的论断。（6）各民族友好聚居，宗教信仰多元。临夏市有汉族、回族、东乡族、保安族、撒拉族等18个民族，少数民族人口占总人口的53%。伊斯兰教、佛教、道教、基督教四大宗教并存，尤其是伊斯兰文化浓厚，穆斯林风情浓郁。汉族离不开少数民族、少数民族离不开汉族、少数民族之间也相互离不开的观念深入人心。

2013年以来，临夏市的脱贫攻坚取得了历史性成就，包括：（1）贫困人口大幅度减少，贫困发生率显著下降。贫困发生率从2013年的27.83%下降至2018年底的1.22%，建档立卡贫困人口从2013年的5943户2.51万人下降到2018年的289户1052人。（2）高质量实现贫困人口

"两不愁三保障"目标。建档立卡户人均纯收入由2014年的2656.06元提高到了2018年的6574.4元。农村人均可支配收入以年均8.5%的速度增长,城镇居民人均可支配收入以年均8.4%的速度增长。实现学前到高中全程免费教育,义务教育巩固率达到99.2%,高中毛入学率达到93.1%。优惠医疗服务和社会保障政策符合条件贫困人口全覆盖,农民全部住上安全住房。贫困户内生动力、精神面貌、自我"造血"能力大幅度提升。累计培训建档立卡贫困劳动力6282人,岗位工资收入比培训前人均增加300元左右,就业稳定率比未参加培训前提升10%~15%左右。(3)农村基本公共服务水平和质量明显提高。所有行政村均修建了标准化村卫生室、幼儿园、村级文体广场、综合文化站、农家书屋、老年人日间照料(活动)中心以及健身中心,百分百覆盖水、电、宽带网络、电视信号、通信信号、垃圾处理。(4)地方治理体系日趋完善,地方治理能力不断提升。变传统的"大水漫灌"式减贫模式为"精准滴灌"式减贫模式,促进了跨部门合作协调,调动了政府、市场和社会力量的积极参与,提升了地方政府以脱贫攻坚统领经济社会全局发展的能力。软弱涣散农村基层党组织全面整顿,村干部老中青合理搭配,带领群众脱贫致富和治理能力不断提升。(5)锤炼和培养出一支能打胜仗、作风优良的精兵强将队伍。推动干部人才向贫困村下沉,在脱贫攻坚第一线锤炼、培养和发现干部,涌现出一大批先进人物和先进事迹。党员充分发挥了模范带头作用,成为县域和乡村治理的主要实践者和推动者。(6)形成一批城郊特色富民产业,城乡产业融合水平不断提高。形成了城郊型设施蔬菜、优质林果、畜禽养殖、休闲旅游等城郊特色富民产业,极大地带动了贫困户脱贫致富。贫困村集体经济明显改善,农业合作社蓬勃发展。(7)乡村风气明显改善。通过扶贫扶志扶智相结合,有效解决了邻里、家庭之间的矛盾,大大减少了农村陋习,人与人之间更亲近了,家庭更和睦了,乡村文化更繁荣了。

（8）民族团结和宗教事业得到长足性发展。少数民族与汉族之间人均收入差距缩小到709元，少数民族妇女家庭地位和生活信心不断提高，少数民族居民和民族村组同享一样的基础设施、医疗、教育、文化、社会保障等公共服务，各民族相知相亲相惜、交往交流交融。

临夏市能在短短几年内成功实现脱贫摘帽，其基本经验有以下六点：（1）习近平精准扶贫方略是打赢脱贫攻坚战的根本指导。临夏市坚决贯彻落实党中央、各级各部门关于精准扶贫、精准脱贫方略的一系列方针政策，变传统的"大水漫灌"式减贫模式为"精准滴灌"式减贫模式，在顶层设计、具体目标、具体操作等方面都以习近平精准扶贫方略为根本指导。（2）有一个善谋划、敢担当、有作为的领导班子和一支团结、协作、齐心的精锐队伍。领导班子将脱贫攻坚当成政治任务、主业主责来抓，四大班子领导各级干部全部参与脱贫攻坚工作，建立了四大班子主要负责人包镇、县级领导包村、科级干部包社、一般干部联户的四级帮扶体系，认真落实选人用人政策，将最强的领导力量、最优的帮扶资源向贫困村倾斜，为贫困村配强驻村帮扶工作队，为贫困户精准选派帮扶责任人，激发干部干事创业热情，形成了全社会脱贫攻坚的强大合力。（3）聚焦"两不愁三保障"，靶向"滴灌"精准施策。从贫困户最需要处入手，从短板处发力，积极构建专项扶贫、行业扶贫、社会扶贫"三位一体"的大扶贫格局，精准高效引导资源集中用于帮助贫困村、贫困户解决义务教育、基本医疗、住房安全、产业发展、就业等方面的问题，用心、用情、用力解决"两不愁三保障"的突出问题。形成了覆盖学前至高中阶段的免费教育体系，使贫困家庭学生再也不用为支付不起学费而发愁，阻断了贫困的代际传递。（4）坚持扶贫扶志扶智相结合，激发贫困人口内生动力和"造血"能力。坚持物质扶贫与精神扶贫双管齐下，倡导以德扶贫，培育文明乡风、良好家风、淳朴民风。（5）将脱贫攻坚与城乡融合发展相结合，有效解决"怎么扶"的问题。打破壁垒，实现城市人才、资本、技术、信息等要素与农村闲置、低效利用资源的有效对接。发展比较有优势的城郊型特色产业，通过全员技能培训、提供公益性岗位和发展扶贫车间，促进贫困劳动力就地、就近稳定就业，形成覆盖学前至高中阶段城乡孩子的免费教育体系，建立覆盖所有村庄的"市—镇—村"三级医疗服务体系，在产业、就业、教育、医疗等方面探索出一条以城带乡、城乡共建解决"怎么扶"问题的道路。（6）让少数民族群众同享脱贫政策，决不能让一个人掉队。在脱贫攻坚过程中注重对弱势群体的扶持，提高女性在家庭中的地位。让少数民族群众同享产业、医疗、教育、金融、就业、住房改建等帮扶政策，促进少数民族村庄和群众融入现代产业体系、现代公共服务体系、现代教育体系，弱化脱贫攻坚中的民族成分和差别，促进脱贫攻坚与铸牢中华民族共同体意识相融合、相促进。

　　临夏市成功实现脱贫摘帽的重要启示有以下三点。（1）坚持精准扶贫与区域发展相结合。按照精准扶贫、精准脱贫方略，把真正的贫困人口弄清楚，把贫困程度、致贫原因等搞清楚，因户施策推进教育扶贫、就业扶贫、产业扶贫、健康扶贫，确保对贫困人口的精准扶贫和精准脱贫。以脱贫攻坚统揽经济社会发展，以城带乡，全面提升经济建设、政治建设、文化建设、社会建设和生态文明建设水平。（2）坚持有为政府与有效市场相结合。政府建立了脱贫攻坚责任、政策、投入、动员、监督、考核六大体系，提高教育、医疗、社会保障、基础设施等公共服务的可及性和质量，为打赢脱贫攻坚战提供了政治、制度、资金、人才保障。坚持以城带乡、城乡融合发展，遵循市场和产业发展规律，让贫困户、农业合作社、村集体因地制宜选择产业发展方向和模式，自主经营，提高产业发展的持续性和有效性。（3）坚持外部力量与地方主体性相结合。用好和用活上级政府的精准扶贫、精准脱贫政策、项目、举措和资金。建立一支由当地政府干部、当地企业家、村干部等为主体的贫困治理队伍，坚持贫困群众的主体地位，在坚持精准扶贫、精准脱贫方略的基础上结合本地实际创新贫困治理手段和方案，走出一条民族地区城郊型农村精准扶贫、精准脱贫之路。

促进脱贫攻坚和实施乡村振兴战略有机衔接是临夏市今后一段时期的优先任务，需要从以下几个方面协调推进、统筹兼顾。（1）细心查问题、补短板，巩固脱贫成果。把不可持续的政策和措施调整到可持续方向上，把风险大的措施慢慢消化掉。形成可持续的人才和制度保障措施，以期管理脱贫攻坚期间形成的庞大集体资产。彻底破除"等靠要"思想，进一步激发贫困户脱贫致富的内生动力。减少政府对产业扶贫和金融贷款的行政干预。（2）以城乡融合发展引领乡村振兴，打造深度贫困地区城乡融合发展模式。进一步改革城乡人才、资金、技术、资源流动的障碍，增加城乡人才、资金、技术等资源要素双向流动，加快农村宅基地制度、集体经营性建设用地制度入市改革，全面提升城乡融合发展水平。（3）谋划推进一批水土流失治理、山水林田湖草治理、退耕还林还草等方向的重大生态建设项目，打造临夏特色村寨。建立健全生态文明综合考评机制，量化生态环境，建立健全水资源生态补偿机制。因地制宜，注重特色民居保护，开展美丽乡村整体规划，扶持农民开展房屋和院落装修，打造临夏特色村寨。（4）深入推进以德治家，以家风带动民风，育化乡风文明。重视0—6岁儿童品德教育，拓展农村地区老年群体养老服务。组织开展各类民族特色的民俗文化活动，让节日更富乡风特色，让农村更具有文化气息。举办送文化下乡、大型民间文艺表演、体育竞技等形式多样的文体活动，全面提升乡镇综合文化站和村综合文化中心使用率，繁荣乡村文化。（5）以党建统领农村自治组织建设，推动自治、德治、法治融合，促进社区治理见成效。以党建统领村民代表会议、村民议事会、农业合作社、资金互助式、宗教团队等自治组织建设，构建乡村治理新体系。继续推动移风易俗，着力整治歪风陋习，营造积极向上社会风气。提高村民自我服务、自我管理的能力，增强社区的凝聚力、向心力、创造力和归属感。（6）以增加农民财产性收入和工资收入为突破口，不断提高农民收入水平。深化农村要素资源市场化改革，促进农村集体土地便利进入市场，增加农民财产性收入。不断完善城乡统一的社会保障体系，兜底保障困难群众生活。强化技能培训和本地高质量岗位供给，利用现代科技建设"互联网+岗位"平台并向农民进行个性化岗位推荐，促进本地农民就地、就近城镇化。

第一章 导论

2018年9月29日，甘肃省政府发出通知，正式批准包括临夏市在内的6个国家集中连片特困地区贫困县退出贫困县序列。自此，临夏市不仅成为临夏州首个脱贫摘帽的贫困县市，也成为截至2017年全国153个脱贫摘帽县之一，更是在发展历史上首次实现了在现行标准下整体性消除绝对贫困，与全国一道迈入全面小康社会。临夏市脱贫摘帽顺应了老百姓过上幸福生活、追求共同富裕的美好愿望和需求，深刻体现了中华人民共和国成立70年一代代共产党人不忘初心、牢记使命、苦干实干的情怀和担当，集中展现了改革开放40年中国风雨砥砺、壮丽史诗般的发展奇迹，突出反映了党的十八大以来，在以习近平同志为核心的党中央领导下党和国家事业取得的历史性成就和发生的历史性变革。尤其是，党的十八大以来，临夏市各族干部群众在习近平总书记关于扶贫工作重要论述的指导下，在党中央、甘肃省、临夏州的坚强领导、精心谋划、科学决策下，团结一心、前赴后继、艰苦奋斗，走出了一条经得起时间和历史检验的民族地区城郊型农村精准扶贫、精准脱贫之路。临夏脱贫攻坚的伟大实践生动彰显了习近平总书记关于扶贫工作重要论述的巨大力量，其做法和经验不仅可以为民族地区所借鉴，也可以是中国的，甚至是全世界的。

一、研究背景和意义

减少和消除贫困是世界各国努力的目标。改革开放40年来，中国减贫事业取得了巨大的成就：若按1天1美元的贫困标准，中国在过去40年共减少了8亿多贫困人口，贡献了全球同期减贫人口的90%以上；若按人均每天支出1.9美元的现行国际贫困标准，过去40年中国共减少贫困人口8.5亿多人，对全球减贫贡献率超过70%。伴随着经济社会的发展，中国的贫困标准也在不断提高。1985年，中国确定的第一条贫困线为人均200元（1984年不变价，之后每年根据物价水平调整）；2000年国家确定了人均865元的低收入线标准；2011年中国政府进一步将贫困标准提高到2300元（2010年不变价），确定了现行的贫困标准。按中国现行贫困标准，1978年至2017年，中国农村贫困人口由7.7亿人减少到3046万人，贫困发生率由97.5%下降到3.1%。党的十八大以来，以习近平同志为核心的党中央高度重视扶贫开发工作，提出了精准扶贫重要论述。伴随着精准扶贫、精准脱贫方略的持续推进，中国的减贫事业取得了巨大的成就，农村贫困人口从2012年末的9899万人减少至2018年底的1660万人，贫困发生率从2012年的10.1%降至2018年的1.7%，每年有1000多万人稳定脱贫。832个贫困县有一半已摘帽，贫困村已有80%左右退出。

自20世纪80年代以来，经济社会的持续发展和多轮扶贫攻坚行动的持续推进基本解决了好扶、能扶地区和群体的贫困问题，我国的贫困人口越来越向深度贫困地区和特殊群体集中（黄承伟，2016；汪三贵、曾小溪，2018）。2013年11月，习近平总书记在湖南省湘西自治州花垣县十八洞村首次提出精准扶贫理念，明确了"六个精准"（扶贫对象精准、措施到户精准、项目安排精准、资金使用精准、因村派人精准、脱贫成效精准）和"五个一批"（发展生产脱贫一批、易地扶贫搬迁脱贫一批、生态补偿脱贫一批、发展教育脱贫一批、社会保障兜底一批）的要求，由此拉开了新时期中国精准扶贫、精准脱贫的序幕。2017年6月23日，习近平总书记在山西太原召开的深度贫困地区脱贫攻坚座谈会上强调，脱贫攻坚本来就是一场硬仗，深度贫困地区脱贫攻坚是这场硬仗中的硬仗，并提出要将新增脱贫攻坚资金主要用于深度贫困地区、新增脱贫攻坚项目主要布局于深度贫困地区、新增脱贫攻坚举措主要集中于深度贫困地区，着力强化对"三区三州"（主要包括西藏、新疆南疆四地州、四省藏区、甘肃的临夏州、四川的凉山州和云南的怒江州）的投入保障力度。2017年底，国务院扶贫办和各省区市进一步确定了深度贫困县、深度贫困乡镇、深度贫困村。

习近平总书记指出，让人民过上幸福美好的生活是我们的奋斗目标，全面建成小康社会一个民族、一个家庭、一个人都不能少。民族地区作为深度贫困的集中地带，自然成为深度贫困攻坚战的主战场，尤其是少数民族集中聚居的"三区三州"，更是脱贫攻坚的坚中之坚、难中之难（郑文德，2017；李俊杰、狄新，2018；王延中、宁亚芳，2018）。与一般贫困地区相比，民族地区集中分布在边疆地区或内陆偏远山区，基础设施和社会事业发展滞后，生态环境脆弱，自然灾害频发，贫困发生率高，人均可支配收入低，脱贫成本高、难度大，返贫风险大（张丽君等，2015；刘小珉，2017）。少数民族有其特有的文化、生活习惯和生产方式，对贫困的认知、致贫原因、贫困表现和对扶贫政策的反应均存在特殊性。在精准扶贫政策中，需要根据他们的特性采取针对性的扶贫措施。如果说脱贫攻坚是我们党面临的一场大考，那全面打赢民族地区脱贫攻坚战就是这场考卷中的一道大题、难题、重分题，而适用于一般贫困地区的政策方法未必都适用于民族地区。如何拿下这道题，关乎全面建成小康社会、关乎民族团结进步，是民族地区党委政府的重大政治任务和头等大事，考验着各级党员干部的党性、担当、智慧和经济社会治理能力。

在理论上，对于民族地区如何实现整体性脱贫摘帽，目前的研究关注仍不足。现有的对民族地区贫困的研究大多遵循一般贫困的分析框架，加上数据获取困难，大多是对某个民族地区、某一特殊成因或现象的分析，缺乏系统和深入的论证，更没有研究从长期角度对某一个民族地区如何消除绝对贫困的主要做法和经验教训进行系统归纳、提炼（李俊杰、李海鹏，2013；杨浩等，2016；张丽君等，2017；王飞，2018）。党中央、国务院对脱贫攻坚作出了统一部署和安排，但全国各个贫困县的情况千差万别，各个贫困县贯彻落实精准扶贫、精准脱贫相关政策的行动不可能是千篇一律的。实际上，如何推动精准扶贫、精准脱贫基本方略的落地、落实、落细是一个因地制宜和不断探索的过程，这使得脱贫攻坚的具体落实举措大多具有多样化和地方化特征（左停等，2015；王晓毅，2016；殷浩栋等，2017）。尤其是在民族地区，经济增长的减贫效应在减弱，常规的扶贫手段难以奏效。为此，各贫困地区结合实际情况开展了丰富多彩的精准扶贫、精准脱贫实践，形成了许多各具特色的做法、模式和经验（李长亮，2017；李忠斌，2018；张丽君等，2017）。有必要强化民族地区贫困县的案例研究，通过对典型个案进行深入细致的分析研究，如实地描述实践中发生的故事，从而积累众多的类型，并逐步从局部走向整体，实现对脱贫攻坚全貌的了解。系统调查、梳理和研究民族地区贫困县的脱贫攻坚主要做法和经验教训，有利于了解脱贫摘帽后贫困县和贫困人口面临的问题和挑战，为2020年之后新减贫战略制定、乡村振兴战略实施提供实践依据和案例支持。

上述问题引出本案例研究的核心问题：党的十八大以来，民族地区贫困县如何顺利实现脱贫摘帽，与全国人民一同步入小康？民族地区贫困县如何结合自身实际践行精准扶贫、精准脱贫方略？民族地区贫困县脱贫攻坚有哪些值得总结和借鉴的经验和教训？民族地区贫困县如何将脱贫攻坚与实施乡村振兴战略相衔接？临夏州属于全国脱贫攻坚难度最大的"三区三州"，而临夏市又是甘肃省第一批、临夏州首个脱贫摘帽的贫困县市，属于2017年全国脱贫摘帽的153个县之一。本书将检视党的十八大以来临夏市脱贫攻坚的伟大历程、主要做法和经验教训，为决策者、实践者和理论工作者提供临夏市探索上述问题的答案。

二、民族地区贫困问题的成因和治理

我国的深度贫困地区分为三类：一是集中连片的深度贫困地区，主要包括西藏、新疆南疆四地州、四省藏区、甘肃的临夏州、四川的凉山州和云南的怒江州；二是深度贫困县，这些县贫困发生率平均为23%，县均贫困人口近3万人，分布在全国14个省区；三是深度贫困村。连片的深度贫困地区全部分布在民族地区，深度贫困县和深度贫困村也大多分布在民族地区。为了"在实现全面小康路上不漏一户、不落一人"，集中力量攻克贫困难题，厘清深度贫困民族地区的贫困成因和现有扶贫政策的效果成为贫困研究亟须回应的重大问题。

（一）民族地区的贫困成因

贫困就个体而言，指个体在某一时间段内要素资源短缺或者环境受到限制的状态。贫困最早被界定为物质匮乏或不平等。但随着研究深入，能力缺乏、文化落后、制度限制、权力剥夺、环境脆弱等都被认为是贫困的表现。

民族地区的深度贫困问题也是地理环境问题。首先，民族地区深度贫困集中分布在边疆地区或内陆偏远山区，如黄土高原、西南喀斯特山区、青藏高原区、蒙新干旱地区，基础设施建设难度大、成本高，交通、水利、电力、通信等基础设施落后，限制了贫困人口享受基本公共服务的权利，因"困"致"贫"问题突出（张丽君等，2015；李俊杰、狄新，2018；左停等，2018）。其次，民族地区自然生态条件相对恶劣，干旱、洪涝、泥石流、冰雪、沙尘暴等自然灾害频发，不少农民仍然"靠山吃山、靠水吃水、靠天吃饭"，陷入"贫困—生态环境退化—贫困"的恶性循环（汪三贵等，2012；李海鹏、梅傲寒，2016；赵雪雁等，2016）。最后，民族地区与我国重点生态功能区、生态脆弱区相重叠，生态保护同经济发展的矛盾比较突出（刘宥延等，2014；曹诗颂等，2016；周侃、王传胜，2016）。民族地区打赢脱贫攻坚战，需要坚持脱贫攻坚与生态保护并重，才能实现经济发展与生态保护的双赢。

地理位置偏远、基础设施建设滞后是民族地区难以脱贫的重要制约因素。由于受自然、地形等因素的影响，民族地区交通设施远远落后于城市，偏远地区大多是泥泞路，遇到阴雨季节，车辆、行人往往无法正常通行（杜毅等，2016）。如云南集中连片特困地区多处于高寒山区，导致基础设施建设与维护成本高，这样的气候条件也不利于当地第一产业的发展，为扶贫攻坚带来困难（桂金赛等，2016）。其他贫困地区也存在偏远、交通不便和高海拔等特点（唐毓懋，2011）。地理位置相对偏远的中西部农村地区在生产性基础设施的建设上严重滞后于东部城镇地区，交通不便、商品和劳动力流动受阻、信息不对称等现象频发，严重阻碍当地经济发展。薄弱的基础设施将减弱民族地区灾前预防、灾时应对和灾后恢复的能力（庄天慧等，2012）。

经济发展水平低是民族地区致贫的重要原因。民族地区农村往往以单一的农业经济为主，本地农民对自然生态依赖严重。贫困地区的自然条件恶劣，土地资源与其他自然资源不足，资源结构不合理，导致农户没有充裕的资源进行生产时陷入贫困。农业生产自身受自然因素的影响较大，恶劣的自然条件会导致农业生产效率低下，农业收入低而不稳，而农业的低收入又会导致农业现代化水平低、积累水平低，因此不能实现扩大再生产（杨龙等，2017）。单一的农业经济结构对自然生态依赖较重，当沉重的经济负担压在有限或者说本来就很少量的可利用土地资源上时，极易造成超负荷开发环境，加大了成灾的可能性。落后的经济发展水平使得该地区的经济表现出极其脆弱性，对灾害的抵抗能力弱，灾害对贫困人口的影响更大。相对于富裕家庭，贫困家庭对自然资源与环境的依赖性更大，抵御环境变化的能力较差。一旦环境出现恶化，必然会导致贫困的发生或者贫困程度的加剧。

较低的人口素质是民族地区农民陷入贫困的重要原因。贫困地区的教育、医疗等条件差，贫困家庭的现代生产知识匮乏和技能不足，人力资本发展水平较低（覃志敏，2015）。2001年，我国为优化农村教育资源配置、提高中小学教育投资效益和教育质量，对农村教育资源进行整合，开始实施了"撤点并校"改革，即摒弃过去"村村办学"的方式，整合临近学校的教育资源，合并办学。整合办学发挥了规模经济效应，节约了财政的中小学教育支出，但整合学校大多被放置在中心村或乡镇地区，引发农村子女上学距离增加、家庭教育支出上升，甚至辍学现象时有发生（丁冬、郑风田，2015；赵智兴等，2017；段博仁，2018；张朋、郑小凤，2018）。知识文化和劳动技能的欠缺，导致民族地区大多停留在粗放型的经济发展方式，这不仅造成资源浪费，而且也容易造成对环境的破坏。由于缺乏现代知识，一些贫困农民并不认为自己贫困，不会主动采取任何措施来改变现状，对外界给予的扶贫项目反应也不积极，表现为内生动力不足。

因病致贫和返贫的现象在民族地区较为普遍。左停、徐小言（2017）认为我国因病致贫、因贫致病现象十分严重。尤其是，深度贫困地区具有生态条件恶劣、经济脆弱、劳动技能相对较弱等特征，疾病尤其是重大疾病更易使该地区群众陷入"病—贫"交织的恶性循环之中。汪辉平等（2016）基于西部9省市1214个因病致贫户的问卷调查数据，发现疾病是导致农村居民贫困的重要原因，其中，患慢性病比重最高，危重病次之，地方病和意外伤害比重较低。王黔京等（2017）通过多阶段PPS抽样，对云南省集中连片特困地区和中心区域州（市）的10个县885户农村家庭进行健康扶贫问卷调查，发现存在着家庭规模小型化、家庭医疗卫生支出比例高、老年人口患病和共病现象严重、劳动力患病风险大、健康教育缺乏等问题。疾病或健康状况不良等因素使得个体或家庭的经济状况恶化或收入能力下降而陷入贫困的现象较为普遍（林闽钢，2016）。陈在余等（2017）发现农户因病致贫并非暂时性冲击，而是对家庭未来贫困具有显著的动态影响。

较低的社会保障水平也是民族地区的重要致贫原因。第一，民族地区社会保障的覆盖范围不足（龙玉其，2015）。除去新型农村合作医疗外，其他社会保险制度还有较大的扩充空间。养老保险覆盖面的不足使得民族地区一些老人的晚年生活缺乏保障，陷入老年贫困。医疗、失业、工伤、生育等其他社会保险覆盖面的不足使得民族地区的劳动者易陷入贫困境地。第二，民族地区社会保障的城乡差距较大（周林刚，2002；龙玉其，2015）。由于经济社会发展的城乡二元格局和社会保障制度的城乡分割，民族地区农村社会保障相对落后，社会保障发展的城乡差距较大。第三，民族地区的社会福利与社会救助发展相对滞后（龙玉其，2015；庞香萍，2016）。相比社会保险，民族地区社会福利与社会救助的发展更为滞后，削弱了社会保障体系的反贫困作用。第四，较低的地方财政自给能力削弱了社会保障待遇水平。民族地区地方财政自我创收能力有限，许多贫困县往往需要依靠中央政府和省政府的专项转移支付才能维持政府职能的正常运转，财政收入结构失衡情况严重，直接制约了其用于社会保障项的财政资金数额，削弱了当地的社会保障待遇水平。

（二）民族地区的贫困治理

深度贫困民族地区长期受自然环境恶劣等多维因素制约，既需要采取常规的转移支付、教育、社会保障等扶贫手段，也需要给予专门的支持措施。张丽君等（2017）基于我国贫困问题及其治理的演进历程，在厘清我国深度贫困内涵、现状和空间分布基础上，对我国现阶段民族地区贫困治理的机制和模式进行了归纳总结。莫光辉（2017）从创新、协调、绿色、开放、共享新发展理念出发，探讨了发展理念与扶贫实践的契合路径，认为民族地区脱贫攻坚政策在实践时需要以新发展理念作为价值导向。刘小珉（2017）通过适用于研究中国民族地区农村多维贫困的指标体系，对民族地区农村多维贫困问题做了实证分析。他认为多维贫困存在地区和民族两种差异，少数民族多维贫困较汉族严峻。揭子平、丁士军（2018）重点关注滇桂边境民族地区贫困的特殊性，从政府治理与社会力量参与、产业发展、教育培训、社会保障等方面提出了相应的反贫困对策。田先红（2018）认为我国西南少数民族地区农民家计模式较为传统，精准扶贫的重点应该是引入市场机制、充分释放农民家庭劳动力的潜能。

转移支付对贫困地区既有"输血"作用，也有"造血"作用。其中，贫困地区的"造血"能力较强，极度贫困地区财政转移支付更偏向"输血"。转移支付可以通过促进地区经济增长缩小收入差距，减少不平等进而治理相对贫困。王庶、岳希明（2017）利用基尼系数分解的方法比较了各类财政补贴在缩小收入差距方面的贡献，发现与其他财政补贴（如扶贫款等）相比，退耕补贴（相对）更容易被低收入群体获得。倘若不考虑农民参与项目后的创收能力是否有所提高，退耕还林工程在改善环境之余，同时将补贴更多地发放到穷人手中，仍不失为一项"双赢"的政策选择。

教育在扶贫工作中具有十分重要的地位。然而对教育与贫困之间的关系，学者的看法却存在分歧，比较常见的是以下两种观点。第一种观点是教育致贫论。认为贫困家庭对于教育的投资，加剧了家庭和社区的贫困程度，并且针对教育的投资具有不可预测性，未来收益不可知。这种思路是将教育单纯作为消费品看待，更多地关注教育可能为家庭带来一时的负担与开销，以及难以保证的未来预期。张宏军（2010）认为，就业市场对劳动力的需求与劳动力供给不匹配，造成部分通用型劳动者供给过剩，这也是"教育致贫"现象产生的原因，部分贫困人口由于外部条件限制，掌握就业相关信息有限，且毕业生就业收入与家庭投入并非显著正相关。杨小敏（2007）指出，教育成本分担体制存在不合理性，当教育支出与家庭承担能力不匹配时，"教育致贫"便会发生。第二种观点是教育脱贫论。认为教育可以改善人力资本结构，给接受教育的个体与家庭带来收入的提升，从而改善生活环境，最终摆脱贫困。"授人以鱼，不如授人以渔"，教育才是脱贫攻坚战的主力军，完善贫困地区的教育体系，因地因人制定教育方针是最根本的精准脱贫之道（宋嘉，2018）。许多研究致力于促进教育资源的社会流动，实现全体社会成员的教育利益，认为要确立公平理念、加大投入、深化改革、健全制度、注重均衡、侧重补偿、综合统筹、多管齐下地促进教育公平（龙安邦，2013）。具体措施有：实施教师定期流动制度，全面促进教育资源的合理流动，大力提升教育信息化，推动教育均衡发展（陈琳、陈耀华，2013）。

大部分学者认为农村劳动力转移有利于缩小城乡收入差距，消除贫困。李实（1999）认为在全国范围内，农村劳动力向城镇的定向转移，会促进农民收入增加，对缩小城乡之间、地区之间的收入差距具有正向作用，同时，也能起到防止农村内部收入差距扩大的作用。王小鲁、樊纲（2004）提出中国劳动力流动缩小地区差距主要通过两种机制，一是中西部低收入地区的劳动力输出，有利于缓解当地的就业压力，提高当地的生产效率；二是劳动力流动为中西部地区带来了收入的转移。刘一伟（2018）利用2014年中国家庭追踪调查数据（CFPS），实证分析劳动力流动与收入差距对农村居民贫困的影响。研究发现：第一，无论是采用人均每日消费1美元还是人均每日消费2美元衡量农村居民贫困，劳动力流动都显著改善了农村居民贫困状况；第二，劳动力流动能够提高农村居民收入水平，缩小农村居民的收入差距；第三，劳动力流动可以通过影响收入差距，改善贫困农村居民的收入不平等进而缓解农户的贫困状况，即遵循"居民贫困→劳动力流动→收入差距缩小"的作用机制改善农村居民贫困实现精准扶贫与脱贫。从长期来看，我国农村劳动力转移有利于缩小居民收入差距，因此，改革户籍制度、打破劳动力市场垄断、消除歧视、促进劳动力流动、完善劳动力市场，是缩小居民收入差距的重要途径。

消除贫困和改善生态环境是深度贫困民族地区普遍面临的挑战与难题，在处理二者间关系时，政府常常陷入两难的境地。一方面，这些地区的脱贫严重依赖资源开发，尽管短期内能够实现经济快速增长，但受限于落后的技术手段和粗放的发展模式，容易引发生态灾难；另一方面，政府在推行自然保护区、生态防护林等生态环境保护工程时，常因制度设计缺陷、补偿资金不足和政策效果的人群异质性，最终导致相关项目难以达到预期目标（祁新华等，2013；王赞新，2015）。如何制定合理的政策干预方案成为政府工作中的难点，而全面认识相关干预措施并准确评估其政策效果，则是解决这一问题的必要前提。

经过多年的努力，民族地区的贫困人口收入水平不断提升，生产生活条件不断改善，生态环境不断转好。然而，民族地区生态扶贫仍然面临不少问题，主要包括：现有生态补偿不足以弥补地方因生态保护带来的经济发展机会成本，无法解决贫困人口的长远生计问题（刘慧等，2013；许丽丽等，2016）；生态脆弱问题凸显，贫困人口面临的自然风险较高，应对自然风险的能力较低，返贫风险高（张钦等，2016）；将资源优势、生态优势转换为现实生产力，面临文化、基础设施、市场、资金、信息、人才、技术等方面的制约还比较突出，绿色经济发展有待加强（王晓毅，2015；史志乐、张琦，2018）；一些地方在发展生态产业过程中忽视了生态保护，甚至出现了侵占森林和草原资源的问题，破坏了生态环境；现有林业补贴标准不能满足当地营造林需要，设置的生态护林员岗位和工资有限，生态就业的长效机制有待建立（林业巩固脱贫成果示范模式及相关支持政策调研组，2017；曾以禹等，2017）。从某种程度上，生态扶贫存在的各种问题来源于民族地区的生态扶贫体系尚未健全，亟须完善。

针对农村地区的因病致贫情况，我国在2003年开始试点建立新型农村合作医疗体系，后逐渐推至全国。贺晓娟等（2012）利用中国营养与健康调查数据，分析了我国新农合实施以后缓解因病致贫的效果，认为新农合缓解因病致贫的能力随着我国新农合资金不断投入，补偿比例逐年增加而逐渐增强，对缓解因病致贫起到了一定作用，但还没有达到理论上预期的效果。魏来等（2014）采用入户调查方法收集数据，通过贫困指标分析住院患者家庭因病致贫的普遍程度、严重程度以及新农合对因病致贫的缓解程度，评估了遵义市某样本地区新型农村合作医疗解决因病致贫问题的能力，认为新农合的实施对解决因病致贫问题有较大贡献，但应提高筹资水平，完善补偿方案，重视报销过程管理，增强资金瞄准能力，进一步提升这项制度解决因病致贫的能力。陈鸣声、钱东福（2017）利用 2011 年和 2014 年家庭入户调查数据，分析了我国西部少数民族边远地区农村居民现金卫生支出对贫困的影响，认为当地居民贫困发生率和平均贫困差距有所下降，但需要进一步调整新型农村合作医疗补偿方案，提高居民受益水平，重点关注低收入人群，减少因病致贫、因病返贫的现象。然而，深度贫困地区和一般贫困地区的贫困人口与城镇居民的因病致贫有何异同已有研究较为少见。例如，深度贫困地区广泛存在的"地方病"，对因病致贫现象有何影响，是否对脱贫攻坚造成较大阻碍，均需要系统和深入的研究。此外，缺乏对于广泛存在的因病致贫型深度贫困的对策研究，作为跨越贫困陷阱的最重要一环，如何摆脱深度贫困，必须要在因病致贫上进行深入探讨。

针对目前民族地区老龄化、贫困老人的问题，学者们提出了一系列建议。加大财政支持力度（龙玉其，2015；庞香萍，2016）。一方面，政府要加大财政支持民族地区新型农村社会保障体系建设的力度；另一方面，财政资金规模毕竟有限，仅仅依靠财政资金远远不足，需要动员全社会的力量，充分利用社会救助和慈善机构的能力弥补新型农村社会保障体系的不足之处（袁媛，2017）。未来需要加快实现民族地区城乡居民医疗保险的统筹，完善民族地区城乡居民养老保险制度，积极推进城乡最低生活保障制度的一体化，重点加强农村社会保障建设，提高农村社会保障水平。

深度贫困地区的贫困治理仍然面临一些限制。首先，"资源变资产"受到限制。深度贫困民族地区大部分属于水源涵养区、限制开发区、生态脆弱区，在生态价值核算和生态补偿体系不完善的情况下，"资源变资产"受到限制或者成本很高。其次，扶贫资金的使用效率受到限制。深度贫困民族地区的民众一般居住在山高沟深的山区，基础设施落后，脱贫成本极高。如在平原或丘陵地区，易地扶贫搬迁项目投入的每人6万元基本能够满足贫困户房屋建设的需求；但在深度贫困民族地区，集中安置地的平整和相关基础设施的建设就需要花费易地扶贫搬迁项目投入资金的一半，并且这些地区的建房成本也较高。最后，基层扶贫队伍的服务能力受到限制。一方面，由于地理区位、基础设施的影响，扶贫干部在单位投入下、单位时间内服务贫困户的效率远远低于平原丘陵地区；另一方面，由于民族语言、习俗等关系的影响，扶贫干部与贫困户沟通的频次、效果均受到影响。此外，深度贫困民族地区基层扶贫队伍的管理能力和业务素养也有待提高。

已有文献对贫困成因和治理等进行了详细的论述，讨论了民族地区贫困成因的差异，也分析了民族地区走出贫困陷阱的举措。不同贫困程度的贫困成因可能存在差异，深度贫困可能有其特殊的贫困成因，需要采取超常规的扶贫政策。而目前我国深度贫困主要分布在民族地区。民族地区贫困发生率高、成因复杂，虽然可以通过大规模、超常规的扶贫政策来降低其贫困发生率，但要确保且成功跨越"贫困陷阱"则需要针对民族地区农户特征、致贫原因、脆弱性、返贫风险等进行系统且细致的研究，而目前这方面的系统研究比较缺乏。现有研究对民族地区贫困的研究大多遵循一般贫困的分析框架，加上数据获取困难，大多是对某个地区、某一特殊成因或现象的分析，缺乏系统和深入的论证。尤其是，更缺乏从长期角度对我们民族地区如何实现脱贫摘帽进行系统分析。

三、临夏市脱贫攻坚的成效

2013年以来，临夏市委、市政府团结带领全市各族干部群众，认真学习贯彻习近平总书记关于扶贫工作的重要论述，以前所未有的重视程度、投入力度和推进速度,打出了一系列精准扶贫政策措施的组合拳,夺取了脱贫攻坚战的全面胜利。今天的临夏市,农村贫困人口大幅度减少,贫困群众生活水平不断提高,农村面貌全面改善,城乡融合发展取得明显成效,民族团结进步不断巩固,一幅农业兴、农村美、农民富的乡村振兴美好画卷正徐徐展开。

(一)农村贫困人口大幅度减少

党的十八大以来,临夏市委、市政府紧盯"两不愁三保障"目标,以到村到户项目和公共服务水平提升为重点,不断夯实贫困群众脱贫基础。从2014年至2018年,临夏市争取各类扶贫资金共计376199.29万元,直接和间接户均减贫投入达到63.3万元,人均减贫投入15万元。临夏市贫困人口和贫困发生率显著下降,并顺利成为甘肃省第一批脱贫摘帽贫困县。五年间,临夏市累计减贫5577户2.37万人,贫困人口从5943户2.51万人下降至366户1410人,贫困发生率从2013年的27.83%降至2018年的1.22%(见图1-1)。具体而言,2014年和2015年是临夏市减贫效果最为明显的两年,全市分别脱贫1304户5800人和4199户18443人。2016年以后,临夏市脱贫攻坚进入最后决胜阶段:2016年脱贫177户690人,贫困发生率2.46%;2017年脱贫370户1503人,贫困发生率下降至1.64%;2018年脱贫93户411人,贫困发生率降至1.22%(见图1-2)。2018年底脱贫摘帽后,临夏市共有剩余未脱贫289户1052人。

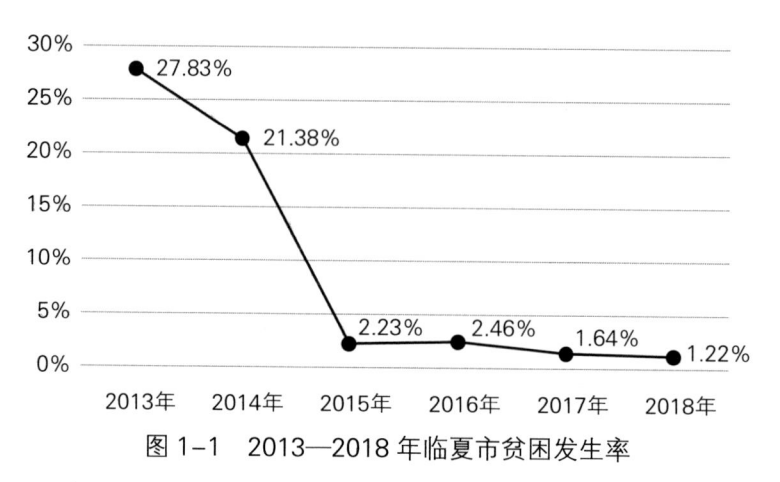

图 1-1　2013—2018 年临夏市贫困发生率

（资料来源：临夏市扶贫办内部资料）

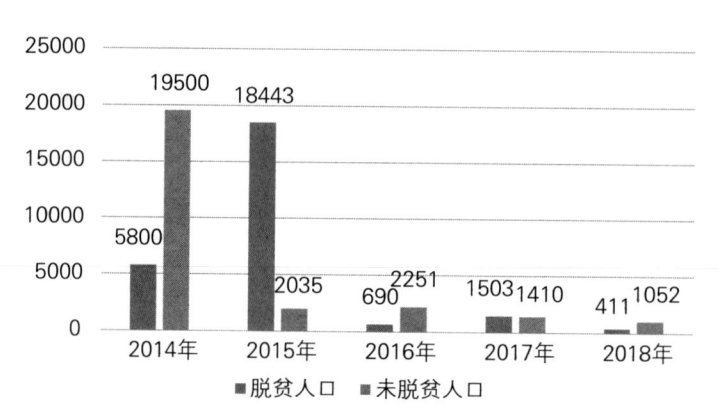

图 1-2　2014—2018 年临夏市脱贫人口和未脱贫人口数量

（资料来源：临夏市扶贫办内部资料）

（二）高质量实现贫困人口"两不愁三保障"

党的十八大以来，临夏市聚焦"两不愁三保障"突出问题，精准施策，全面提高脱贫攻坚工作质量，高质量实现贫困人口"两不愁三保障"。（1）农村贫困居民收入显著增长，建档立卡户人均年纯收入由 2014 年的 2656.06 元提高到了 2018 年的 6574.43 元（见图 1-3），远高于当年国家贫困线标准和农村低保标准。（2）实现了从学前到高中的全程免费教育，所有适龄儿童均可享受免费优质教育，义务教育巩固率达到99.2%，高中毛入学率达到93.1%，有效提高了控辍保学力度，城乡学龄儿童基本教育均得到了有效的保障。（3）全市、镇两级医疗机构落实了"先诊疗、后付费"制度和"一站式"结算服务，为所有建档立卡贫困人口提供有针对性的、全方位的"一人一策"家庭医生签约服务，为所有符合条件的群众免费办理慢病卡，建档立卡贫困人口年累计个人负担合规医疗费用最多不超过3000元，使所有符合条件的患病人口全部享受了基本医疗相关服务。469户1481名农村贫困人口纳入一二类最低生活保障范围，589户682名农村贫困人口确定为五保对象，55名农村特困人口纳入集中供养。（4）核查出的9230户C级、D级危旧房全部进行了维修或拆除新建，到2017年，C级、D级危房全面清零，农民全部住上了安全住房，住宅条件得到全面改善。可以说，截至2018年底，临夏市贫困人口"两不愁三保障"已高质量完成。

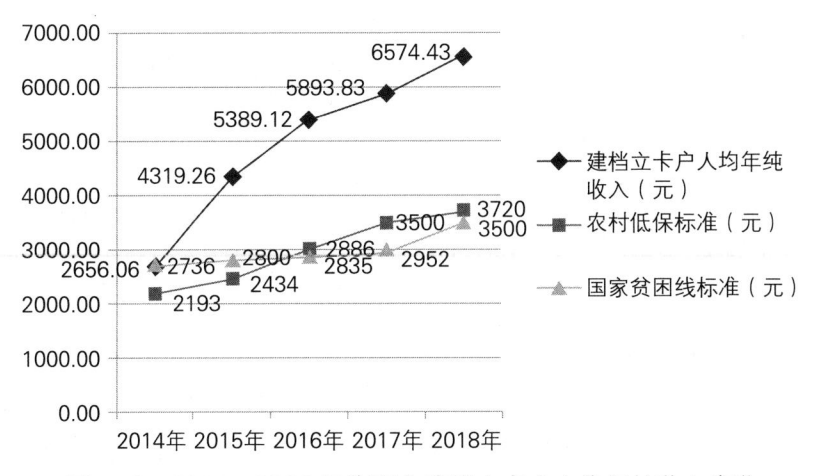

图1-3　2014—2018年临夏市建档立卡户人均年纯收入变化

（数据来源：临夏市扶贫办内部资料）

（三）农村人均可支配收入增长幅度高于全国平均水平

临夏市以脱贫攻坚统领经济社会发展全局，有效抵御了经济下行的压力，农村人均可支配收入不断提高，与甘肃省和全国人均可支配收入差距不断缩小。2013年临夏市农村人均可支配收入为7296元，是当年甘肃省农民人均可支配收入5107元的1.53倍，但仅是当年全国农民人均可支配收入9430元的77.37%。2013年到2017年的5年间，临夏市农村人均可支配收入以8.5%的速度快速增长，到2017年达到了12316元，是甘肃省农民人均可支配收入8053元的1.53倍，已经接近全国农民人均可支配收入的13432元（见图1-4）。可见，党的十八大以来，临夏市以脱贫攻坚统领经济社会发展全局取得了显著成效，实现了农民人均可支配收入增长幅度高于全国和甘肃省平均水平的要求，脱贫攻坚的增收效果十分显著，极大地缩小了与全国农民平均收入水平的差距。

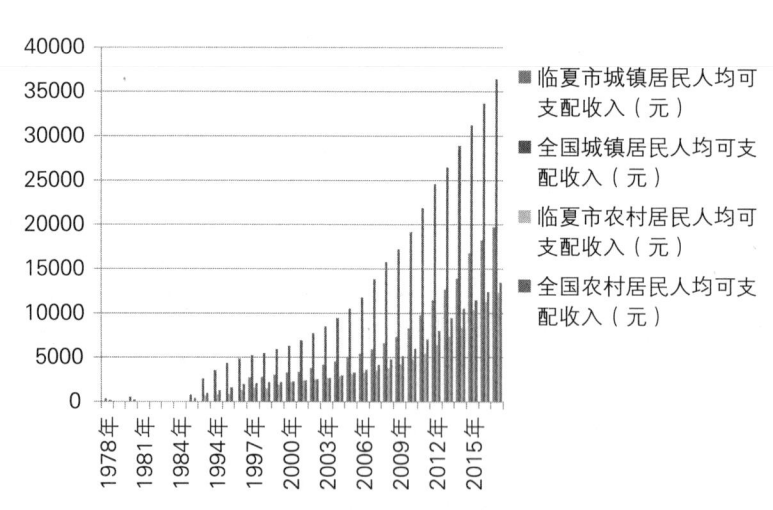

图1-4　改革开放以来临夏市及全国城镇居民人均可支配收入统计

（数据来源：《临夏市志》、《临夏市志》(1986—2005)、《临夏市年鉴》(2011—2015)、临夏市统计局《临夏市国民经济统计资料》；国家统计局）

（四）农村基本公共服务水平和质量明显提高

临夏市在波澜壮阔的脱贫攻坚过程中，加快城乡基础设施和公共服务设施建设，城乡公共服务一体化和均等化建设取得明显成效，城乡居民获得感、幸福感和满意度不断提升。全市所有行政村均修建了标准化村卫生室、村级文体广场、综合文化站、农家书屋、老年人日间照料（活动）中心、健身中心，百分百覆盖硬化路、电、宽带网络、电视信号、通信信号。临夏市还在临夏回族自治州第一个实现了农村集中供水管网覆盖率、入户率、饮水安全农户比例达到100%的目标，做到了农村与城市同水源、同水质、同管网，使所有农户都和城里一样，喝上了安全放心的自来水。从2013—2018年，临夏市累计培训建档立卡贫困劳动力6282人，岗位工资收入比培训前人均增加300元左右，就业稳定率比未参加培训前提升10%~15%左右，实现了一户一技和向技能型就业的转变。临夏市统筹推进美丽乡村建设、村庄绿化美化、农村旱厕改造、农村污水收集处理等基础工程，成功探索出了农村垃圾"户收集、镇清运、市处理"的长效化管理新模式，彻底解决了长期困扰农村环境面貌的垃圾收集难、清运难、卫生整治难的三大难题，农村环境面貌得到显著改善。

（五）地方治理体系和治理能力现代化建设水平不断提升

近年来，临夏市将脱贫攻坚作为地方治理体系和治理能力现代化建设创新的重要领域和重点突破，在实践中创造、积累了一些创新性的做法、经验，为优化地方治理体系和提升治理能力提供了引领和支撑。临夏市委、市政府坚持以习近平总书记关于扶贫工作重要论述为指导，变传统的"大水漫灌"式减贫模式为"精准滴灌"式减贫模式，变传统的粗放式治理为精准化治理，实现了对传统贫困治理理念与模式的超越，丰富和完善了地方治理体系。通过成立脱贫攻坚领导小组、四级联动和三级会议体系，促进了跨部门合作协调，提升了以脱贫攻坚统领经济社会全局发展的能力。扶贫领域中的网络学习、电子问政等创新形式，拓展政府与社会的交流渠道，为城乡居民参与地方治理提供了新的载体。临夏市通过动员党和政府机关、企事业单位、人民团体、社会组织参与脱贫攻坚，推动了县域治理不断从政府单一治理向政府、市场、社会多元参与方向的转变。锤炼和培养出一支能打胜仗、作风优良的优秀党员干部队伍，为同步推进"五个文明"建设提供了组织和人才保障。第一书记选派和管理制度、驻村包社制度、干部考评制度、涉农资金整合制度等一系列制度安排的形成和建设，为乡村振兴战略实施奠定了制度基础。以脱贫攻坚助推民族团结进步，促进了各民族平等、团结、互助、和谐。通过选优配强村"两委"班子成员，整顿提升软弱涣散农村基层党组织，不断提升农村基层组织建设规范化、标准化水平，基层党组织战斗力和履职能力不断提高。村"两委"负责人年龄、学历结构进一步优化，每个村至少培养储备了2名以上后备干部，实现了老中青合理搭配，带领群众脱贫致富和治理能力不断提升。临夏市不断健全完善"三治"结合的乡村治理体系，用自治消化矛盾，用法治定分止争，用德治春风化雨，建设法治乡村。在这场21世纪的脱贫攻坚战役中，临夏市锻炼和造就了一支作风优良、昂扬向上的乡村治理工作队伍，涌现出了一大批先进人物和先进事迹，充分发挥了党员的模范带头作用，成为县域和乡村治理的主要实践者和推动者。

（六）乡村风气明显改善

临夏市积极将脱贫攻坚与培育乡风文明相结合，弘扬社会主义核心价值观，农村已蔚然兴起脱贫光荣、诚实守信、文明礼让的良好乡风民风。临夏市坚持扶贫扶志扶智相结合，突出以德扶贫，真正唤起了贫困群众自我脱贫的斗志和决心，实现了从"要我脱贫"到"我要脱贫"的转变，从根本上提高了贫困户的自我"造血"能力。脱贫攻坚以来，临夏市贫困户"等靠要"思想全面破除，主动脱贫意识提高，缺乏内生动力家庭已有427户461人实现脱贫。临夏市农村治安环境得到明显改善，有效解决了邻里、家庭之间的矛盾，大大减少了农村陋习现象。据统计，临夏市以德扶贫成功调解因夫妻不和、父子不和导致的矛盾纠纷111起，协调解决了子女不孝相关问题78起，评选出"好儿子好儿媳"63名、"五星级文明户"195户、"道德模范"15人、"文明家庭户"62户，促进了贫困家庭和睦团结、生活改善。现在临夏市农村，贫困人口喝酒打架不文明的现象少了，夫妻之间能相互体谅了，人与人之间更亲近了，家庭更和睦了，乡村文化不断繁荣，田间地头焕发出文明乡风民风新气象。

（七）城乡融合发展水平不断提高

临夏市以发展城郊型农业为方向，坚持服务城市与富裕农民相结合，合理谋划安排和发展城郊富民产业发展及农民增收，形成了城郊型设施蔬菜、优质林果、畜禽养殖、休闲旅游等城郊特色富民产业。截至2018年，临夏市发展城郊型农业的农户已经达到1500多户，吸纳农村劳动力就业3000多人（其中建档立卡户从事城郊型农业370多户，就业700多人），接待乡村旅游人数81.8万人次并实现旅游收入1.42亿元，极大地带动了贫困户脱贫致富。临夏市充分利用城市的龙头企业和资金、人才优势，采取措施鼓励企业、资金、人才下乡，深化种养业与二、三产业融合联动，相继建立上百个农民专业合作社，并加快城市基础设施和公共服务向农村延伸，促进了种植养殖、生产加工、流通销售等一体化发展，形成城乡多产业叠加、多领域联动、多环节增效的产业发展新格局，促进了农村产业由价值链低端向价值链中高端转型发展。

（八）民族团结进步不断得到巩固

民族团结进步、社会和谐稳定是临夏市实现经济发展、脱贫减贫的前提条件，通过大力实施脱贫攻坚，也能进一步促进民族团结进步、社会和谐稳定。临夏市按照"统筹兼顾，均衡发展"的要求，以消除贫困、改善民生为抓手促进各民族共同发展共同富裕，助推各少数民族群众共享发展成果。从2015年到2018年底，临夏市贫困人口的人均收入从4319元增长到6621元，其中少数民族人均收入约为6271元，汉族人均收入约为6980元，少数民族与汉族人均收入差距缩小到709元。临夏市积极提倡少数民族党员在脱贫攻坚中的带头示范作用，在少数民族党员的发展上给予了重点培养，使少数民族党员比重逐渐提高。少数民族妇女在脱贫攻坚过程中家庭地位和生活信心不断提高，在物质和文化方面都实现了真正意义上的脱贫。临夏市充分发挥少数民族和民族村组的特色资源和文化优势，打造特色生态农业、观光农业和具有民族风情、乡间休闲特色的休闲旅游业，打造特色的民族生态品牌。同时坚持均衡发展，大力改善少数民族和民族村组的基础设施、医疗、文化、社会保障等公共服务，实现基础设施和公共服务普惠。临夏市积极引导宗教场所积极参与到社会公益慈善活动，使伊斯兰教乐善好施、扶危济困的教义与脱贫减贫结合起来，助力临夏市脱贫攻坚。临夏市通过打赢脱贫攻坚战，有效缓解了城乡差距和民族差距，促进各民族相知相亲相惜、交往交流交融，使各民族像石榴籽一样紧紧抱在一起，不断铸牢中华民族共同体意识。

四、研究内容和框架

"扶持谁""谁来扶""怎么扶"是贯彻落实精准扶贫、精准脱贫基本方略需要解决的三个关键性问题。打赢脱贫攻坚战不仅需要贯彻落实好党中央关于脱贫攻坚的一系列决策部署,也要遵循符合和顺应当地的社会经济发展规律。本课题基于小组访谈、深度访谈、农户抽样调查、参与式农村评估等方法获取的资料,分析临夏市脱贫攻坚过程中如何解决"扶持谁""谁来扶""怎么扶"等问题,评估临夏市脱贫攻坚的主要做法和成效,提炼归纳临夏市脱贫攻坚的经验和教训。具体而言,重点回答下列问题:贫困人口的主要致贫原因和挑战有哪些?如何构建县域精准扶贫治理体系?如何在精准识别、动态管理和退出过程中因地制宜贯彻落实精准扶贫、精准脱贫方略?采取了哪些具体举措解决"两不愁三保障"突出问题?脱贫攻坚有哪些值得总结和借鉴的经验和教训?脱贫攻坚如何与实施乡村振兴战略相衔接?为此,课题组将分五个部分、九章来回答上述问题。

第一部分是本书的背景部分,包括第一章和第二章。第一章是本书的导论,重点介绍案例研究的背景、意义、主要内容、方法,以及临夏市脱贫攻坚的成就。习近平总书记强调,扶贫要实事求是,因地制宜。要精准扶贫,切忌喊口号,也不要定好高骛远的目标。在脱贫攻坚过程中,临夏市因地制宜地形成了适合当地自然社会经济条件和贫困特点的治理手段和扶贫举措。为此,第二章将简要介绍临夏市的自然社会经济条件、贫困状况和挑战,作为全书的背景。

第二部分回答"谁来扶"的问题,是本书的第三章。解决了"谁来扶"的问题,也就解决了如何为打赢脱贫攻坚战提供制度保障的问题。第三章重点围绕构建一个什么样的县域精准脱贫治理体系、怎样构建县域精准脱贫治理体系，分析临夏市如何建立脱贫攻坚责任、政策、投入、动员、监督、考核六大体系，解决"谁来扶"的问题。

第三部分回答"扶持谁"的问题，是本书的第四章。只有解决好"扶持谁"的问题，才能真正把贫困人口弄清楚，把贫困人口、贫困程度、致贫原因等搞清楚，便于因户施策、因人施策。第四章分析了临夏市脱贫攻坚过程中精准识别、动态管理、精准退出的主要做法和成效。

第四部分回答"怎么扶"的问题，包括本书的第五、六、七、八章。解决了"扶持谁"和"谁来扶"的问题，还需要解决好"怎么扶"的问题。作为民族地区和经济欠发达地区，内生动力不足、教育水平不高、因病致贫、产业发展薄弱、就业能力不足是临夏市脱贫攻坚面临的突出问题和硬骨头。临夏市重点实施了教育扶贫、健康扶贫、产业扶贫、就业扶贫四大扶贫工程，解决好了"怎么扶"的问题。为此，第五、六、七、八章分别介绍了临夏市扶贫扶志扶智相结合、健康扶贫、产业扶贫、就业扶贫面临的主要挑战、主要做法和成效。

第五部分即第九章，是本书的总结部分，根据前面的研究结果，归纳提出临夏市脱贫攻坚的基本经验和启示，并提出临夏市脱贫攻坚与乡村振兴战略相衔接的方案。

研究总体框架见图1-5。

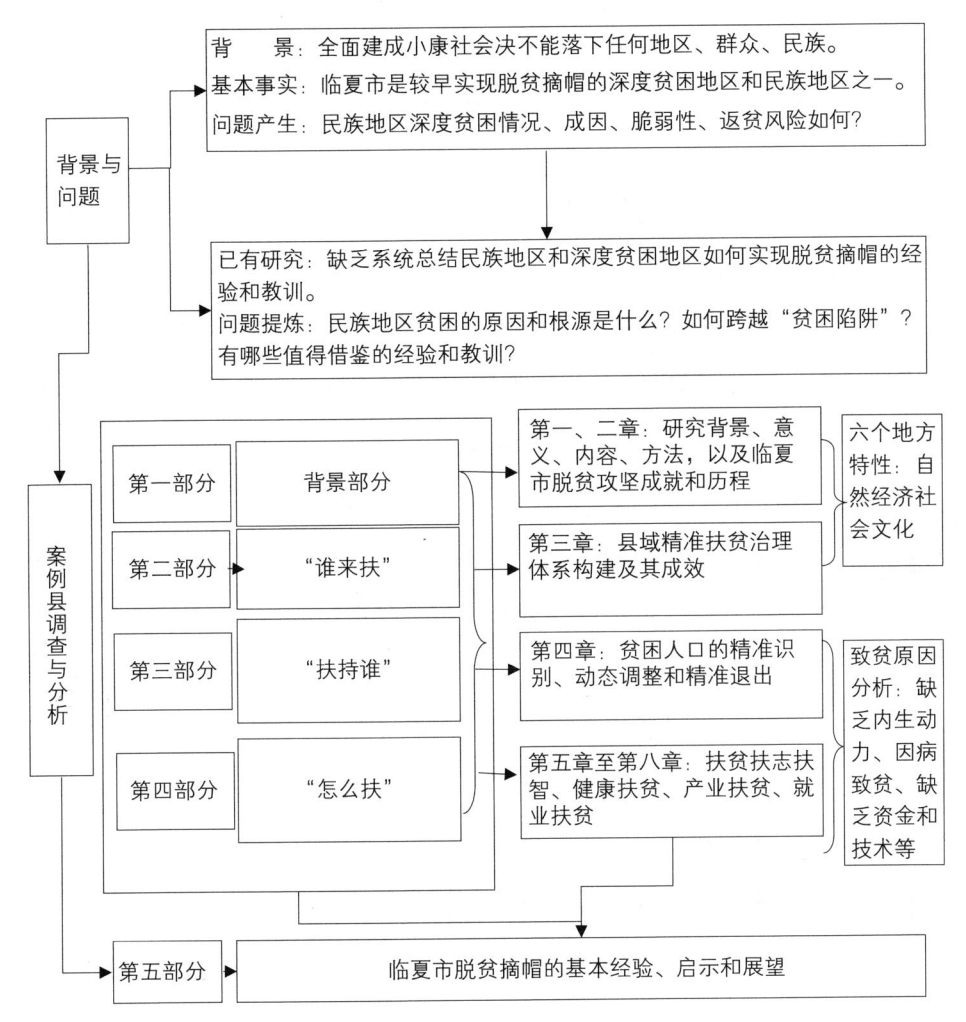

```
背景与问题
├─ 背景：全面建成小康社会决不能落下任何地区、群众、民族。
│  基本事实：临夏市是较早实现脱贫摘帽的深度贫困地区和民族地区之一。
│  问题产生：民族地区深度贫困情况、成因、脆弱性、返贫风险如何？
│
└─ 已有研究：缺乏系统总结民族地区和深度贫困地区如何实现脱贫摘帽的经验和教训。
   问题提炼：民族地区贫困的原因和根源是什么？如何跨越"贫困陷阱"？
   有哪些值得借鉴的经验和教训？

案例县调查与分析
├─ 第一部分 → 背景部分 → 第一、二章：研究背景、意义、内容、方法，以及临夏市脱贫攻坚成就和历程 ─ 六个地方特性：自然经济社会文化
├─ 第二部分 → "谁来扶" → 第三章：县域精准扶贫治理体系构建及其成效
├─ 第三部分 → "扶持谁" → 第四章：贫困人口的精准识别、动态调整和精准退出 ─ 致贫原因分析：缺乏内生动力、因病致贫、缺乏资金和技术等
├─ 第四部分 → "怎么扶" → 第五章至第八章：扶贫扶志扶智、健康扶贫、产业扶贫、就业扶贫
└─ 第五部分 → 临夏市脱贫摘帽的基本经验、启示和展望
```

图 1-5 研究框架图

五、研究方法

2018年11月，受国务院扶贫开发领导小组办公室全国扶贫宣传教育中心委托，中央民族大学少数民族扶贫研究院承担了甘肃省临夏市（县级市）的"贫困县摘帽案例研究"课题，负责全面总结甘肃省临夏市摘帽过程中的问题、做法和成效，系统提炼临夏市脱贫攻坚典型经验。2018年12月，课题组一行15人赴甘肃省临夏州临夏市，通过座谈会、关键人物访谈、小组访谈、问卷调查、参与式观察、统计分析等方法，全面了解总结临夏市脱贫攻坚中面临的问题、主要做法、典型经验以及脱贫摘帽后对可持续稳定脱贫和乡村振兴的谋划和打算。课题组和临夏市有关部门和干部群众一起搜集整理图片、视频、文本、案例等丰富素材，为理解和宣传临夏市脱贫摘帽成就经验提供支持。课题组充分认识到临夏市脱贫攻坚背后复杂的自然、社会、经济、文化等因素，融合了经济学、社会学、政治学等多学科方法和视角，综合采用质性研究和量化研究方法开展研究。在调研过程中，课题组访谈了与脱贫攻坚相关的不同的利益群体，如地方干部、第一书记、村干部、贫困人口、普通村民，激发他们对脱贫攻坚的思考、分析、争论，推动研究方案的改进，增进团队对临夏市脱贫攻坚的理解和资料的收集。

调研的主要内容包括：（1）临夏市脱贫攻坚的历程，特别是党的十八大以来临夏市脱贫攻坚的生动实践及其成果。（2）临夏市脱贫攻坚的主要做法、主要经验。临夏市如何立足临夏市县域经济社会发展与贫困特点，实践和应用精准扶贫、精准脱贫方略。（3）县域、乡镇、村级、农户层面脱贫攻坚的信息和资料，为整体性分析和展现县域脱贫攻坚的举措方法和成效提供扎实的经验素材。（4）调研2020年后减贫战略制定、脱贫攻坚与乡村振兴战略衔接的经验与需求。

在调研过程中，课题组主要运用以下四种方法进行资料收集，包括：问卷调查、小组访谈、关键人物深度访谈、二手资料收集。具体如下：

问卷调查：（1）县级数据采集：涵盖临夏市若干经济社会发展与脱贫攻坚关键指标及其年度变化。（2）村级问卷：在临夏市随机选取8个脱贫村（城郊镇瓦窑村，折桥镇大庄村、苟家村，南龙镇张王家村，枹罕镇聂家村、拜家村、江牌村、王坪村），主要关注贫困村脱贫摘帽前后变化，涵盖基层组织、基础设施、基本公共服务、基础产业、农户增收、社会风貌等。同时选取2个非贫困村（南龙镇罗家湾村、马家村），开展问卷研究，收集相关资料。（3）农户问卷：在8个建档立卡贫困村和2个非贫困村每个村完成调查问卷10份，其中每个村完成建档立卡贫困户6份，非贫困户4份，收集农户层面相关信息。共计完成了100份农户问卷，其中贫困户60份，非贫困户40份。

小组访谈：课题组分别在市、部门、乡镇、村四级召开座谈会，听取各个主体在脱贫攻坚中的做法和成效。具体而言，在市一级召开了包括市委主要领导和各相关部门、乡镇主要领导参加的座谈会，听取市委主要领导和主要部门领导关于脱贫攻坚的工作汇报；在部门层面，分别在扶贫办、组织部、宣传部、财政局、发改委、农业局、畜牧局、林业局、金融办、住建局、民政局、教育局、工信局、文旅局、卫健委、人社局、民宗局等部门召开了座谈会，听取各个部门脱贫攻坚工作汇报，讨论各部门参与脱贫攻坚的主要做法、成效和存在问题；在乡镇一级，在城郊镇、折桥镇、南龙镇、枹罕镇召开了座谈会，听取相关乡镇脱贫攻坚工作汇报，讨论各乡镇脱贫攻坚的历程、做法、成效、经验；在村庄层面，在上述选择的8个贫困村、2个非贫困村召开了座谈会，听取第一书记、村"两委"、驻村干部等对本村脱贫攻坚历程、做法、成效的汇报。

关键人物深度访谈：课题组深度访谈了临夏市四大班子主要领导、扶贫办历届主要领导，理解临夏市脱贫攻坚的基本历程、主要做法、典型模式、存在问题和下一步计划，听取他们对调研和写作的看法和意见建议，为解读临夏市脱贫攻坚经验提供了丰富的感性认知与基础资料。在10个问卷调查村，针对产业扶贫、党建扶贫、以德扶贫、就业扶贫、乡村振兴的典型示范点，深入访谈了与典型案例相关的主要人物，如第一书记、帮扶干部、村干部、合作社带头人、贫困户、非贫困户，获取了与典型案例相关的支撑性材料。

二手资料收集：查阅临夏市与脱贫攻坚相关的统计年鉴、县志、专门书籍，在市委和市政府办公室收集了与脱贫攻坚相关的政策文件、工作汇报、实施方案、总结等材料，收集扶贫办、组织部、宣传部、财政局、发改局、农业局、畜牧局、林业局、金融办、住建局、民政局、教育局、工信局、文旅局、卫健委、人社局、民宗局等部门与脱贫攻坚相关的政策文件、工作汇报、实施方案、总结等材料。在10个问卷调查村，获取了与脱贫攻坚相关的历史档案、政策文件、总结报告、会议记录等。

临夏市党员干部和人民群众都是脱贫攻坚的参与者、经历者和受益者，对临夏市的脱贫攻坚最有发言权。课题组十分重视与临夏市党政干部和人民群众的合作互动、相互理解，抓住每一个正式或非正式机会与临夏市的党员干部、贫困群众、一般群众交流讨论、交换意见，多方听取他们的看法和意见建议，并在此基础上完善思路。课题组也多次得到临夏市党员干部对于本书初稿的邮件或信件形式的修改意见、补充材料。

第二章　临夏市农村的贫困问题及其挑战

民族地区是我国深度贫困的集中地带,其贫困特点和致贫原因具有特殊性和复杂性。民族贫困地区的贫困文化与传统文化、民族文化相互交织,交通、水利、电力、通信、医疗、教育等基础设施和公共服务发展滞后,干旱、洪涝、泥石流、冰雪、沙尘暴等自然灾害频发,生态保护同经济发展的矛盾比较突出,贫困程度深,致贫原因复杂,脱贫难度大。这些特点塑造了民族地区贫困问题的发生、变迁、解决路径。本章将简要介绍临夏市的自然、经济、社会特点,展现临夏市1949年以来扶贫开发的基本历程,梳理临夏市贫困人口的基本特征和致贫原因,分析临夏市脱贫攻坚面临的主要挑战,为后续的章节提供背景基础。

一、自然经济社会特点

习近平总书记2013年11月在湖南湘西考察时表示,扶贫要实事求是,因地制宜。要精准扶贫,切忌喊口号,也不要定好高骛远的目标。我国深度贫困地区自然、经济、社会情况千差万别,打赢脱贫攻坚战没有统一的模式。临夏市具有如下的六个特征,其脱贫攻坚面临的问题、做法、效果在精准扶贫一般性的基础上又兼具鲜明的临夏"特色",代表了民族地区城郊型农村脱贫攻坚的典型路径。

（一）地处黄河上游，州府所在地

临夏市地处黄河上游，属西北黄土高原西隅的一部分，距甘肃省会兰州 117 千米，东临东乡族自治县，南西北向皆被同属临夏州的临夏县包围。黄河上游的主要支流大夏河，又名漓水，从青藏高原奔流而下，流入黄土高原，就放缓了脚步，由西南缓缓流入临夏市，径流 22 千米，注入刘家峡水库，冲积形成了 88.5 平方公里的河谷盆地。临夏市四面环山，东西长 20 千米，南北宽 4 千米，地势西南高、东北低，以 0.8% 的纵坡由西南向东北倾斜。境内平均海拔 1917 米，海拔最高达 2222.1 米，最低处 1823.8 米，相对高度差 398.3 米。

临夏市是中国两大回族自治州之一——甘肃临夏回族自治州（简称临夏州）州府所在地，为全州政治、经济、文化和商业中心。自秦汉以来，各朝代就在临夏设县、置州、建郡，为青藏高原向黄土高原、寒区向温带区、高原牧区向农区过渡地带的重镇，史称枹罕、导河、河州，素有"茶马互市"、西部"旱码头"和"河湟雄镇"之称。1949 年以来，临夏市行政区域和归属历经多次变迁。1950 年从临夏县析出新建临夏市。1973 年，甘肃省革命委员会决定撤销临夏市，将行政区域划归临夏县。1983 年，国务院批复临夏市建制（县级），以原临夏县的城关镇及城关、折桥、枹罕、南龙四个乡为辖区，区域面积 88.6 平方公里。截至 2018 年，临夏市辖 4 个镇 7 个街道 36 个行政村 37 个社区。

（二）生态环境脆弱，自然资源贫乏

临夏市深居大陆腹地，位于青藏高原与黄土高原、西部牧区向东部农区的过渡地带，生态环境相对脆弱。由于受东部季风、西北干旱和青藏高寒区三大自然区影响，其气候兼具大陆性气候、季风气候和山地气候特征，表现为冬长寒冷，夏短凉爽，干湿分明，雨热同季，气候复杂，灾害频繁。临夏市年平均气温8.1℃，最高气温35.7℃，最低气温-14.3℃，年日照时数2213.4小时，全年无霜期156天。年降水量473.6毫米，蒸发量983.1毫米，降水时空分布冬季最少，夏季最多，汛期5—9月降水量占全年降水量的82%以上。黄河的一级支流大夏河穿临夏市城区而过，年平均径流量为34.3立方米/秒，年均径流量11亿立方米，市境内22.4千米。临夏市水土流失较严重，水土流失治理面积达35.25平方千米，占总面积的40%。近年来，受全球气候变化影响，临夏市气候变化明显，气象灾害易发频发。2011—2015年平均气温与历史同期值（1981—2010年）升高0.6℃，降水量减少28.1毫米。极端天气事件明显增多，降水季节分布不均性凸显。冬旱、春旱、春末夏初旱或三季连旱出现概率明显增加，夏季局部降水增强、分布极不均匀。2011—2015年全市冰霜、霜冻、大雨暴雨等气象灾害造成直接经济损失2998万元。

临夏市总耕地面积3.4万亩，农民人均耕地0.37亩，不少村庄人均不足0.1亩。土地利用方面，临夏市牧坡3692.8亩，林地3352.7亩，滩利用地7113.3亩。森林覆盖率从2010年的5.63%增加到2016年的11.92%。临夏市水资源地域分布极不均衡，大夏河及其支流河谷平原与台地水资源丰富，利用方便，形成了达5.12万亩的灌溉面积。而占61.5%的广大川地，尤其是其他干旱半干旱地区，山高水远，造成了灌溉和人畜饮水困难。临夏市境内矿产资源匮乏，只有石英砂、陶土等一般矿藏，尚未发现有可供开采的金属矿，非金属矿藏主要为石灰石和红黏土，开发价值不大。相对脆弱的生态环境和较差的自然资源禀赋，给临夏市经济社会发展带来了极大的挑战。

（三）经济发展水平较低，服务业为主导产业

改革开放以来，临夏市经济发展迅速，但与全国平均水平相比仍然有较大的差距。1978年临夏市生产总值仅为2663万元。改革开放初期，作为内陆地区的临夏市经济增长相对缓慢。到了20世纪90年代，临夏市地区生产总值有了明显提高，1993年临夏市地区生产总值为1.93亿元，1999年地区生产总值为5.86亿元。进入21世纪，临夏市经济发展有了质的飞跃，2013年地区生产总值以15.7%的增速达到44.32亿元，2017年达到70.39亿元（见图2-1）。临夏市人均生产总值平稳增长，但与全国平均水平仍然有较大的差距。2017年临夏市人均生产总值为24538元，比2016年提高了1084元，增速为4.6%。临夏市人口生产总值高于临夏回族自治州的11735元，位列临夏州内首位，接近甘肃省的28497元。从全国来看，临夏市人均生产总值仍相对较低，远低于全国的59660元，比全国的少35122元，为全国的41.13%。

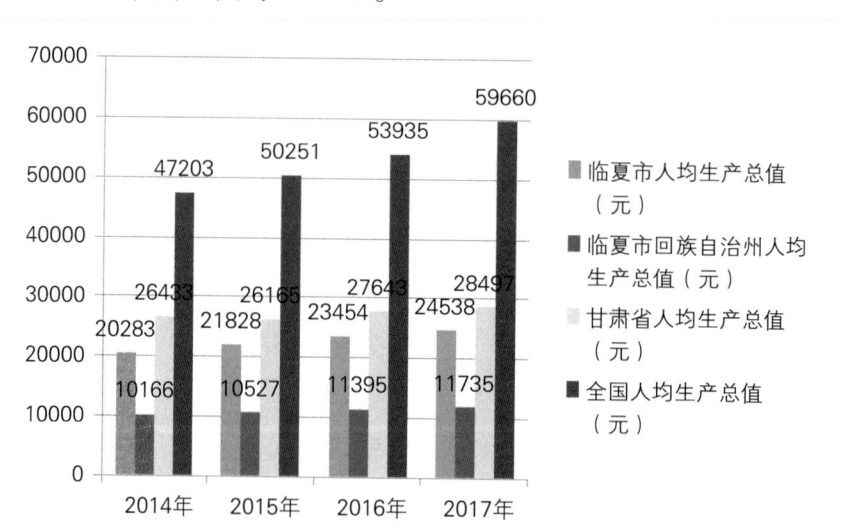

图 2-1　2014—2017年临夏市、临夏回族自治州、甘肃省、全国人均生产总值

（数据来源：临夏市统计局《临夏市国民经济统计资料》；甘肃省统计局；国家统计局）

从产业结构来看，临夏市农业和工业占GDP产值比重较小，第三产业服务业比重较大（见图2-2）。2013年，临夏市地区三大产业总产值为50.61亿元，第一、二、三产业比重分别为6.49%、19.77%、73.74%。临夏市农业产值比全国平均水平还低，反映出临夏市农业资源禀赋对农业发展制约较大，高效高附加值农业发展相对滞后。临夏市工业经济底子薄，起步较晚，经过多年培育，初步形成了以特色食品、乳制品、手工地毯、民族生活用品加工业为主导，建材、酿造、冶炼、医药共同发展的特色工业格局。但由于深处内陆，临夏市工业基础薄弱，工业和制造业发展水平低。服务业占比较高与临夏市作为临夏州州府所在地有关。临夏市第三产业主要以商贸服务、旅游、餐饮为主，为工农业生产经营服务的金融、科技、信息等行业发展严重滞后，产值较低。

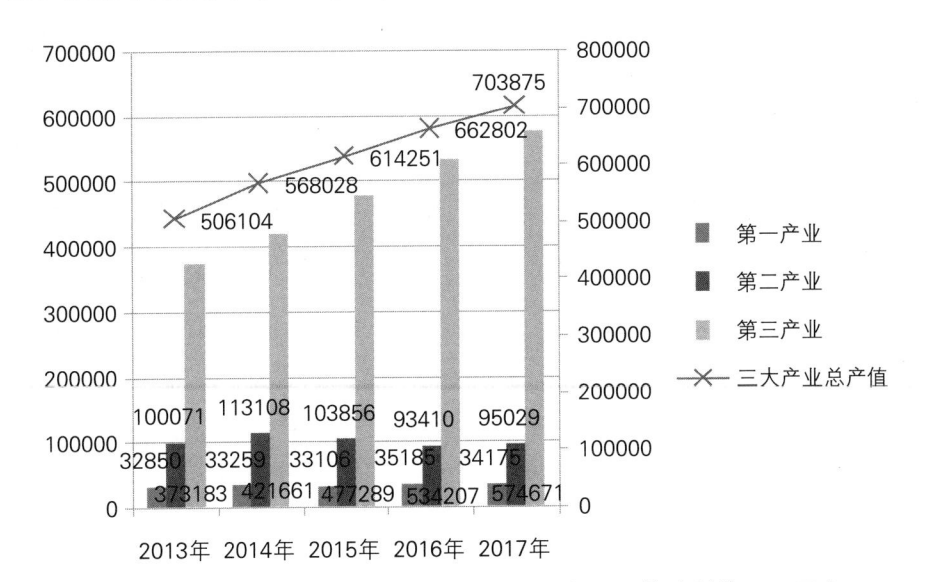

图2-2　2013—2017年临夏市三大产业产值比较（单位：万元）

（数据来源：临夏市统计局《临夏市国民经济统计资料》）

从农业产业内部结构来看，种植业和畜牧业是临夏市的主导农业产业。2013 年临夏市农业总产值为 4.39 亿元，其中农业产值为 3 亿元，占比为 73%，牧业产值为 1.06 亿元，占比为 26%。这表明临夏市农业还是以传统的种植业和畜牧业为主。花卉产业作为城郊农业的重要组成部分，发展仍然较为缓慢。整体而言，由于临夏市人多地少，农业产业发展难度大，产业发展水平仍处于较低层次，高效和高附加值农业发展相对滞后。

（四）城镇化水平高，"半城半农"特点明显

临夏市作为临夏回族自治州的政治、经济、交通和文化中心，基础设施相对完备，公共服务相对完善，就业机会相对较多，城镇化率较高。截至 2017 年，临夏市城区面积 24 万平方千米，城市园林绿化面积 59.5 万平方米，城市绿化覆盖率 16.57%，人均公共绿地面积 8.13 平方米。临夏市建成区道路面积率为 10.61%，道路长度为 126.71 千米，共有桥梁 26 座，污水处理率 82.74%，污水处理厂集中处理率 82.74%，生活垃圾处理率 100%，燃气普及率为 52.84%。较为完善的城市基础设施和较多的就业机会吸引着临夏州大量劳动力聚集于城区。据统计，2017 年临夏市户籍人口为 249200 人，其中农村人口 92186 人，城镇人口为 157014 人，户籍人口城镇化率为 63%，远高于全国的 42.35%。2017 年临夏市常住人口 290300 人，常住人口城镇化率为 88.62%（见图 2-3），远高于全国的 58.52%。临夏市人口密度每平方千米 3238 人，是全国人口高密度县市之一。

图 2-3　2014—2017 年临夏市城镇化率

注：城镇化率按常住人口计算
（数据来源：临夏市统计局《临夏市国民经济统计资料》）

  改革开放以来，与全国其他地区一样，市场化进程和城乡二元体制改革使临夏市城乡二元结构逐步破除，城乡差距逐步缩小。但总体而言，对于一个农村面积有限、农村人口较少的县级行政区而言，临夏市城乡二元体制改革仍显滞后，城乡二元结构仍然明显，城乡发展一体化程度仍然较低。这主要表现在以下四个方面：一是城乡土地权利与土地市场存在明显分割，凸显了城镇化进程中的土地及其收益分配矛盾。随着临夏市城镇化进程的不断推进，大量农村集体土地被转为工业用地和住宅用地等非农用地，农村被日益带入城市发展，由此滋生了土地资源及其收益的再分配问题。集体建设用地和宅基地的有限流转，限制了农民获得财产性增值收益的可能。特殊的地理位置使得临夏市农村成为临夏市经济、社会、资源、环境问题集中的地域。尤其是，近年来伴随城镇化发展，临夏市毗邻城区的农村逐渐成为本地农民城市化、低收入外来人口集聚和矛盾交织的区域，同时也是城市环境污染、违法建设较多和社会管理难度较大的地区。

  二是城乡二元就业体制限制了农民工利益维护和就地城镇化进程。临夏市农村良好的区位条件使得大量农民进城务工和经商的动力较为充足，劳务收入不断上升。然而，一些制度性障碍，如户籍制度、社会保障制度、劳动就业制度等，仍然制约着农村劳动力平等地享有与临夏市城区户籍人口一样的权利，制约了广大农民本地城镇化的步伐。

三是城乡金融发展不平衡限制了农村居民的金融服务可及性。农村地区是临夏市金融基础设施中的薄弱环节，面向农村的金融创新产品和金融政策支持仍然缺乏。大量资金流入城区凸显了农村地区产业发展的资金稀缺问题，限制了临夏市农业产业的转型升级。

四是城区优先的公共资源配置不利于农民获得均等化的基本公共服务。新农合制度、免费义务教育制度、农村低保制度等虽然在一定程度上改善了广大农民的福利，但在某种程度上却强化了临夏市城乡基本公共服务供给的二元特征。城乡基本公共服务在财力保障制度、供给设计制度等方面仍然具有浓厚的城乡二元体制特征。

临夏市城乡二元结构明显反映在城乡居民收入差距上，则是城乡居民收入差距随着经济发展呈现出不断扩大的趋势。2000年，临夏市城镇和农村居民可支配收入分别为3269元和2147元，农村居民人均可支配收入为城镇居民人均可支配收入的65.68%。然而，到了2013年，临夏市城镇居民和农村居民人均可支配收入分别为12647元和7296元，农村居民人均可支配收入下降为城镇居民人均可支配收入的57.69%。显然，由于城镇化优先的经济发展战略和城乡二元体制的束缚，农村居民并没有像城镇居民一样，充分地享受到临夏市城镇化进程的福利。换句话说，经济学理论的涓滴效应——经济发展的成果最终会落实到穷人身上，并没有在临夏市得到充分的显现。反而，临夏市城乡发展不平衡在凸显，城乡收入差距在扩大，农村和农民在经济发展进程中逐渐掉队了。

（五）区位优势突出，商旅文化浓厚

临夏市区位优势突出，地处丝绸之路经济带甘肃黄金段上的重要节点，与兰州市、甘南藏族自治州只有1个多小时的车程，有着依藏面兰的得天独厚区位优势。在历史上，临夏就是沟通中原与西域经济、政治、文化的纽带，商贸传统浓厚，是古丝绸之路的南道重镇，是西部地区的重要商埠。丝绸之路、唐蕃古道、甘川古道在这里交汇纵横。明代著名的四大茶马司之一——河州茶马司就设在临夏市。近代以来，这里茶马互市，商贾云集，南来北往，东进西出，被著名社会学家费孝通先生赞曰："东有温州，西有河州。"近年来，临夏市政府坚持把培育商贸物流产业作为拉动经济增长的切入点，商贸物流产业聚集效应和辐射带动作用不断增强，造就了临夏市持续兴盛的商贸物流产业。长途运销户活跃于广东、云南和江浙等地，青藏线上经商的临夏市籍商人达3万多人，年交易额7.9亿元。以商贸业为主导的第三产业在临夏市地区生产总值比重连续多年保持在70%以上。商品主要有民族用品、果蔬花卉、砖雕、雕刻葫芦、农副产品、畜产品、建材汽配等60多种，特别是干酪素、肠衣、蚕豆、羊毛等广销国内外。

茶马互市密切了各族人民的交流交融，使临夏形成了独具特色的文化旅游资源。临夏市穆斯林风情浓郁，清真寺建筑特色明显，民族特色的物品和民族风味小吃分布大街小巷，形成西北地区乃至全国独特的民族风情风景线。临夏"花儿"艺术自成一脉、源远流长，紫斑牡丹冠绝国内，砖雕、彩陶、雕刻葫芦更为众多文化瑰宝之最，堪称临夏"三绝"。辖区内东公馆、八坊十三巷、虫草市场、彩陶馆、万寿观等一批文化旅游景点风格别致，是回藏风情旅游线上的中转站和旅游目的地，享有"彩陶之乡""牡丹之乡""花儿之乡"等诸多美誉。临夏市饮食文化独具特色，特别是牛羊肉、副食品加工和地方风味小吃在西北乃至全国都享有较高的声誉。近年来，临夏市通过举办临博会、环湖赛等节会展会，形成了以牛羊肉、乳制品、农畜产品、手工地毯、回族藏族生活用品加工业为主导，酿酒、建材、制香、医药、特色旅游和旅游产品开发共同发展的特色产业格局。

（六）各民族友好聚居，宗教信仰包容多元

临夏市自古为多民族聚居区，各民族共同开发并发展了这片土地。战国以前临夏市境域内多系羌族，汉朝以后羌汉混居。东晋十六国、南北朝时期先后有羌、鲜卑、匈奴、吐谷浑等少数民族迁居于此。唐宋时期，吐蕃人与汉族杂居。金、元时期吐蕃、汉族、蒙古族、回族杂居。明清至民国时期为回、汉民族聚居。1950 年，临夏市主要为汉族和回族聚居，回族占总人口的 54%，汉族占总人口的 45.79%。2017 年，临夏市居住着汉族、回族、东乡族、保安族、撒拉族等 18 个民族。少数民族人口占临夏市总人口的 53%，其中回族占比 44%，东乡族占比 8%。汉族离不开少数民族、少数民族离不开汉族、少数民族之间也相互离不开的观念深入人心。

临夏市宗教派别多，伊斯兰教、佛教、道教、基督教四大宗教并存。2017 年底，临夏市有宗教场所 208 处，其中清真寺 107 处、拱北 35 处、佛教宗教场所 11 处、道教宗教场所 53 处、基督教宗教场所 2 处。4 个农村乡镇共有 147 个宗教场所，其中枹罕镇 50 处、城郊镇 39 处、南龙镇 36 处、折桥镇 22 处。

二、扶贫开发的基本历程

1949 年以来，党和政府高度重视民族地区的扶贫开发工作。临夏市集生态脆弱地区与贫困地区于一体，是我国重要的农牧交错带、少数民族聚

集区、宗教传承地，一直以来贫困发生率高，致贫原因复杂多样，是我国扶贫开发的重点区域。临夏市扶贫开发的历程是我国民族地区经济社会发展和扶贫开发进展的一个缩影，投入力量大，持续时间久，成效十分显著。

（一）小规模的救济式扶贫阶段（1949—1978年）

1949年中华人民共和国成立之初，广大农村面临着普遍的生存性贫困问题。为了消除广大农民无地现象，保证农民的基本生存权利，全国于1950年开始实施大规模的土地改革。土地改革的基本完成，为临夏市的扶贫开发奠定了制度基础。临夏市作为民族地区在经济社会发展上较为落后，临夏市政府在开展民主改革的同时，积极帮助少数民族发展生产。从1961年至1967年，临夏市对少数民族及不发达地区发放补助费，财政专项累计支出49.6万元。为帮助农民度过饥荒，在发放生活救济和生产救灾款的同时，临夏市还对农民个人发放贷款。1951年至1973年共贷41.83万元，主要用于购买种子、农具、耕畜等。从20世纪60年代中期到70年代末，"三线建设"在临夏市地区投资建设了一批重型工业企业，奠定了临夏市工业基础，在一定程度上促进了当地的社会经济发展。

在这一阶段，临夏市的整体经济状况处于较低水平，没有能力开展大规模的扶贫活动。临夏市减贫工作发展虽然受到党和国家的特殊关照，但也只限于小规模的救济式帮扶。临夏市主要通过自上而下的民政救济系统，对部分极端贫困地区进行"输血"式的生活救济。这种扶贫方式虽然能在一定程度上保障临夏市贫困人口的基本生活需求，却难以提高其能力，不能从根本上使贫困人口彻底摆脱贫困。

（二）体制改革推动的间接瞄准扶贫阶段（1978—1985年）

改革开放前，在广大农村实行的是人民公社体制，商品交易在统购统销管理体制下完成。由于农业经营体制、农产品价格制度以及商品交易制度等计划经济体制的限制，临夏市整个经济发展水平较低，农民的生产积极性较差，全市贫困人口多。改革开放后，国家开始对农村经济体制进行市场化改革。在土地经营制度方面，以家庭联产承包责任制替代生产队体制，极大地调动了广大农民的生产积极性，解放了农村劳动力，提高了土地产出。在农产品交易方面，改变计划经济主导的政策，逐步建立市场化的商品交易制度。1978年以后，随着农村土地联产承包责任制的实行，临夏市对部分贫困村、社和贫困户从发展生产入手，鼓励贫困群众自力更生，逐步摆脱贫困。在这种有利的经济体制改革的推动下，临夏市的经济也实现了较快增长，贫困人口大幅减少。1978年至1985年，临夏市农民人均年收入增长1.8倍，年均递增17.5%。1982年至1985年，按当年价标准，临夏市城乡困难户减少5643户，贫困人口由原来的3.82万人减少为1.31万人。

除了依靠体制改革的推动外，国家对民族地区还实施了多项有益于民族地区缓解贫困的政策。1979年颁布的《中共中央关于加强农业发展若干问题的决定》中首次明确指出要给予民族地区重点扶持，帮助他们发展生产摆脱贫困。1980年起，国家民族事务委员会与国家计划委员会开始组织内地发达省、市对口支援民族地区，并开始向"老、少、边、穷"地区和经济不发达地区发放财政专项拨款和低息贷款。临夏市作为少数民族及不发达地区，仅1984年、1985年两年，各种专项补助款达1542.2万元。1985年起，临夏市还施行"以工代赈"形式，重点帮助贫困地区解决道路和人畜饮水困难。这些政策极大地改善了临夏市的经济发展状况，促进了贫困问题的解决。

总体来看，由于一系列体制改革的推动和政府帮扶政策的落实，这一阶段临夏市的经济获得大幅增长，减贫效应显著。但是，在全国经济普遍繁荣的情况下，临夏市的贫困改善情况还有很大空间，其经济社会发展尚为落后。

（三）项目开发推动的区域瞄准扶贫阶段（1986—1993年）

随着市场化改革的推进，经济增长通过涓滴效应自动惠及穷人导致贫困人口减少的效应逐渐减弱。在20世纪80年代中后期，经济的增长扩大了地区间居民收入的绝对差距，区域发展不平衡问题凸显，贫困人口也明显向"老、少、边、穷"地区集中，亟须推行有组织、有计划、大规模的扶贫政策（肖时花、吴本健，2018）。1986年在国家层面成立了专门的扶贫机构——国务院贫困地区经济开发领导小组，使扶贫工作规范化、制度化，由原先的道义式扶贫转向制度性扶贫转变，扶贫工作成为一项有计划的政府工作任务。1987年，临夏市扶贫工作领导小组成立，1990年更名为临夏市扶贫开发工作领导小组。这一时期，临夏市地区的贫困问题得到广泛重视，扶贫方式由"输血"式扶贫转向开发式扶贫。临夏市为促进农业和乡镇企业发展，在各银行和信用社贯彻"区别对待，择优扶持"原则，为广大农民和企业发放贷款。比如1988年起，临夏市城关信用社支持"菜篮子"工程，每年向本乡菜农发放3年期贴息贷款100万元；临夏市工商银行在1986—1995年间，向地方乡镇企业倾斜，累计发放贷款6741万元。

这一阶段临夏市扶贫工作逐步规范化和制度化，贫困状况得到一定程度的缓解，贫困人口有所减少。但是与全国相比，临夏市的贫困问题依然严峻，减贫速度较慢，贫困人口比重较高，扶贫任务依然十分艰巨。

（四）八七扶贫攻坚计划的综合性扶贫阶段（1994—2000年）

20世纪80年代中期以来，国家对先期的扶贫工作进行了根本性的改革与调整，一系列有组织、有计划、大规模的扶贫工作使全国农村的贫困问题明显缓解，没有完全稳定解决温饱的贫困人口已经减少到8000万人。此时的贫困人口主要分布在中西部地区，且多为革命老区和少数民族地区，仅少数民族地区就占到了全国贫困人口的40%，民族地区成为扶贫开发的主战场。1994年国务院印发的《国家八七扶贫攻坚计划》将解决少数民族地区贫困问题列为工作重点，加大投入力度，并制定了有针对性的扶贫策略。1993年底，临夏市扶贫开发工作领导小组制定《1994—2000年扶贫计划》。1994年4月，临夏市调整充实市县级领导和市直单位包片、包村的联系点制度，抽调帮扶干部136名，把有一定经济实力和技术力量的单位调整到边沿山区和较为贫困的村，实行科教扶贫。各乡、街道办事处继续坚持领导包片和干部包村（居委会）、党员干部联系户制度，明确任务，确定帮扶对象，帮助村、户制订具体的脱贫致富计划，解决生产和生活中遇到的实际困难和问题。临夏市还实施农村"星火""丰收"计划，推广地膜覆盖、"吨良田"、"双千田"、立体耕作、种子工程等实际、实用、实效的农业新技术。到1995年底，扶贫开发取得初步成效。1996年至1998年底，临夏市将扶贫与教助相结合，实施地膜温饱工程，"放水养鱼"，兴办乡镇企业，组织农技人员对贫困户进行种、养、加等技术培训，加大对贫困户的科技扶持力度。1999年以后，临夏市进一步加大扶贫开发工作力度，启动12个长廊建设重点项目，实施"良种战略和地膜温饱工程"，为贫困户拓宽增收途径，增加就业门路。

　　这一阶段在上级政府的特殊照顾、大力支持以及临夏人民的艰苦奋斗下，临夏市基础设施明显改善、农民收入迅速增长、贫困人口大幅下降。2000年，临夏市脱贫367户1519人，贫困发生率下降1.63个百分点，但尚有贫困户3369户15685人，贫困发生率为7.7%。

（五）以整村推进为主的扶贫阶段（2001—2013年）

为了缩小东西部的发展差距，贯彻邓小平同志关于中国现代化建设的"两个大局"战略思想，2000年10月颁布的《中共中央关于制定国民经济和社会发展第十个五年计划的建议》把实施西部大开发作为一项战略任务。西部民族地区的发展成为党和国家的工作重点。在扶贫方面，2001年国务院出台《中国农村扶贫开发纲要（2001—2010年）》，将扶贫工作的重点投向贫困人口集中的西部少数民族地区，实行特殊的优惠政策，并颁布了一系列配套政策措施，如"兴边富民"行动、扶持人口较少民族发展等，为民族地区的扶贫工作奠定了良好的基础。2007年颁发的《少数民族事业"十一五"规划》提出全面实施农村最低生活保障制度，建立健全社会救助扶贫体系，保障少数民族贫困人口基本生活。民族地区的扶贫事业进入扶贫开发政策与最低生活保障制度相衔接的两轮驱动阶段。同时继续推行产业化扶贫、扶贫搬迁、以工代赈、对口支援等专项扶贫措施，增加投入资金，继续实施民族贫困地区的安居温饱工程。

2000年以来，临夏市因地制宜，积极落实国家扶贫政策，创新帮扶制度，从农业、产业、医疗、教育、就业、住房改建六个方面推动以整村推进为主的扶贫工作。比如，2003年，临夏市在农村实施"双培双带"工程，已经致富的党员农户，至少帮带2—3户贫困户共同致富，并形成结对帮扶制度。每个联系点单位和各镇副科级干部、镇包村干部、村干部，在农村党员中培养1名致富带头人，或在致富带头人中培养1名党员，结对帮扶取得一定成效。"十五"期间，临夏市坚持开发式扶贫，加大项目资金争取力度，多渠道筹措扶贫资金。据不完全统计，共投入扶贫资金230万元，其中国家补助56万元，社会各界帮扶150万元，镇村救济24万元。到2005年底，临夏市有贫困人口2315户11525

人，贫困发生率5.5%，与1987年相比，年均脱贫1955人，贫困发生率年均下降1.9%。

2009年至2012年，整村推进作为这个阶段的主体方针，临夏市共争取到扶贫开发项目65个，项目资金达3015万元，主要涉及基础设施和产业增收方面。其中2011年，为落实新农村建设整村推进项目，临夏市投资5000万元在三个示范村实施危旧房改造、硬化绿化美化亮化、三清三建、人饮工程、农田水利、农民增收、教育卫生、科技扶贫和扩大就业等建设项目。

这一阶段临夏市的扶贫成效十分突出，经济持续增长，各项事业有序推进，人们生活水平大幅提高。然而，由于致贫原因复杂，临夏市贫困人口的脆弱性高，脱贫难度和返贫率问题较为突出，贫困的发生率仍然高于全国，且贫困人口占全国人口的比重呈现上升趋势。2013年，按照国家2736元贫困标准统计，临夏市仍有贫困户5943户2.51万人，贫困发生率为27.83%。

（六）精准扶贫阶段（2014年至今）

为针对不同贫困区域环境、不同贫困农户状况，运用科学有效程序对扶贫对象实施精确识别、精确帮扶、精确管理，党的十八大以后党中央开始积极探索新的扶贫模式。习近平总书记于2013年底首次提出精准扶贫论述。2014年1月，中央对精准扶贫模式进行顶层设计，之后逐渐形成发展生产脱贫一批、易地搬迁脱贫一批、生态补偿脱贫一批、发展教育脱贫一批、社会保障兜底一批的扶贫格局。民族地区扶贫工作坚持因地制宜地贯彻落实精准扶贫方略，开展脱贫攻坚实践。

临夏市认真落实习近平总书记关于扶贫工作的重要论述，对整村整户进行精准扶贫、精准脱贫。对特困建档立卡贫困户和贫困村，通过提升贫困群众素质和激发内生动力来脱贫致富。在坚持民族和区域相统筹的前提下，临夏市大力发展民族地区优势产业和特色经济，以脱贫攻坚统揽全市经济社会发展全局，积极探索产业扶贫、就业扶贫、教育扶贫、健康扶贫、以德扶贫、乡村旅游扶贫等工程，加快了脱贫速度，拓宽了贫困人口增收致富门路。

这一阶段临夏市扶贫事业取得了突出成就，贫困状况得到较大缓解，脱贫攻坚工作取得历史性进展。临夏市2014年至2018年来累计减贫5577户2.37万人，到2017年底，贫困人口下降至366户1410人，贫困发生率降至1.64%。截至2018年，剩余贫困人口再次下降至289户1052人，贫困发生率降至1.12%。2018年2月，顺利通过省级脱贫摘帽核查验收，7月顺利通过国务院第三方评估检查，9月份省政府批准正式退出贫困县序列，成为2017年度全国125个脱贫摘帽县之一。

三、贫困人口的基本特征

2011年以前，作为州府所在地的临夏市并没有成为国家重点扶持的贫困县。2011年《中国农村扶贫开发纲要（2011—2020年）》在全国划定14个集中连片特困地区，作为新阶段的扶贫攻坚主战场。在此背景下，临夏市首次被纳入六盘山集中连片特困地区贫困县。2017年，临夏州被列入集中连片的深度贫困地区"三区三州"范围，临夏市因此也成为深度贫困地区县。具体而言，临夏市贫困人口主要呈现以下六大特征。

（一）贫困发生率高

临夏市2013年全面开展精准扶贫识别工作，按照该年2300元的贫困线标准，共有登记建档立卡贫困户5943户2.51万人（见图2-4），贫困发生率27.83%。2013年临夏市贫困发生率比全国平均贫困发生率（10.2%）高了一倍多，略高于甘肃省26.5%的贫困发生率，但低于临夏州42.21%的贫困发生率。从贫困人口占比来看，临夏市贫困人口仅占临夏州73.36万贫困人口的3.42%，不到甘肃全省贫困人口（552万人）的0.5%。临夏市贫困人口中女性和少数民族占比较高，贫困人口中女性占到了44%，少数民族贫困人口占比为49%，与汉族几乎持平。作为少数民族聚居区，临夏市需要确保脱贫路上一个都不能少。

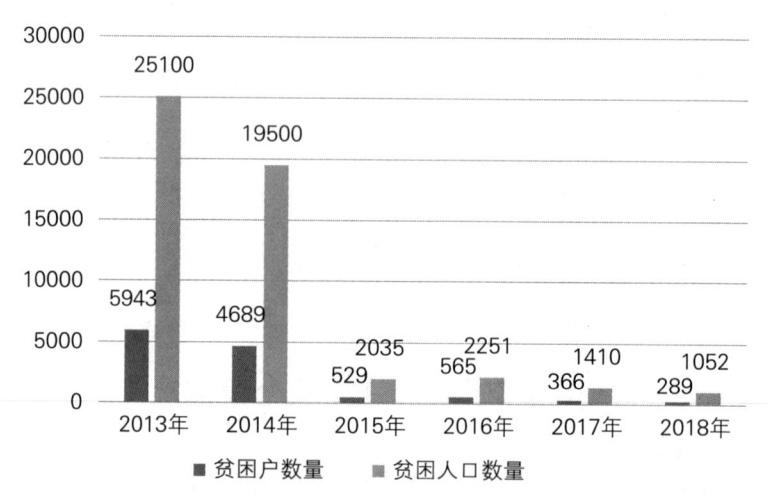

图2-4 2013—2018年临夏市贫困户和贫困人口数量

（数据来源：临夏市扶贫办内部资料）

（二）贫困村占比高

临夏市共有36个行政村，但有20个贫困村，贫困村占比超过一半。从地理位置来看，临夏市大部分贫困人口分布在城区附近，属于一种特别值得关注的郊区型贫困。其中，离城区最近的城郊镇，仅有2个贫困村，但离城区最远的枹罕镇，贫困村和贫困人口最多（见表2-1）。这使得临夏市的城区看似被一个郊区贫困带所环绕，离城区越远，贫困村越多。然而，在具体人口分布中，20个贫困村的贫困户仅占总户数的44.72%，贫困人口占总贫困人口的48.8%（见表2-2）。贫困人口的广泛分布，决定了临夏市脱贫攻坚须进行整体统筹，纳入经济社会发展全局，而不能偏重于某一类村庄。

表2-1 临夏市各乡镇贫困村和贫困户分布

城镇	位置	贫困状况	特点
枹罕镇	市区西南	8个贫困村，贫困户2478户10468人	地理位置最远，农村人口和建档立卡户最多，贫困面最大
南龙镇	市区东南	6个贫困村，贫困户1517户6607人	建设征地导致基础设施和公共服务建设难度较大
折桥镇	市区东北	4个贫困村，贫困户1351户5518人	面积较大，贫困户较分散
城郊镇	临近市区	2个贫困村，贫困户657户2507人	属于城郊型农村，农村人口成分复杂，流动人口多

（数据来源：临夏市扶贫信息网络系统）

表2-2 临夏市贫困村的贫困人口占全市比重

行政村	贫困户	贫困户比率	贫困人数	贫困人口比率
贫困村（20个）	2658	44.72%	15569	48.8%
非贫困村（16个）	2146	36.11%	8760	39%
村转社区（5个）	—	19.17%	—	12%

（数据来源：临夏市扶贫信息网络系统）

（三）贫困户普遍缺资金和技术

临夏市贫困户的致贫原因包括：人均耕地面积不足，靠种植收入为主，增收渠道狭窄；贫困户受教育程度低，缺少资金、技能和技术；"等靠要"思想严重，内生动力不足。其中，缺资金和技术是临夏市贫困户主要致贫原因（见图2-5）。在2013年临夏市建档立卡数据中，缺资金

10926人占45%，缺技术8492人占35%，二者加总贡献了80%的致贫因素。

缺资金和缺技术成为主要致贫原因是临夏市城市化导向发展策略和城乡二元经济社会体制的产物。尽管临夏市建筑业和服务业发展吸纳了不少农民就业，但农民普遍缺乏技能，就业结构较为单一，主要集中在餐饮业、建筑业、运输业、制造业等部门，打零工的较多，常年稳定从事一个职业的较少，受就业务工市场影响较大，收入较低并且不稳定。由于临夏市人多地少，农产品单一、产量低，销售价格低，农村中以务农为主的农民普遍收入水平较低。留守农民本身就是缺乏资金和技术的群体，缺乏外出就业创业的资金和技能。由于缺乏资金和技术在家发展特色和高效产业，这加剧了部分以农业为主农民的贫困状况。

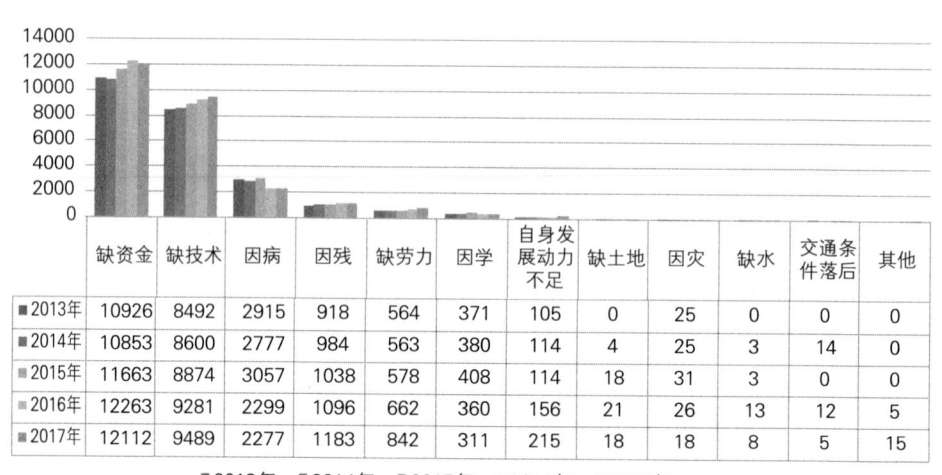

	缺资金	缺技术	因病	因残	缺劳力	因学	自身发展动力不足	缺土地	因灾	缺水	交通条件落后	其他
2013年	10926	8492	2915	918	564	371	105	0	25	0	0	0
2014年	10853	8600	2777	984	563	380	114	4	25	3	14	0
2015年	11663	8874	3057	1038	578	408	114	18	31	3	0	0
2016年	12263	9281	2299	1096	662	360	156	21	26	13	12	5
2017年	12112	9489	2277	1183	842	311	215	18	18	8	5	15

图2-5 2013—2017年临夏市致贫原因汇总

（数据来源：临夏市扶贫办内部资料）

（四）贫困人口受教育水平低

长期以来，临夏市由于经济社会发展水平低，对农村教育事业方面的投入力度不够，农村教育发展相对滞后。加上临夏市拥有悠久的经商传统，农民多有"重商贸，轻教育"的思想。部分群众思想相对封闭和保守，对教育的重视程度不够。结果是，贫困人口受教育程度低，职业培训跟不上，人力资本水平整体较低。在2015年贫困户建档立卡人口中，小学文化程度的为12183人，占比为47%，接近了贫困人口的半数；初中文化程度的为4711人，占比为18%；文盲或半文盲的为2660人，占比为10%；高中文化程度的为843人，占比为3%；大专文化程度的为128人，占比为1%（见图2-6）。这说明贫困人口普遍未接受过义务教育和高等教育，技术较为缺乏，在就业方面的难度较大，给扶贫脱贫带来了巨大的挑战。

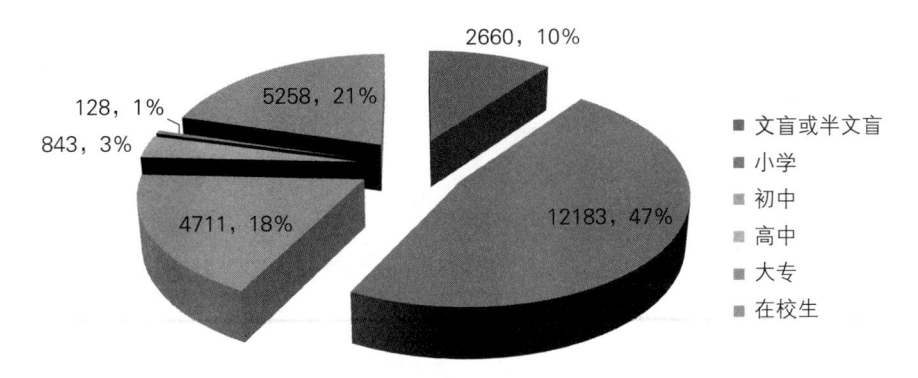

图2-6　2015年临夏市建档立卡贫困人口教育程度

注：在校生不包括已经毕业的贫困人口
（数据来源：临夏市扶贫办内部资料）

（五）贫困人口内生动力不足

贫困人口是脱贫攻坚的对象和主体，如果主体意识不强，将会严重制约贫困群众的积极性、主动性和创造性。在临夏市建档立卡数据中，内生动力不足虽然占比只有0.4%，但绝大部分贫困户致贫返贫，不仅仅是因病、因学、因灾、缺劳力，更深层次的根源是缺乏吃苦耐劳精神，不思进取。一些贫困家庭存在不同程度的家庭不睦、关系不和、子女不孝、不尽赡养义务、不尚勤俭等问题，导致家庭成员的心思大多不在经济发展上。相对于物质上的贫穷来说，这些贫困户身上的"精神贫穷"更难治愈。如果遇上"不怕穷"的贫困群众，就算国家投入再多的财力、扶贫干部耗费再多的精力也起不了多大的作用。一些贫困户在长期的贫困状态中养成了对贫困生活的习惯性，使得培养"不怕穷"的精神成为临夏市脱贫攻坚战中难啃的一块"硬骨头"。

（六）因病致贫问题严重

由于地理、文化、经济、历史等原因，临夏市贫困户在健康知识获得和健康理念培养方面都相对落后，存在基本的护理知识、医疗知识都不具备的情况。虽然临夏市是州府所在地，相比临夏州其他县医疗资源更为丰富，但由于整个临夏州的医疗资源都比较匮乏，临夏市域内医疗资源需要同时服务于其他县，导致临夏市农村医疗资源比较紧张、医疗设备稀缺，专业人才紧缺。因病致贫返贫户表现出贫困程度更深、贫困时间更久、脱贫难度更大的特征：有的因疾病卧床多年，不仅自身无法就业劳动，还累及家人全程照料，导致全家深度贫困。许多贫困劳动力处于非健康状态，由于身体原因难以从事对体力要求较高的工作，限制了通过劳动脱贫就业的可能。

四、脱贫攻坚面临的主要挑战

无论是发达国家还是发展中国家，贫困问题的产生都具有明显的自然社会经济原因。临夏市加快脱贫攻坚，不仅需要促进贫困人口脱贫致富，还需要加快城乡基本公共服务均等化，促进城乡融合发展，保障全体人民共享改革发展成果。党的十八大以来，临夏市打赢脱贫攻坚战主要面临如下四大挑战。

（一）传统农业难以养活农民

临夏市耕地和水资源紧缺，人均耕地面积不足0.3亩，有些村人均不足0.1亩，大部分村庄以传统的种植业和畜牧业为主，产业结构单一，第二、三产业薄弱。临夏市的贫困人口集中分布在远离市区的偏远山区，自然生态条件相对恶劣，干旱、洪涝、泥石流、冰雪等自然灾害频发。由于人多地少，农产品种类单一，且产量和销售价格低，加上农业基础设施建设薄弱，抗御自然灾害和病虫害侵袭能力较差。临夏市农村中以务农为主的农民"靠山吃山、靠水吃水、靠天吃饭"，收入水平普遍较低，容易陷入贫困，依靠有限土地资源改变贫困状况较为困难。

（二）经济增长带来的减贫效应趋于弱化

一直以来，贫困问题就是临夏市面临的重大挑战，减贫和消除贫困是临夏市经济社会发展的重要战略目标。长期以来，市场化导向的经济增长成为临夏市大规模减贫的重要推动力量。大量农村劳动力向城镇非农业转移，使农民的非农收入快速增加，促进了农村大规模的减贫。1982年至1985年，按当年价标准，临夏市城乡困难户减少5643户，贫困人口由原来的 3.83 万人减少为 1.31 万人。20 世纪 90 年代，临夏市扶贫开发取得进一步成效。2000 年，临夏市尚有贫困户 3369 户 15685 人，贫困发生率为 7.7%。到 2005 年底，临夏市有贫困人口 2315 户 11525 人，贫困发生率 5.5%，与 1987 年相比贫困发生率年均下降 1.9%。

然而，近几年，甘肃省和临夏州经济增长下行压力较大，而临夏市受到的影响更大。从人均地区生产总值增速来看，受近几年临夏市经济放缓的影响，临夏市人均地区生产总值增长缓慢。受经济增长方式转变、投资下滑等因素影响，临夏市人均地区生产总值增速从 2014 年的 11.6% 降低到 2017 年的 4.6%。从地区来看，临夏市人均地区生产总值增速都慢于甘肃省和临夏州，更慢于全国平均水平。经济下行压力使得临夏市房地产行业和服务业受到较大的影响，劳动力外出就业增加收入受到一定制约，增加了通过发展经济来减贫的难度。

受经济发展水平滞后影响，临夏市财政收入不高，严重依赖上级转移支付来满足公共开支。2013 年临夏市财政收入（大口径）为 5.99 亿元，一般公共预算支出达 19.7 亿元，上级转移支付为 13.71 亿元；2017 年大口径财政收入为 11.29 亿元，一般公共预算支出达 25.8 亿元（见图 2-7）。较低的财政自给能力使临夏市财政对扶贫开发工作投入有限，对外界帮扶的依赖性较大，尤其是在经济下行、税收短收的情况下，临夏市财力将面临较大困难，给临夏市脱贫攻坚工作带来很大挑战。

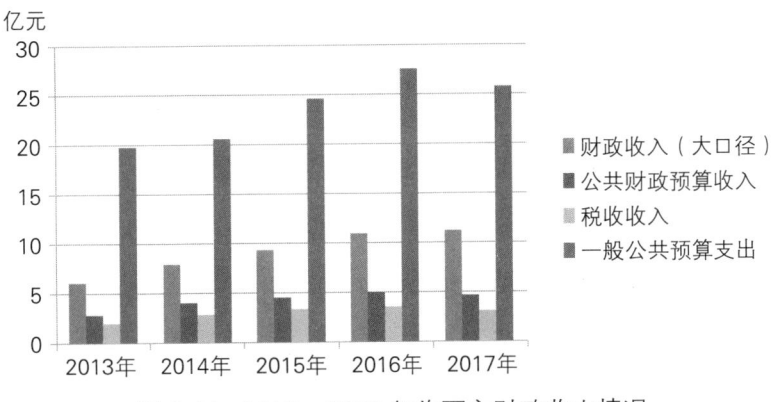

图 2-7　2013—2017 年临夏市财政收支情况

（数据来源：临夏市统计局《临夏市国民经济统计资料》）

（三）城区发展存在"虹吸效应"

临夏市城区作为州府所在地，城区基础设施相对较好，公共服务相对较健全，服务业、建筑业提供的就业和创业机会相对多，对周边农村存在明显的"虹吸效应"。农村人口、资金等要素资源不断向市区集聚，农村内部发展缺乏资金、技术，导致农村产业发展相对迟缓，限制了产业升级。同时，辖区要素成本不断上升，对农村产业升级有一定挤出效应。城区长期经济总量独大，一定程度压缩了周边农村的发展空间。

同时，长期以来，临夏市在基本公共服务投资上存在一定程度的城区偏向性，没有充分考虑到农村的现实需求，对农业、农村、农民的覆盖面不够广。城乡二元体制机制改革和创新滞后，对农村基本公共服务均等化投入不足。临夏市主要公共资源，如医院、学校、道路，都投资在城区，由此造成了城区经济、交通、教育、医疗、信息要比周边农村发达和先进得多。供水、环保、教育、医疗等基本公共服务项目存在农村覆盖盲区，未有效惠及全部农村人口和困难群体。结果是，临夏市农村基本公共服务存在规模不足、质量不高，城乡区域间资源配置不均衡，硬件软件不协调，服务水平差异较大，广大农民，尤其是贫困户，享有基本公共服务的可及性有待提高。

（四）社会经济文化问题相互交织增加贫困治理难度

贫困问题不仅仅是经济性问题，也是社会性和文化性问题。临夏市贫困问题与经济、社会、文化、民族、宗教等诸多方面和诸多问题交织在一起，增加脱贫攻坚的难度。这主要表现在几个方面：一是临夏市农村大多属于城乡接合部，外来人口集聚、征地拆迁等问题凸显了社会矛盾和风险，社会维稳压力大。二是临夏市作为少数民族聚居区，少数民族人口比例高，民族宗教问题和发展问题交织在一起，增加了脱贫攻坚的难度。三是相当一部分剩余贫困人口贫困程度深、致贫原因复杂、自我发展能力弱，出现了代际贫困。这些贫困人口难以跟上市场化的步伐，较难通过经济增长带动实现脱贫。一些贫困户思想落后、不思进取、自暴自弃、家庭不和、道德缺失、不尚勤俭，贫困人口脱贫内生动力不足，成为脱贫攻坚顺利推进的重大障碍。

第三章 临夏市精准扶贫治理体系构建

党的十八大以来，以习近平同志为核心的党中央把打赢脱贫攻坚战提升到了治国理政的重要位置，提出了精准扶贫、精准脱贫方略，标志着我国扶贫开发进入了新时代、新阶段。县域精准扶贫治理体系是县域治理体系的重要组成部分，是打赢脱贫攻坚战的制度保障。构建一个什么样的县域精准脱贫治理体系、怎样构建县域精准脱贫治理体系，成为临夏市打赢脱贫攻坚战面临的一个全新课题。临夏市委、市政府坚持以习近平总书记关于扶贫工作的重要论述为指引，把打赢脱贫攻坚战当成头等大事和第一民生工程，严格按照精准扶贫、精准脱贫的要求着力构建县域精准扶贫治理体系，协同政府、市场、社会治理力量，夯实基层治理能力，有效地打通了贫困治理"最后一公里"，为打赢脱贫攻坚战提供了强大的组织、制度和资源保障。

一、建立总揽全局协调各方的脱贫攻坚领导机制

经过多年经济发展和减贫，临夏市容易脱贫的人口基本摆脱了贫困，剩下的贫困人口大多是缺乏自身发展能力的。这部分贫困人口致贫原因更为复杂，自生能力更为欠缺，尤其需要得到政府的专门重视。

习近平总书记指出，各级党委和政府要把打赢脱贫攻坚战作为重大政

治任务，强化中央统筹、省负总责、市县抓落实的管理体制，强化党政一把手负总责的领导责任制，明确责任、尽锐出战、狠抓实效。市县抓落实涉及方方面面，是十分复杂的系统工程。临夏市委、市政府认真贯彻落实习近平总书记"贫困地区党委政府要把主要精力放在扶贫开发上"的重要指示精神，经过深入调研分析市情，认为临夏市地理位置比较优越，交通便利，商贸活跃，农民进城务工多，收入相对稳定，农村居民人均可支配收入明显高于省内其他贫困县，各方面的基础和条件决定了临夏市在全州率先整体脱贫具有一定的优势和潜力，提出了"在全州率先实现整体脱贫，到2020年与全省全国一道全面建成小康社会"的奋斗目标。更为重要的是，临夏市委、市政府形成了这样的共识，要打赢脱贫攻坚战，就必须加快构建与精准扶贫、精准脱贫要求相适应的县域扶贫治理体系，而坚持党的全面领导是建设县域精准扶贫治理体系的保证。只有坚持党的全面领导，才能不断解决脱贫攻坚过程中存在的体制机制问题，更好发挥我国社会主义制度集中力量办大事的优越性，全力打好脱贫攻坚战。

强化党政一把手负总责的领导责任制不能是一句空话，必须贯彻在县域精准扶贫治理体系建设的各个环节，体现在打赢脱贫攻坚战的方方面面。临夏市脱贫攻坚领导小组是临夏市精准扶贫的主要议事协调机构。领导小组组长由市委书记、市人大常委会主任、市长、市政协主席担任，成员包括市直50个各相关部门和下辖4个镇的负责人。领导小组办公室设在市扶贫办，办公室工作人员从相关部门抽调。临夏市脱贫攻坚领导小组制定印发了《临夏市脱贫攻坚领导小组专责工作组人员组成及工作职责》和《临夏市脱贫攻坚领导小组专责工作组成员单位责任清单及问责办法》，成立了综合协调、资金保障、基础设施、产业开发、转移就业、教育扶贫、健康扶贫、生态扶贫、兜底保障、驻村帮扶、组织保障11个专责工作组，形成上下联动、合力攻坚工作机制。

脱贫攻坚领导小组的主要职责包括：一是学习传达上级精神和文件，统一各成员单位思想和认识，制定脱贫攻坚相关政策文件。例如，临夏市脱贫攻坚领导小组2019年第五次会议专题学习了习近平总书记在解决"两不愁三保障"突出问题座谈会上的重要讲话精神，学习研讨了习近平总书记参加甘肃代表团审议时的重要讲话精神和《习近平扶贫论述摘编》。二是紧盯"两不愁三保障"目标，听取相关部门工作推进情况汇报，对脱贫攻坚的重点、难点和薄弱点进行研究和部署。三是对脱贫攻坚中出现的典型示范和典型问题，及时沟通传达，扩大示范效应或举一反三。四是部署专项督促、明察暗访、交叉检查等，确保各项任务措施落实到位。脱贫攻坚的任务按照部门和乡镇职责进行分工，签订责任书，并向领导小组汇报。高规格的议事机构保证了扶贫领域跨部门合作机制的正常运转，避免了各部门相互推脱、扯皮问题的出现。各成员单位按照分工及时沟通脱贫攻坚进展和存在问题，协调不同意见，以推动脱贫攻坚的各项部署落地落实。

表3-1 2015—2018年临夏市脱贫攻坚领导小组主要发文

年份	文件名称
2015	临夏市"十三五"脱贫攻坚规划
2016	关于县级领导干部联系帮扶贫困户的通知
2016	临夏市农村环境整治工作方案
2016	临夏市2016年精准扶贫建档立卡自查工作方案
2017	临夏市脱贫退出自评验收工作方案
2017	临夏市脱贫攻坚现状通报及重点工作安排
2017	临夏市2017年脱贫攻坚重点工作安排及任务清单
2017	临夏市已脱贫村巩固提升计划
2017	临夏市已脱贫人口巩固提升计划

续表

年份	文件名称
2018	临夏市未脱贫人口脱贫计划
2018	临夏市扶持贫困户增加资产收益的实施意见
2018	临夏市2018年脱贫攻坚重点工作实施方案
2018	临夏市"一户一策"精准脱贫（巩固提升）帮扶计划验收工作方案
2018	临夏市脱贫攻坚实施方案（2018—2020年）
2018	临夏市精准扶贫到户项目实施方案
2018	临夏市后续脱贫攻坚实施方案
2018	临夏市脱贫攻坚巩固提升工作计划
2018	临夏市2018年统筹整合使用财政涉农资金方案
2018	临夏市2018年度脱贫攻坚考核验收及扶贫对象动态管理工作实施方案

　　临夏市委、市政府始终把脱贫攻坚摆在重中之重，不断加强脱贫攻坚工作的顶层设计，把党的执政能力建设、班子建设和作风建设贯穿于脱贫攻坚全过程，形成了组织有力、目标同向、全力以赴、共同推进的工作格局。在市级层面，临夏市先后召开105次市委常委会、四大班子联席会、政府常务会、脱贫攻坚领导小组调度会等，原原本本传达学习脱贫攻坚相关政策文件精神，研究部署精准脱贫各项重点工作，层层传导责任压力，树立全市上下齐心协力打赢脱贫攻坚战的信心决心。特别是，2018年以来，临夏市坚持每周召开一次脱贫攻坚调度会议，专题研究工作中的困难和短板，有效解决了一大批的难点问题。领导班子的行动让各级党员干部和群众都能感受到领导的参与、关心和支持，实干中的领导班子也成为最有效的领头羊。

　　临夏市严格落实各级党组织"一把手"抓脱贫攻坚的政治责任，确保脱贫攻坚各项政策部署和具体措施精准落地。一是把学习习近平总书记关于扶贫工作的重要论述和党中央、国务院、甘肃省、临夏州关于脱贫攻坚的一系列政策文件，作为不断提高各级党组织"一把手"政治站位和执政能力的重要抓手。市委常委班子带头深入学习贯彻习近平新时代中国特色社会主义思想和习近平总书记关于精准扶贫、精准脱贫的重要论述，对各部门、各镇、街道领导班子成员，各村、社区党支部书记进行习近平总书记关于扶贫工作的重要论述和脱贫攻坚政策的集中培训，不断提高领导干部政治站位，增强"四个意识"，强化脱贫攻坚的责任担当，树立标杆意识。二是在脱贫攻坚工作上以市委书记带头，领导班子全面协作，充分发挥了党的领导班子带头作用。临夏市党委班子以身作则、率先垂范，深入各自联系村，督导脱贫攻坚各项工作，与群众面对面交流，协调解决群众最关切最现实的问题。各政府部门和四个乡镇"一把手"积极垂范、履职尽责，承担好定点帮扶和抓党建促脱贫攻坚政治责任。三是通过签署脱贫攻坚"军令状"，严格扶贫工作的政绩考核，不断强化"一把手"责任及其考核。及时调整了临夏市脱贫攻坚领导小组，严格落实脱贫攻坚责任制。市委、市政府分别与各镇、镇与帮扶单位、单位与帮扶责任人层层签订责任书，进一步明确了脱贫目标、职责任务，形成了条块结合、纵横衔接的责任体系。临夏市委、市政府还通过建立涵盖政府内部、社会主体、媒体、群众、贫困户等多主体的全方位监督体系和严格考核评估体系，确保各级党组织和"一把手"把脱贫攻坚的政治责任贯彻落实到位。临夏市各级领导班子对扶贫工作的责任和付出牵动着所有基层，引领着所有的党员，形成了班子看书记、基层看班子、层层传导、层层示范的良好格局和氛围。

二、构建协同推进的三位一体大扶贫格局

打赢脱贫攻坚战,构建专项扶贫、行业扶贫、社会扶贫三位一体的大扶贫格局是关键。党的十八大以来,各级政府对临夏市脱贫攻坚的支持力度越来越大,扶贫资金日益增多,凝聚各方扶贫力量,整合和下沉项目资金和人才资源,既是解决临夏市扶贫投入不足和精准性不高问题的现实选择,也是提高扶贫项目资金整体效益的迫切需要。

(一)整合政府专项扶贫资源

2013年以前,政府部门功能分化和专业分工为临夏市农村发展和减贫注入强大动力,但随着经济社会的发展,部门分割随之成为临夏市农村发展和减贫的重大羁绊。各部门之间权责交叉重叠,缺乏协同,形成集体行动的困境,造成了农村公共服务供给的破碎化和脱贫攻坚的乏力。党的十八大以来,临夏市按照党中央、国务院、甘肃省和临夏州的统一部署,结合临夏市贫困治理的实际情况,从统筹规划、实施方案、完善协调机制、建立整合机制四个方面构建专项扶贫资源整合的体系。

临夏市将脱贫攻坚放在国民经济和社会发展规划的首要位置,统揽经济社会发展全局。"十三五"期间,临夏市把精准扶贫作为"一号工程",在《临夏市国民经济和社会发展第十三个五年规划纲要》中,将精准扶贫工作列为正文的第一个章节,分别从精准扶贫的对象、目标、内容、保障四方面进行了详细的规划,坚持"工作到村、扶贫到户"的工作格局,以贫困村、贫困户、贫困人口为工作对象,以增加贫困农户的收入和改善贫困村发展环境为目的,认真谋划了"十三五"期间全市精准扶贫及农村基础设施建设等方面的项目。同时,根据每年中央一号文件精神,按照临夏

市委要求和政府工作报告，分年度对精准扶贫和农村基础设施建设工作进行部署和安排。特别是按照党的十九大提出的乡村振兴战略，以贫困村路、水、电、房、气等基础设施建设为重点，促进以城带乡和城乡融合发展，使脱贫攻坚工作和国民经济发展相适应。

临夏市积极统筹各部门的政策和措施，出台了一系列指导各部门政策和行动的综合性规划和方案，使各部门相互协调、相互衔接，形成同心共力打赢脱贫攻坚战的局面。临夏市先后出台《临夏市"十三五"脱贫攻坚规划》《临夏市脱贫攻坚实施方案（2018—2020年）》《临夏市精准扶贫到户项目实施方案》《临夏市后续脱贫攻坚实施方案》《临夏市乡村振兴战略规划》等一系列综合性规划和方案，将原来分散在各部门的规划和方案进行整合，将脱贫攻坚任务按部门进行分解，形成了共同治理贫困问题、联合指导精准脱贫的实践效果。此外，临夏市出台《临夏市2013年度扶贫对象建档立卡工作实施方案》《中共临夏市委临夏市人民政府关于深入落实精准扶贫工作的实施意见》《关于在精准扶贫中开展"以德扶贫"工作的实施方案》《临夏市镇干部驻村包社工作办法》《精准扶贫干部人才支持计划实施方案》《临夏市产业精准扶贫规划》等一系列方案和办法指导脱贫攻坚具体实施。医疗、教育、民政、农畜等与精准脱贫"五个一批"相关的部门，也积极出台脱贫攻坚相关的政策文件，从资金、人才、政策等方面加大对贫困村和贫困户的扶持力度，促进贫困村和贫困户早日脱贫。

自2016年贫困县统筹整合财政涉农资金工作开展以来，临夏市以精准扶贫为引领，彻底打破"撒胡椒面"和"打酱油的钱不能买醋"的困局，化零钱为整钱，集中财力精准扶贫、精准脱贫。按照中央、省、州相关文件精神，临夏市研究制定了《临夏市统筹整合使用财政涉农资金管理办法》。临夏市财政局根据中央、省、州、市财政下达的涉农资金安排计划额度，综合各涉农部门资金情况，将可统筹整合财政涉农资金计划额度报临夏市脱贫攻坚领导小组办公室；由临夏市脱贫攻坚领导小组组织涉农部门，召开联席会议，根据全市"十三五"脱贫规划，在计划额度范围内，确定资金主要用途、具体项目建设任务及项目主管部门。临夏市对资金投入方向类同、资金管理方式相近的涉农资金进行统筹整合使用，科学编制脱贫攻坚规划，按照"渠道不变、充分授权"和扶贫效益最大化原则，依据脱贫攻坚规划，区分轻重缓急，将统筹整合后的涉农资金主要投入用于"两不愁三保障"、农村基础设施建设、贫困村富民产业培育等方面。

（二）深化与厦门市思明区东西对口扶贫协作

早在2010年7月，按照国务院扶贫办的安排，福建省厦门市就与临夏州确立了东西对口扶贫协作关系，从此东西协作把相隔2000多公里的厦门思明区与临夏市连在了一起。党的十八大以来，在厦门市、临夏州党委和政府的关心支持下，厦门市思明区与临夏市东西扶贫协作在产业协作、劳务输转、人才交流、社会帮扶、商贸旅游等方面的交流合作不断加强，东西对口扶贫协作格局和内容不断拓展。

临夏市与厦门市思明区在区县、镇街与乡镇、村居与贫困村之间签订对口帮扶协议，形成"两地三级联动"的携手脱贫攻坚奔小康格局。厦门市思明区鹭江街道与枹罕镇、开元街道与南龙镇、嘉莲街道与南龙镇、滨海街道与折桥镇、开元国投与折桥镇分别签订了结对帮扶合作协议书。在此基础上，厦门市思明区鹭江街道办与临夏市枹罕镇江牌村、厦门市思明区中华街道办与临夏市枹罕镇王坪村进一步结对帮扶，针对两个贫困村的贫困户和基础设施进行项目帮扶，改善基础设施，使江牌村和王坪村贫困人口尽快脱贫致富。帮扶协议帮助临夏市和思明区在开展扶贫协作和合作交流搭建了框架，指明了方向，有力地促进了两地的深化合作。

临夏市与厦门市思明区立足脱贫攻坚，不断创新帮扶扶贫内容，开展了多种形式的产业合作、劳务协作、人才支援、资金支持协作，将东西扶贫协作向纵深推进。首先，组织引导企业来临夏市发展富民产业。厦门企业立足帮助贫困群众增收，通过资金奖补、良种发放、设备购置、修建养殖基地等方式，扶持贫困户发展特色养殖、种植及光伏产业，提升其自我发展能力，实现稳定脱贫。临夏市积极协调推动厦门公司在临夏帮扶企业产业项目的落地实施，推进"公司＋合作社＋贫困户""扶贫工厂（总厂）＋扶贫车间（贫困村加工点）＋贫困户（散户）"等"造血"式扶贫模式落地生根。其次，不断加大财政援助力度，促进临夏市基础设施建设和公共服务改善。帮扶资金主要投入带动贫困村、贫困户稳定增收的富民产业培育，以及教育、医疗、住房、道路、饮水、为民服务中心等基础设施建设。再次，建立厦门市来临夏市支教支医机制，协调临夏市与思明区医院、学校开展结对帮扶，选派优秀干部、专业技术人才和企业管理人员相互挂职、交流、培训。最后，建立起长期劳务协作机制和信息对接渠道，加大厦门市思明区对临夏市贫困村致富带头人的培训力度。厦门市思明区采取整合临夏当地资源组织就地培训、选派厦门师资来临夏开展就业培训、组织到厦门培训机构开展技能培训等形式，动员有培训意愿的建档立卡人员参加就业培训，并组织厦门企业积极为贫困群众提供就业岗位，向厦门市输转劳务人员。

临夏市委常委会、脱贫攻坚领导小组专题研究东西扶贫协作工作，确保资金使用更精准，项目监管不缺位。临夏市根据《厦门市临夏州东西协作项目资金管理意见》，按照临夏州委州政府确定的支持重点，年初与厦门市思明区共同提出当年协作项目计划，报州政府审核、厦门市政府审定后实施。公益性基础设施项目，由中标单位具体实施。资金补助到户到人的项目，直接汇入农户"一折统"账户实施。临夏市严格按照"谁管项目、谁用资金、谁负主责"和"项目跟着规划走、资金跟着项目走、责任跟着资金走"的原则，建立监管机制全过程、全方位，公开透明，网格化监管协作资金使用。

（三）凝聚企业力量参与脱贫攻坚

市场力量是构建大扶贫格局的重要组成部分，能够以其灵活、精准、专业、高效等优势弥补政府扶贫的不足。临夏市广泛引导和动员市场力量参与脱贫攻坚，拓宽帮扶资源，优化扶贫格局。一方面，临夏市组织动员企业与镇村进行交流、对接，建立结对帮扶，助力农村发展，有效缓解了群众融资难题。辖区企业积极采取一企帮一村、一企帮多村或多企帮一村的方法开展帮扶活动，开展"百企帮百村"专项行动、爱心企业牵头开展慰问贫困群众及特殊群体等活动。另一方面，非公企业经济人士踊跃参与光彩事业，履行社会责任。临夏市积极引导非公有制经济人士积极参与扶贫济困事业，不断增强非公有制经济人士的社会责任意识。

"发展产业脱贫一批"是打赢脱贫攻坚战的"关键一招"。推进产业精准扶贫，必须遵循市场经济规律，发挥市场主体的关键作用，实现产业发展与精准脱贫最佳融合。临夏市积极鼓励各类市场主体参与产业扶贫，通过市场主体将贫困对象纳入市场体系。没有市场主体带动，贫困对象小而散的生产方式无法对接大市场；有了市场主体带动，贫困对象就能"借船出海"，跟市场经济紧密连在一起，获得更多的发展机会。临夏市大力发展订单农业，支持龙头企业与农民专业合作社和农户建立利益联结机制，将千家万户与广阔的大市场联系起来，带动了贫困户脱贫致富。

三、构建市镇村户四级帮扶联动体制

临夏市积极构建市镇村户四级联动体系,将脱贫攻坚任务多层级分解和落实到户,精确到人。临夏市建立了由四大班子主要领导各包一个镇,所有县级领导分别联系一个村,镇党委政府直接负责,镇包村领导综合协调,村"两委"班子成员、驻村工作队长具体包抓,联系单位和帮扶责任人全力帮扶的市镇村户四级全覆盖网格化帮扶管理体系。例如,临夏市最远的王坪村贫困程度较深,扶贫工作较难开展,市委书记带头负责这个村的扶贫工作,为该村带来了明显的变化。临夏市要求,四大家主要领导要经常深入基层开展联系,重点在指导脱贫攻坚工作、推动落实上下功夫,在改进作风、密切联系群众上做表率。在工作方式方法上,包镇干部既要对镇工作给予必要指导和协作,又尊重镇、街道的自主权,不大包大揽,充分调动镇工作的积极性。在户一级,临夏市推行结对帮扶机制,县级领导结对帮扶3户以上贫困户,科级干部结对帮扶2户以上贫困户,其他党员干部结对帮扶1户以上贫困户,确保每一个建档立卡贫困户都有1名县级领导、1名科级领导及帮扶责任人的三级帮扶,打通了脱贫攻坚政策落实"最后一公里"。

在乡镇一级,各镇党委坚持既保证镇机关日常工作,又增强村委会工作力量的原则,在原有包村领导、包村干部基础上,将镇机关各股站所干部合理分配到村。临夏市制定了《临夏市镇干部驻村包社工作办法》,扎实开展镇干部驻村包社工作,推动工作力量下沉到村,各镇选派1名科级干部到村担任驻村包社组长,选派镇干部到社担任"第一社长"。每个社都有一名包社干部负责,同时将包社干部的管理下沉到村,由村上进行统一管理,保证包社干部岗位在村、责任在村、工作在村。镇机关在政务大厅等涉及群众日常办事窗口保留必需人员，其余乡镇干部全部下派至村，为各村脱贫攻坚、农村党建等工作提供强大动力。80%以上的镇干部全部驻村包社，帮助村"两委"做好基层党建、精准扶贫等各项工作。

临夏市推动干部人才向贫困村下沉，让精兵强将挺在脱贫攻坚一线。在乡镇一级，临夏市精心组织乡镇换届选举，注重选配讲大局、敢担当、基层工作经验丰富、善于带领群众脱贫致富的基层实干型优秀干部担任镇党政正职，注重从乡镇事业干部、大学生村官和优秀村干部等"三类人员"中选拔党政班子成员，共有10名"三类人员"选拔进入乡镇领导班子。在村一级，州、市党政机关及事业单位抽调精干力量，选派36名优秀干部担任第一书记，组成36支驻村帮扶工作队进村入户，开展帮扶工作。临夏市把帮扶资源及能力最强的单位调整到贫困村，实现与帮扶村脱贫需求精准对接，确保每个市直单位都有帮扶的贫困村。临夏市将帮扶资源相对充足的10个市直单位，按照帮扶体系充实到了10个重点贫困村，推动了帮扶资源向建档立卡贫困村的聚焦和倾斜。

各驻村帮扶工作队第一时间奔赴各自联系村，立足实际，主动作为，积极开展结对帮扶、精准扶贫和基层党建工作，发挥了积极的作用。临夏市坚持因村选派、分类施策，根据贫困村实际需求精准选派驻村帮扶工作队，做到务实管用。一方面，临夏市统筹整合驻村帮扶工作力量，按照一村一队的要求，科学组建驻村帮扶工作队，建立完善监督管理制度，加强驻村帮扶工作队日常管理。临夏市出台《关于重新确定临夏市驻村帮扶工作队人员名单的通知（2016）》《关于调整加强脱贫攻坚帮扶工作力量有关具体事项的通知（2017）》《临夏市脱贫攻坚帮扶力量调整加强的通知（2018）》，适时优化了帮扶力量，提升了帮扶质量。另一方面，健全保障激励机制，鼓励支持干事创业、奋发有为，坚持聚焦攻坚、真帮实扶。

在临夏市，老百姓有这样一句话"临夏要脱贫，关键看王坪"。枹罕镇王坪村，因属临夏市唯一山区村，贫困面较大，产业发展滞后，群众生活水平不高，导致精准扶贫工作任务重、困难大而受到全市人民的关注。

临夏市枹罕镇王坪村第一书记兼驻村工作队队长马兴文就是在这样一个地方，一位心系百姓、一心为民、扶真贫、真扶贫的第一书记兼驻村工作队队长带领工作队队员攻坚克难、扎实苦干，迈开奔小康的步伐。他所在的王坪村辖6个自然村，9个合作社，252户1140人，总耕地面积为1592.4亩，人均1.4亩。村民主要以外出务工、种植养殖为主要收入来源。马兴文同志自担任第一书记兼驻村工作队队长以来，牢记使命，强化担当，始终坚持为民办实事，矢志不渝抓脱贫，在"建好房，通上水，拉通电，修好路"的基础上，创新思路，将传统手工业与现代电子商务有机结合起来，组织农村妇女利用农闲时节，户户加工制作手工布鞋、绣花鞋垫、特色十字绣等手工制品，力争打造出"古枹罕手工作坊"品牌，并利用互联网电子销售方式积极推广王坪村生态散养鸡、手工制品、花椒、野生蜂蜜等特色农产品，持续稳定地增加村民收入。

在管理上，临夏市对包村领导、支部书记、村委主任、村监委主任及包社干部工作职责分解细化。临夏市要求攻坚期内不从脱贫攻坚第一线借用干部，确保脱贫攻坚期间正职稳定，确保精锐尽出、能征善战。包社干部到村后，立即与村上人员一道开展入户工作，努力做到村情户情民情"一口清"，并在入户过程中对村情民意详细记录、归纳整理。在入户过程中，向群众宣传法律法规、惠民政策等内容，并跟踪落实"两费"收缴、饮水安全等任务,对发现的问题及时向村镇汇报。包社干部与帮扶干部一道,帮助贫困户制订脱贫攻坚计划,督促"一户一策"落实,鼓励村民通过发展种植养殖、技能培训、入股分红等多种方式巩固提升脱贫成效。干部驻村包社后将组织关系转接到村,参与村党支部组织生活,帮助督促村党支部进一步规范开展各类党支部活动。各村设立岗位监督栏,对村"两委"班子、驻村工作队及包社干部负责的社、联系方式等内容进行公示,提高群众对驻村包社工作的知晓率。临夏市从市财政列支驻村包社工作经费每村2万元,镇办公经费支持每村1万元,为驻村包社工作提供保障。临夏市还建立组织部门、乡镇党委、派出单位、村民群众的监督管理模式,防止出现"两头跑""两不管""两头见不到人"的现象。

四、加强基层党组织建设

习近平总书记强调,要把扶贫开发同基层组织建设有机结合起来,真正把基层党组织建设成带领群众脱贫致富的坚强战斗堡垒。临夏市以提升组织力为重点,把村级党组织建设成为宣传党的脱贫攻坚主张、贯彻党的精准脱贫政策、推动脱贫攻坚的坚强战斗堡垒,着力提升农村基层组织建设规范化、标准化水平,为打赢脱贫攻坚战提供组织保障。

(一)整顿提升涣散村党组织

临夏市每年对村党组织开展一次分类定级,倒排一批党建弱、脱贫慢的后进村,采取县级领导联系帮扶、挂牌销号的办法进行整顿。临夏市制作《临夏市整顿排查农村基层组织体检表》,通过村自查、镇排查、县级包村领导提的方式,找准问题症结,制定"一村一策",制订整改方案,逐条建立整改台账。市委组织部综合梳理归纳,形成《临夏市排查整顿农村基层组织任务分解表》，提出责任部门和整改时限，分层次、分类型全力推进整顿提升工作。同时，按照基层党建"一季度一督查"和全覆盖督查工作要求，采取交叉督查的方式，重点对党建工作任务落实情况、巡视巡察以及督查反馈问题的整改情况、软弱涣散农村基层党组织整顿提升、驻村帮扶工作队问题整改等工作进行督查。2015年以来共整顿转化5个村软弱涣散基层党组织，对存在问题的15名党组织负责人进行了约谈，对工作任务落实不力的2名镇党委书记和3名责任人进行了谈话提醒和谈话诫勉和全市通报批评。

在整顿涣散村党组织的基础上，临夏市从"选、用、育、管"四个方面着手，切实加强村后备干部队伍建设。首先，以"选"为先，规范推选程序。临夏市集中开展村"两委"班子整治工作，健全配齐村"两委"班子，选好配强村"两委"负责人。临夏市抓住集中换届的契机，结合村级班子换届和年度考核评议结果，对不胜任现职、工作不在状态、不能履行岗位职责的村党支部书记，限期作出调整。采取从优秀党员、社长和热心公益事业的人员中"挑"，从致富带头人和大学生村官中"选"，从外出务工能人和高校毕业生中"请"的方式，产生后备干部人选，通过村民知情大会、党员大会等方式组织党员群众推选后备干部。

其次，以"用"为本，建立后备干部库。对各村"两委"班子结构进行全面分析，按照各村实际，突出政治标准和要求，注重性别、民族、年龄、政治面貌等人员结构，从推选人员中确定每个村不少于2名建立后备干部库，特别是对现有村"两委"班子成员年龄结构老化的，着重加强选拔培养力度。

再次，以"育"为重，建立联系帮带制度。由镇驻村包社工作组长负责联系指导，村"两委"班子具体负责培养，及时了解村后备干部思想动态，定期听取工作汇报，帮助解决实际问题，进行跟踪培养，促使后备干部尽快成长。加强贫困村党员队伍建设,引导村党支部通过重点培养、强化培训、典型带动、结对帮扶等形式,把致富带富能力强的青年农民培养成党员,把党员中的骨干培养成村干部,提高带领群众脱贫致富的能力。定期组织村后备干部以学习宣传党的十九大精神和习近平新时代中国特色社会主义思想、党中央和省州市委脱贫攻坚会议文件精神、法律法规知识、农业实用技术等为主要内容开展培训,不断提升村后备干部的能力水平。临夏市实施基层干部培训工程,承办了全省、全州民族地区村党组织书记示范培训班,举办全市优秀村党组织书记能力素质提升班,从而提升了基层党组织负责人尽责履职、带动致富、为民服务、保障支撑的能力。

最后,以"管"为主,加强教育管理。各镇党委把村后备干部队伍建设作为加强村级干部队伍建设、助推脱贫攻坚的重要举措,列入重要日程,逐步将后备干部建设制度化、规范化。加强村后备干部建设,继续完善全市《村后备干部花名册》《村后备干部基本情况登记表》等档案资料。每年对后备干部进行一次考核,对不符合条件或不宜继续作为后备干部的人选及时进行调整,对新发现的优秀人才进行吸纳。

(二)全面规范村组织活动

临夏市全面强化村活动场所投入保障和规范运行。2018年,临夏市对10个贫困村活动场所实施新建或改扩建,从市财政列支项目前期经费,并根据项目建设内容和实施进度,给每村以不低于30万元进行支持。在此基础上,逐村建立起村活动场所工作台账,对土地产权、办公面积、建设时间和使用管理等情况进行了详细备案登记。同时,在为各村统一配置村"两委"牌子、规范全市各级党组织名称、统一刻制印章的基础上,充分利用现有活动阵地,从市管党费中按照统一风格样式为各村布置党员活动室,统一修建国旗台,推行每周一村干部、驻村工作队、驻村包社干部固定升旗仪式。

临夏市在脱贫摘帽的关键时期，为提升村级党组织组织力和群众满意度，各镇、村严格落实村民知情大会办法，分村、分社召开村民知情大会，让广大村民知"政治情""政策情""成效情""个人情"和"变化情"，深切感受生产生活发生的巨大变化。坚持村干部值班和村务公开制度，开展"党员固定活动日"、"两户"见面会等活动。同时，各村积极筹备召开村民知情大会，通报惠农政策及项目实施情况，让群众真正参与到本村的发展建设工作中。

（三）强化"第一书记"管理

临夏市严格按照《甘肃省选派到村任职第一书记管理办法》，严把选派培养、督导管理、考核评价等关键环节，推动第一书记到村任职工作扎实深入开展，确保选得准、下得去、融得进、干得好。首先，严把选派关口，确保第一书记素质过硬。临夏市严把选派到村任职第一书记政治关、能力关和品行关。临夏市委组织部对各单位上报人选进行资格审查，根据部门评价和选派干部能力专长，统筹安排到村任职，做到第一书记选派全覆盖。2018年初，根据工作需要，重新调整选派3名同志担任村党组织第一书记，通过调整更换，不断充实农村基层党组织工作力量，确保将政治素质好、工作能力强的干部选派到村，为农村基层组织建设、精准脱贫工作注入活力，提供坚强的组织保障。

其次，明确职责任务，引导第一书记谋事创业。临夏市将宣传党的政策、建强基层组织、推动精准扶贫、为民办事服务、提升治理水平作为第一书记到村的主要职责任务。在建强基层组织方面，协助村"两委"班子，着力解决农村基层党组织软弱涣散、工作不在状态等问题，指导村党组织规范落实"三会一课"制度，严肃党内组织生活，参加并指导党员"冬训"活动和落实村民知情大会制度，推动建设和完善村级组织活动场所等。在推动精准扶贫方面，大力宣传党的扶贫开发和强农惠农富民政策，帮助制订和实施脱贫计划，选准发展路子，壮大村集体经济。在为民办事服务方面，带领村党组织做好服务群众各项制度的落实，帮助建档立卡贫困户、五保户、残疾人、农村空巢老人和留守儿童等群体，着力解决他们在生产生活中的实际困难。在提升治理水平方面，帮助村"两委"班子提高工作能力、领导发展能力、凝聚群众能力和依法办事能力，引导农村党员发挥致富带富能力和先锋模范作用。同时，督促落实"四议两公开"决策议事制度，促使村民监督委员会发挥监督作用，弘扬社会主义新风尚，促进农村和谐稳定。

再次，提升第一书记服务农村、服务群众的能力。临夏市对第一书记进行全员培训，突出第一书记职责任务、农业农村扶贫政策、基层党建等方面的内容，促使第一书记放下"架子"，全面熟悉村情民情，自觉融入群众。临夏市委组织部举办了"全市村党支部第一书记和驻村工作队队长业务培训会"，邀请市教育局、市扶贫办业务人员做精准扶贫政策和业务培训指导。先后选派6名贫困村第一书记到陇南、定西等地参加全省第一书记（驻村工作队长）业务培训班，学习先进经验，不断提升工作本领。同时，积极组织第一书记参加全州优秀村党组织书记巡回宣讲活动，观看扶贫题材影片《十八洞村》，引导全市第一书记向先进学习、向模范靠拢，在精准扶贫工作中充分发挥"领头羊"作用。

最后，建立激励考核机制，着力提升群众满意度。群众是否满意、是否认可，是衡量第一书记工作水平的第一标准。临夏市采取平时考核、年度考核相结合的办法，由市委组织部、市委农办、市扶贫办和镇党委共同负责，紧紧围绕抓党建促脱贫，紧扣第一书记的职责任务，采取述职评议、查阅资料、个别谈话、实地察看等方式，重点考察工作实绩和群众满意度，多维度掌握第一书记履职情况，作出全面、客观、准确的评价。同时，突出考核结果的运用，将年度考核结果存入档案，作为评选先进、提拔使用、晋升晋级的重要依据。通过考核这根指挥棒，激励全市广大第一书记主动作为，有效发挥作用。派出单位负责支持帮扶，经常听取选派干部工作汇报，关心关爱选派干部生活，在任职期间办理人身意外伤害保险、安排体检、落实交通补助等，为选派干部创造良好工作环境。强化经费保障，在足额落实贫困村第一书记1万元工作经费的基础上，从市管党费中为非贫困村第一书记下达5000元工作经费。在考核方面，临夏市委组织部通过定期不定期督查检查，对任职期间无故脱岗、工作不力的进行批评教育，对群众意见大、造成工作失误的，及时召回调整。各镇党委担负日常管理责任，经常了解掌握第一书记驻村出勤、工作履职等日常情况，并作为年度考核和任期考核重要依据。

五、建立监督考核激励机制

在乡镇层面，临夏市积极构建乡镇扶贫攻坚考核评价办法，督促各乡镇严格落实脱贫攻坚各项部署。临夏市委、市政府与各镇签订脱贫攻坚责任书，建立扶贫责任清单，定期报告进展情况，并把抓党建促扶贫纳入各级党组织书记抓党建述职评议重要内容，建立党建扶贫考核评价机制，把精准扶贫工作纳入党政领导班子、领导干部综合考核评价体系。临夏市将扶贫开发成效作为年度各镇领导班子和领导干部工作业绩考核的主要内容，重点考核减贫人口数量、农民人均纯收入增幅、生产生活条件改善、公共服务水平提升、生态环境建设、社会保障状况等指标情况，对完不成扶贫攻坚任务的实行"一票否决"。临夏市对脱贫攻坚中工作扎实、业绩突出、作风过硬的干部，重点培养、优先提拔使用。

临夏市根据《甘肃省扶贫攻坚工作业绩考核评价办法》中确定的31项考核指标，对市委组织部、扶贫办、财政局、统计局、交通局、水电局、发改局、住建局、林业局、农牧局、旅游局、教育局、卫生局、文广局、人社局、劳务办、金融办、信用联社等部门各自承担的扶贫开发工作任务和责任，参照省上行业部门评价指标体系进行了明确。根据贫困程度、扶贫难度，临夏市将考核内容分为扶贫工作管理、减贫成效、"六大突破"和党的建设实绩四个方面。扶贫工作管理纳入各部门平时考核范围，减贫成效、"六大突破"和党的建设实绩纳入年度考核范围。

临夏市实行由户到村、由村到镇的脱贫成效评估机制，公开公示考核和验收结果。临夏市认真落实关于干部"逢提必下"制度，对拟提拔的干部原则上要有一年以上的基层工作经历；对有培养前途的干部要视情安排到基层任职或到贫困村至少挂职锻炼一年；对新考录和没有基层工作经历的公务员，安排到镇、村挂职锻炼。临夏市对在镇和贫困村工作一年以上的村党组织第一书记、驻村工作队队员和支教支医干部，视为有基层工作经历。临夏市对在脱贫攻坚中认识不到位、精力不集中、措施不聚焦、作风不扎实、效果不明显的镇村及市直部门的主要领导和分管领导进行组织调整或问责，对挂职锻炼考核不合格的干部不能重用且要进行批评教育。

临夏市严格按照中央、省、州、市关于《财政扶贫专项资金管理办法》《扶贫资金项目公示公告办法》等文件要求，持续强化对涉农项目、扶贫资金的公示、日常监督和专项检查，确保扶贫项目规范实施、资金规范使用，有力促进了涉农、扶贫资金的规范安全运行。对上级下达的扶贫资金在收到资金指标后，临夏市财政局要求两个工作日内下达资金指标到项目主管单位，项目实施单位根据项目实施进度，报项目用款计划及资金审批表到项目主管单位，由项目主管单位审核盖章后报财政局，财政局根据项目立项批复及中标通知书启动资金预拨制，将资金直接支付到项目实施方，为扶贫资金的高效、安全运转奠定了基础。同时，临夏市按照省州要求对各类扶贫资金进行了及时的录入和动态监控，并强化了各类扶贫资金的绩效评价，切实发挥了扶贫资金的效益。临夏市加强经济责任审计，对严重损害国家和群众利益、严重浪费资源、严重破坏生态环境，造成恶劣影响的记录在案，视情节轻重给予组织处理或党纪政纪处分，触犯法律的移送司法机关追究法律责任。

临夏市突出督导督查，加大对精准扶贫的督导督查力度。在项目实施、建档立卡、大数据平台建设等各项工作中，由市委各常委包镇包村，全力加大督导督查力度，市委、市政府督查室定期不定期深入镇、村、户对帮扶责任人是否到位、驻村帮扶工作队作用发挥等情况进行了跟踪督查，保障了各项措施任务的精准落实。针对审计署反馈的问题，临夏市进一步扩大自查自纠审核范围，坚决做到了查漏补缺、整改到位、数据精准，并由市纪委对精准扶贫对象识别不准问题相关责任人进行了严肃问责。临夏市组织干部认真学习脱贫攻坚违规违纪典型案例，以案释纪，用身边事教育身边人，总结经验，吸取教训，努力营造守纪律、讲规矩、转作风的良好氛围。临夏市坚持严管就是厚爱，不断强化平时监督，认真开展干部任前集体谈话和责任传导类谈话，通过采取专题调研、座谈交流、实地走访、电话联系等形式，及时了解干部思想、学习、工作和生活等方面的情况，注重跟踪考核，深入了解现实表现、发展潜力及不足，提出今后努力的方向和要求。

为加强对精准扶贫考核工作的组织领导，临夏市委、市政府决定成立临夏市精准扶贫考核工作领导小组，构建临夏市精准扶贫、精准脱贫工作的单位和个人评奖励体系。先进集体评选条件包括：坚决贯彻落实中央和各级政府精准扶贫精准脱贫工作的各项政策决定和工作部署，全面完成各项工作任务；工作思路、工作措施有创新，在全市脱贫攻坚工作中发挥了样板示范和典型引领作用；工作实绩突出，成效显著，在任务落实、驻村帮扶中起到带头作用，得到干部群众的充分肯定，社会认同度高；在省州考核验收中顺利通过各级抽查验收，各方面工作表现优异；扶贫工作获得省州表彰奖励。先进个人评选条件包括：政治坚定，模范执行市委、市政府关于脱贫攻坚工作的各项安排部署；廉洁自律，带头遵守党风廉政建设和廉洁自律各项规定，没有违法违纪行为，坚决维护群众切身利益，展现出良好形象；成绩突出，积极参与脱贫攻坚事业，群众公认、社会肯定，在脱贫攻坚中创造出优异成绩，作出突出贡献或具有突出感人事迹；业务过硬；立足本职岗位，工作能力强，业务水平高，出色完成脱贫攻坚工作各项任务，在本行业、本单位表现突出；开拓创新，积极研究脱贫攻坚行动新情况、探索新经验、解决新问题，改革创新、锐意进取，在工作中有创造性突破。

六、构建精准扶贫治理体系的成效

党的十八大以来，临夏市各级党组织认真学习贯彻以习近平同志为核心的党中央关于精准脱贫的一系列思想和制度成果，承担起精准扶贫、精准脱贫的主体责任，不断强化和创新县域扶贫治理体系和治理能力，确保精准扶贫各项工作落地落实。

（一）实现了从传统扶贫治理向精准扶贫治理的转变

党的十八大以前，扶贫开发办公室为临夏市专职负责扶贫减贫的政府机构，减贫脱贫工作尚没有成为各级党组织一把手的重大政治任务，缺乏跳出扶贫办抓扶贫的思路。21世纪以来，随着专项扶贫逐渐成为临夏市贫困治理的常态，部门扶贫体制的横向和纵向整合局限性凸显。临夏市扶贫办难以整合各个部门涉农资源和项目，导致帮扶项目和资金分散，扶贫资源和力量存在严重碎片化问题。扶贫减贫缺乏系统性、科学性和精确性，党政之间、部门之间、政府与社会及市场之间缺乏足够的联动协调、统一谋划，制约了扶贫减贫工作的有序推进。传统政府主导的贫困治理体系缺乏足够的治理能力来应对贫困人口的个体化、分散化问题。减贫和脱贫迫切需要基层政府重新对乡村社会进行整合，对贫困人口实施精准化服务（黄承伟、覃志敏，2015；吕方，2017）。

党的十八大以来，临夏市按照精准扶贫、精准脱贫的方略要求，变传统的"大水漫灌"式减贫模式为"精准滴灌"式减贫模式，实现了对传统贫困治理理念与模式的超越。临夏市各级党组织坚持把脱贫攻坚作为最重要、最艰巨、最紧迫的政治任务，作为与全国同步全面建成小康社会的关键，紧紧围绕四级联动和三级会议的工作方法，夯实农村基层党组织，选优配强精兵强将，以硬作风和真情实意，为贯彻落实"六个精准"（扶贫对象精准、项目安排精准、资金使用精准、措施到户精准、因村派人精准、脱贫成效精准）奠定了框架和制度基础。临夏市精准扶贫治理体系由总揽全局协调各方的领导决策体制、大扶贫资源整合体制、市镇村户四级帮扶联动体系、村级党组织建设、监督考核激励机制等组成。在这套精准治理体系中，临夏市形成了专项扶贫、行业扶贫和社会扶贫"三位一体"农村贫困治理体系、分级负责和动态管理的扶贫信息网络系统、精准到村和户的帮扶措施。

临夏市委、市政府充分发挥在脱贫攻坚工作中的主导和推动作用，全面落实管党治党责任，始终把党的执政能力建设、班子建设和作风建设贯穿于扶贫开发全过程，形成了组织有力、目标同向、全力以赴、共同推进的工作格局。首先，临夏市各常委、副市长包镇包村抓点督导，四镇均成立扶贫工作站，及时选派57名优秀科级干部担任镇村第一书记、副书记，全面加强镇村组织力量，形成了书记抓、抓书记，层层抓落实的工作机制，有力推动了精准脱贫工作深入开展。第一书记坚持与村干部同工作共学习，经常进社入户，与群众谈心交心，排忧解难，主持编制村级脱贫计划36份，指导完善贫困户帮扶计划。第一书记充分利用自己见识较广、知识层次较高的优势，紧盯帮扶村存在的最大问题，对标村上发展的瓶颈问题，着力化解不利因素，全面补齐"短板"，积极向上级党组织和选派单位争取相关项目和资金，以解群众生产生活中的"燃眉之急"，以实实在在的帮扶成效赢得群众信任。其次，充分发挥帮扶工作队作用。组建了由大学生村官、包村干部、挂职干部等208人组成的驻村帮扶工作队入驻全市各行政村，实现了驻村帮扶工作队全覆盖，在建档立卡、危房改造、扶贫贷款、大病救助、技能培训等方面发挥了重要作用。最后，严格落实"一户一干部"的帮扶措施，确保了全市4689户建档立卡贫困户都有1名帮扶责任人联系。

建立精准扶贫治理体系为各级政府加大对临夏市脱贫攻坚资金投入奠定了基础。2013年以来，临夏市紧紧抓住"三区三州"等中央、省、州支持临夏市经济社会发展的各项政策，切实加大了各类扶贫资金的争取力度和投入力度。从2014年开始至2018年，全市投入各类扶贫资金共计376199.29万元。具体到各年，临夏市扶贫资金不断增加，从2014年的51400.73万元增加到了2018年的103782.2万元（见图3-1）。在以上的扶贫资金里，专项扶贫资金为39856.84万元，其中中央省级23571.04万元，州级608.8万元，市级15707万元。具体到各年，临夏市专项扶贫资金不断增加，从2014年的4872万元增加到2018年的12743.4万元。在市级财力只能"保工资、保运转、保民生"的困难情况下，临夏市不断加大市级扶贫专项资金的投入力度，2014年至2019年累计投入15707万元。截至

2018年，临夏市整合各类涉农资金累计20066.2万元，其中2016年2200万元、2017年8419万元、2018年9447.2万元。各类扶贫资金的投入切实有效地保障了临夏市就业扶贫、教育扶贫、健康扶贫、基本医疗、社会救助、光伏扶贫、旅游扶贫、文化扶贫、农村农业基础设施建设、富民产业培育、公共服务保障等项目资金，促进了临夏市脱贫攻坚工作的顺利开展，促进了临夏市农民增收、农业农村社会的发展。

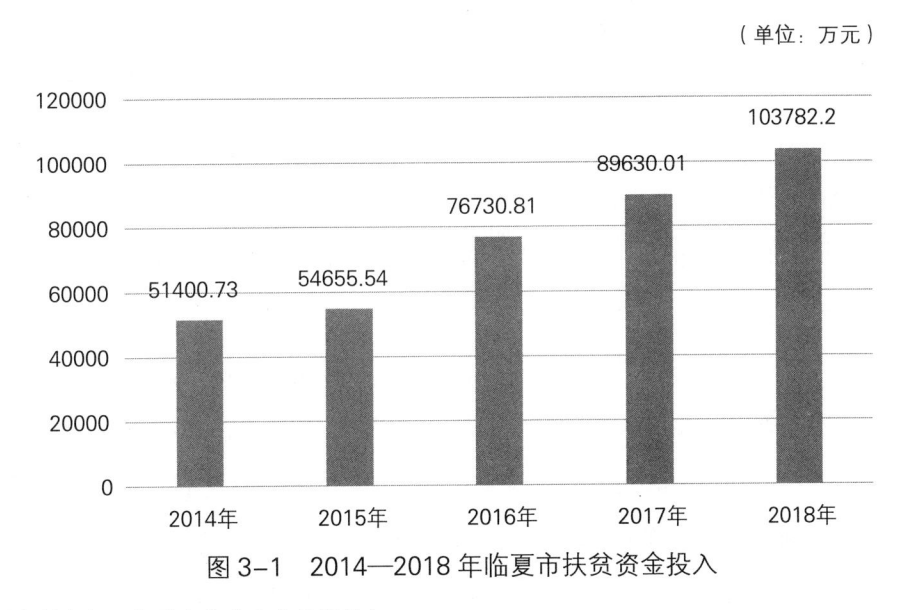

（单位：万元）

图 3-1　2014—2018 年临夏市扶贫资金投入

（资料来源：临夏市扶贫办内部资料）

精准扶贫治理体系显著提升了扶贫效率和精准性。临夏市农村经济社会结构的深刻转型凸显了贫困治理的"最后一公里"困境。大量劳动力外出务工显著提高了农民收入水平，但却强化了农民的原子化和个体化特征，减弱了脱贫攻坚的效率。临夏市围绕四级联动和三级会议的工作方法、夯实农村基层党组织、选优配强精兵强将，以硬作风和真情实意落实"六个精准"，使得提前两年高质量打赢脱贫攻坚战成为可能。

（二）基层党建不断得到夯实

党的十八大以来，临夏市各级党组织在脱贫攻坚中坚持抓基层打基础，着力建设讲政治、善发展、良作风的农村基层干部队伍。面对一些村庄的村容村貌、基础设施、农业产业发展呈现出衰败的景象，一些基层党组织和自治组织存在弱化、虚化、边缘化的问题，临夏市通过选优配强村"两委"班子成员，整顿提升软弱涣散农村基层党组织，村"两委"班子履职能力不断提高，班子成员结构更优，整体功能更强。尤其是，第一书记积极配合村"两委"班子开展工作，成为脱贫攻坚战场上的强力干将，对基层党组织建设和产业扶贫都带来了积极和明显的作用。通过从致富能手、专业合作组织负责人、外出经商人员、退伍转业军人和具有大学生村官经历的人员中选拔配备村党组织负责人，每个村至少培养储备了2名以上后备干部，村"两委"负责人年龄、学历结构进一步优化，实现了老中青合理搭配。全市36个村共推选出后备干部103人，其中，35岁以下58人，占56%；致富带头人39人，占37%；外出务工能人24人，占23%；大学毕业生和复转军人21人，占20%（见表3-2）。同时，临夏市坚持把夯实基层党组织与增强社区服务能力有机结合，不仅切实解决了一批脱贫攻坚工作中的突出问题，还结合推行农村"三变"改革解决了集体经济"空壳村"无钱办事的问题。在脱贫攻坚过程中，各村严格落实村民知情大会办法，召开村民知情大会，让广大村民积极参与村庄公共决策，提升了村庄自主服务、自主管理的能力。

表 3-2　临夏市全市 36 个村后备干部结构

年龄	人数	占比
35 岁以下	58 人	56%
35 岁以上	45 人	44%
致富带头人	39 人	37%
非致富带头人	64 人	63%
外出务工能人	24 人	23%
非外出务工能人	79 人	77%
大学毕业生和复转军人	21 人	20%
非大学生和复转军人	82 人	80%

注：临夏市全市 36 个村的后备干部总数是 103 人
（资料来源：临夏市组织部内部资料）

马文俊是临夏市折桥镇祁牟村党支部书记，作为党支部书记，他求真务实、以身作则，经常深入群众家中，及时了解和掌握村情民意，及时帮助群众解决生活中的实际困难，能结合农村实际，从大局出发，从长远出发，为群众办事，为党委政府分忧解难。同时，他能模范遵守村里规章制度，严格执行廉洁从政有关规定，作执行制度的表率。同时他能心系群众，带头致富。2017 年 1 月 11 日，他当选为罗家堡村党支部书记。自此一直将全村 350 多户家庭情况困难，尤其是 216 户精准扶贫户群众的生产生活挂在心上。他深入全村各社，了解村情民意，思索致富门路。通过认真实践调查和村"两委"商议，最后决定利用本村 17 社耕地，投入 2000 多万元，兴办了占地 45.5 亩的俊林牧业罗家堡养殖合作社，合作社通过社员入股分红、土地流转租金、从本村精准扶贫户、特困户、孤寡老人、单亲家庭中招收150名工人，从这三方面带动群众增收致富。截至2018年，该合作社6栋圈舍主体已建成，发放租金9.1万元，入股135户210多万元，入股社员分红25万多元。同时，为解决玉米秸秆焚烧对大气环境的污染，对玉米秸秆进行回收。为了能带动更多群众增收致富，计划进一步扩大合作社规模，2018年投入4000多万元租地100亩，对俊林牧业罗家堡养殖合作社进行二期扩建，建设标准圈舍30栋，有机肥料加工处理车间2000平方米，其余种植优质牧草，进而加快富民奔小康的步伐，直接受益群众达600余人。

（三）为以脱贫攻坚统揽经济社会发展全局打下制度基础

习近平总书记在中央扶贫开发工作会议上强调，脱贫攻坚任务重的地区党委和政府要把脱贫攻坚作为"十三五"期间头等大事和第一民生工程来抓，坚持以脱贫攻坚统揽经济社会发展全局。深度贫困地区在消除贫困的过程中，以脱贫攻坚统揽经济社会发展全局，是确保现行标准下农村贫困人口实现脱贫、消除绝对贫困、贫困县脱贫"摘帽"的重要抓手。改革开放以来，临夏市经济社会快速发展，城镇化水平大幅提升，人民生活明显改善，城乡面貌发生重大变化。受自然条件、经济发展基础、经济发展战略，特别是城乡二元体制的制约，临夏市城乡之间发展的不协调、不完善问题仍然较为严峻，城乡居民收入差距有所扩大，城乡空间布局有待合理和完善，城乡要素市场建设有待统一，城乡基础设施有待配套，城乡基本公共服务不均等有待疏解。临夏市精准扶贫治理体系从顶层设计指导脱贫攻坚统揽经济社会发展全局，逐步构建了脱贫攻坚统揽经济社会发展的政策体系、工作体系、责任体系、考核评估体系，为临夏市以脱贫攻坚统揽经济社会发展全局打下了制度基础。构建精准扶贫治理体系，统筹各类项目、资金、人才资源，开展基础设施建设、富民产业培育、公共服务保障、文化建设，有力地缩短了城乡差距，促进了城乡融合发展。

第四章 临夏市贫困人口的精准识别、动态调整和精准退出

贫困人口的精准识别、动态调整是一项专业性强、复杂性高的综合性工作，历来就是一项世界性难题。2013年以前，临夏市贫困人口数量是根据统计抽样数据估算出来的，扶贫工作粗放、被动、分散、效果不明显。精准扶贫改革现行扶贫思路和方式，变"大水漫灌"为"精准滴灌"，变"输血"为"造血"，变重GDP为重脱贫成效，解决好"扶持谁""谁来扶""怎么扶""如何退"的一系列问题。只有通过精准识别贫困户和贫困村，了解贫困人口状况，分析致贫原因，摸清帮扶需求，才能更加明确地落实帮扶措施，靶向施策。党的十八大以来，临夏市严格按照上级政府部署，创新工作方法，做实做细建档立卡，实现贫困人口动态管理，扎实做好贫困人口退出工作，为打赢脱贫攻坚战奠定了基础。

一、精准识别

精准扶贫，首先要精准识贫，"扶持谁"是一个首要的问题。临夏市于2014年7月根据《甘肃省扶贫攻坚行动协调推进领导小组关于印发〈甘肃省2013年度扶贫对象建档立卡工作实施方案〉的通知》《临夏州扶贫开发领导小组关于印发〈临夏州2013年度扶贫对象建档立卡工作实施

方案〉的通知》，制订了《临夏市 2013 年度扶贫对象建档立卡工作实施方案》。同时，召开扶贫对象建档立卡工作动员安排会，整体推进精准扶贫建档立卡工作的开展。2015 年 2 月底，临夏市建立了贫困户、贫困村电子信息档案，以此为基础构建了临夏市扶贫信息网络系统，为精准扶贫工作奠定基础。在执行过程中，临夏市牢牢把握"遵循标准、逐户核查、公示公告、分级确认、动态调整"的原则，根据"131"贫困村识别法和"9771"贫困户识别法，对贫困户和贫困村进行精准识别，真正把贫困人口的底数摸清，把贫困程度、致贫原因搞准，做到一户一本台账、一户一个脱贫计划、一户一套帮扶措施。

（一）精准识别贫困户

贫困最早被界定为物质匮乏或不平等，但随着研究的深入，能力缺乏、文化落后、权力剥夺、环境脆弱等都被认为是贫困的表现。精准识别建档立卡贫困户日趋复杂多元。贫困人口并非只是局限于传统的经济贫困，其致贫原因更加多元化，贫困表现也更加多样化，不光看收入，还要综合考虑贫困对象的生活状况、家庭财产、致贫原因等因素。临夏市结合中央、甘肃省、临夏州的部署和要求，细致、精准、系统地开展了建档立卡贫困户的识别工作。

1. "9771" 贫困户识别法

在贫困户的具体识别方法上，临夏市对自愿申请的农户，由所在的村或者社进行"9771"贫困户识别法（见图 4-1）。"9771"贫困户识别法提高了扶贫对象准确率，也保证了政策文件的实施效果。在具体实施上，临夏市为确保把贫困家庭底数摸清搞准、把入户调查工作做细做实，在核查工作中，组织工作队深入村民家中，与村民面对面交流，认真查看村民生产生活条件，认真核实贫困户家庭成员、财产、收入、面临的主要困难以及当前需求等方面的情况。同时，广泛征求周边群众的意见和建议，对建档立卡在册贫困户逐一填报，每户一表，确保调查各项数据准确、真实、有效。

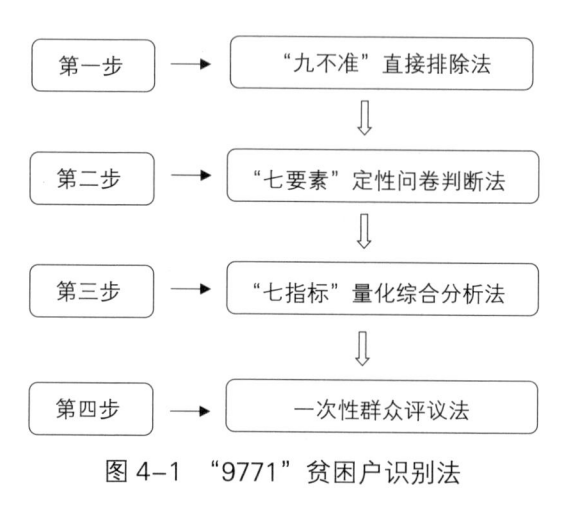

```
第一步  →  "九不准"直接排除法
              ↓
第二步  →  "七要素"定性问卷判断法
              ↓
第三步  →  "七指标"量化综合分析法
              ↓
第四步  →  一次性群众评议法
```

图 4-1　"9771"贫困户识别法

（资料来源：临夏市扶贫办内部资料）

第一步："九不准"直接排除法。对有下列情形之一者不纳入贫困户识别范围：（1）不准将居住在农村的非农户口人员及家庭纳入扶贫对象（2014年之后，该规定调整为可以将长期居住在农村、生活困难的非农户籍人口纳入扶贫对象，前提是户主为农业户籍）；（2）不准将2013年农民人均纯收入高于2736元的农户纳入扶贫对象；（3）不准将"五保户"及完全丧失劳动能力的农户纳入扶贫对象（2014年之后，该规定调整为可以将农村依靠五保、一二类低保兜底的困难家庭纳入扶贫对象）；（4）不准将家庭成员具有正常劳动能力和生产资料，无正当理由不愿从事劳动，导致生活困难的农户纳入扶贫对象；（5）不准将拥有注册资金3万元以上经营性实业或购置3万元以上经营性车辆或大型农机且正常经营3年以上、家庭拥有轿车的、在城镇拥有房产的三类农户纳入扶贫对象；（6）不准将不送适龄儿童上学、不赡养父母的人员及家庭纳入扶贫对象;(7)不准将财政供养人员(不含行政事业单位临时工)直系亲属(仅限于财政供养人员的配偶、父母、子女)的家庭及在农村的离(退)休人员及家庭纳入扶贫对象;(8)不准将正在服刑的人员(不含本人家庭)纳入扶贫对象;(9)不准将不按规定如实申报家庭收入或不配合核查家庭收入及长期外出无法识别的农户纳入扶贫对象。

第二步:"七要素"定性问卷判断法。对经"九不准"排除法识别之后,识别出的贫困户数大于国家下达贫困户规模的,按以下七个问题顺序进行识别,只要符合其中一项者即可初步判定为贫困户。(1)是否有患有重大疾病或残疾人的家庭;(2)是否属于丧偶或离异,且子女均未成年的家庭;(3)是否有大专(含高职)以上院校在校生的家庭;(4)是否有35岁以上未婚男性的家庭;(5)是否属于独生子女户或纯女户的家庭;(6)是否有2名以上同家居住70岁以上老人的家庭;(7)是否有新婚3年以内的男性成员且有较大数额未偿还借款或贷款的家庭,或者新建房3年以内且有较大数额未偿还借款或贷款的家庭。

第三步:"七指标"量化综合分析法。对经"七要素"定性问卷判断法识别后,识别出的贫困户数仍大于国家下达的贫困户规模,且收入水平相当但仍难以识别出贫困户的,按"七指标"进行量化测算并累加总得分,从高到低排序进行精准识别,具体指标如下(见表4-1)。

表4-1 "七指标"量化综合分析法

序号	指标	得分
1	家中患有重大疾病人数	有1人得1分,有2人得2分,以此类推
2	家中有残疾人数	有1人得1分,有2人得2分,以此类推
3	家中有大专(含高职)以上在校生人数	有1人得1分,有2人得2分,以此类推

续表

序号	指标	得分
4	家中有达到婚龄男性成员数	有1人得0.5分，有2人得1分，以此类推
5	家中适婚男性成员年龄	18—29岁得1分，30—35岁得2分
6	家中主要男性劳动力年龄	50—59岁得0.5分，60—65岁得1分
7	家中未偿还借款或贷款	5万—10万元得0.5分，10万元以上得1分

（资料来源：临夏市扶贫办内部资料）

第四步：一次性群众评议法。对通过以上三步初选的贫困户名单，以村或社为单位进行民主评议。参加评议的代表全部签名或按手印确认。对人口多的村，以社为单位，成立社长和社里熟悉社情、德高望重、公道正派的3—5名社成员组成的社贫困户评议小组，对本社初选的贫困户进行初步评议，并上报到村进行村级民主评议。对人口少的村，以村为单位，成立由人大代表、政协委员、乡村干部、驻村干部、村民代表、宗教人士、村里德高望重的老人和老党员等方面代表组成的村民主评议小组，对本村初选的贫困户进行评议。评议结果按国家和甘肃省要求，进行"两公示一公告"确定。

2. 贫困户建档立卡工作流程

临夏市扶贫开发领导小组严格按照甘肃省"12345"贫困户识别程序开展工作。在操作过程中，临夏市根据实际情况将工作内容进一步细化，探索制定出了工作流程（见表4-2和图4-2），确保了对贫困群众无遗漏的精准识别。

表4-2 临夏市贫困户建档立卡工作步骤和时间安排

第一步	规模分解	将甘肃省确定的2013年贫困人口规模分解到镇和村
第二步	初选对象	在扶贫办指导下,各镇组织扶贫专干、包村干部、双联驻村工作队,深入各村组织开展农户申请、入户调查等工作,并召开村民代表大会进行民主评议,贫困户初选名单,由村"两委"会同镇扶贫专干、包村干部核实后进行第一次公示,经公示无异议后报镇人民政府审核
第三步	公示公告	镇人民政府对各村上报的贫困户初选名单进行审核,确定镇贫困农户名单,在各村进行第二次公示,公示无异议后报市扶贫办复审,复审结束后通过市人民政府网站等渠道公告
第四步	结对帮扶	统筹安排有关帮扶资源,结合双联、各级各类结对帮扶等工作,研究提出贫困农户结对帮扶方案,明确结对帮扶关系和帮扶责任人
第五步	制订计划	在镇人民政府的指导下,由村"两委"、镇扶贫专干、包村干部和帮扶责任人结合贫困农户需求和实际情况,制订帮扶计划
第六步	填写《贫困农户登记表》	在市扶贫办指导下,由镇人民政府组织村"两委"、镇扶贫专干、包村干部对已确定的贫困农户填写《贫困农户登记表》
第七步	填写《扶贫手册》	在市扶贫办指导下,由镇人民政府组织村"两委"、镇扶贫专干、包村干部及双联单位干部对已确定的贫困农户填写《扶贫手册》
第八步	数据录入	在市扶贫办指导下,镇人民政府组织村"两委"、镇扶贫专干、包村干部将《贫困农户登记表》和《扶贫手册》录入全国扶贫信息网络系统,并进行数据审核。《贫困农户登记表》和《扶贫手册》由国扶办统一设计,扶贫办负责制发,贫困户、村委会各执一册。市(州)汇总审核后上报省扶贫办。以上工作在2014年8月底前完成
第九步	联网运行	由省扶贫办负责,将录入数据试运行,并在2014年10月底前完成
第十步	数据更新	贫困农户信息要及时更新,并录入全国扶贫信息网络系统,实现贫困农户动态调整。此项工作在市扶贫办指导下,由镇人民政府组织村"两委"、镇扶贫专干、包村干部在次年1月底前完成

(资料来源:临夏市扶贫办内部资料)

贫困户建档立卡工作流程

① 前期准备
- 组织力量
- 制订方案
- 宣传发动
- 人员培训

② 贫困户识别
- 规模分解
- 农户申请
- 村民代表大会民主评议 → 第一次公示
- 乡镇人民政府审核 → 第二次公示
- 县扶贫办复审 → 公告（5月底前完成）

③ 结对帮扶
- 结对帮扶
- 制订计划（7月底前完成）
- 填写《贫困农户登记表》
- 填写《扶贫手册》

④ 系统管理
- 数据录入（8月底前完成）
- 联网运行（10月底前完成）
- 数据更新（次年1月底前完成）

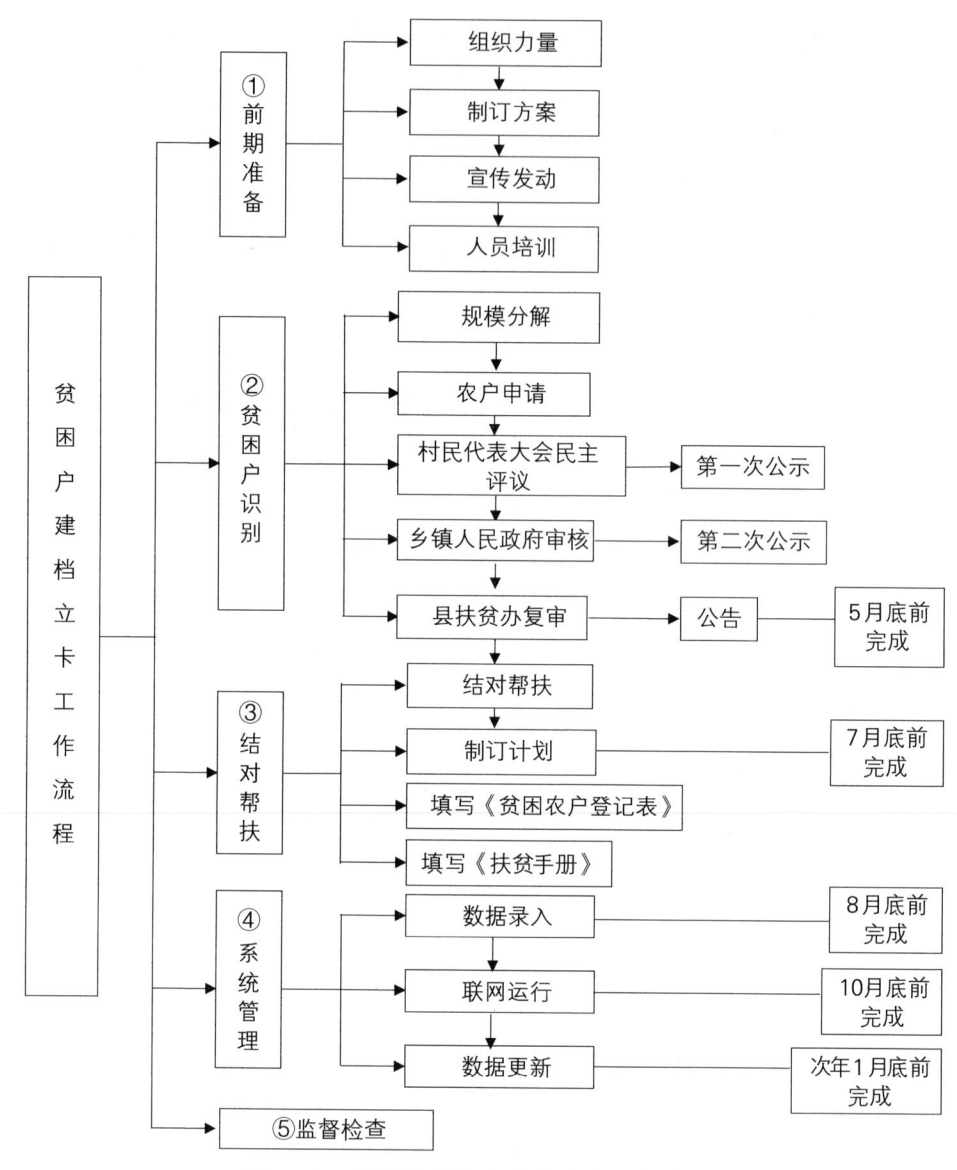

⑤ 监督检查

图 4-2　临夏市贫困户建档立卡工作流程

（资料来源：临夏市扶贫办内部资料）

3. 贫困户识别结果

临夏市扶贫开发领导小组组织联系帮扶干部，摸家底、查贫因、听诉求,全方位了解农户实际情况。同时,根据"9771"贫困户识别法对自愿申请的农户进行了全部走访调查,以 2013 年农民人均纯收入 2736 元为识别标准,全面收集了基础数据和信息资料,填写了《家庭情况核查表》。核查结果由村"两委"召集村民代表进行民主评议,按照程序要求开展村、镇公示和市级公告。

临夏市通过建档立卡贫困户识别标准和程序,识别认定 2013 年建档立卡贫困人口 5890 户 2.51 万人,按照当年农村人口 90190 人计算,贫困发生率达到 27.83%。临夏市为识别的建档立卡户每户均安排了帮扶责任人,全市 3642 名帮扶责任人全部责任到人,及时填写了各自帮扶户的《信息登记表》,统一录入了建档立卡信息系统,实现了贫困人口应纳尽纳、登记造册、系统管理。以下是识别的贫困户致贫原因分布(见图 4-3)和在各镇的分布情况(见图 4-4)。

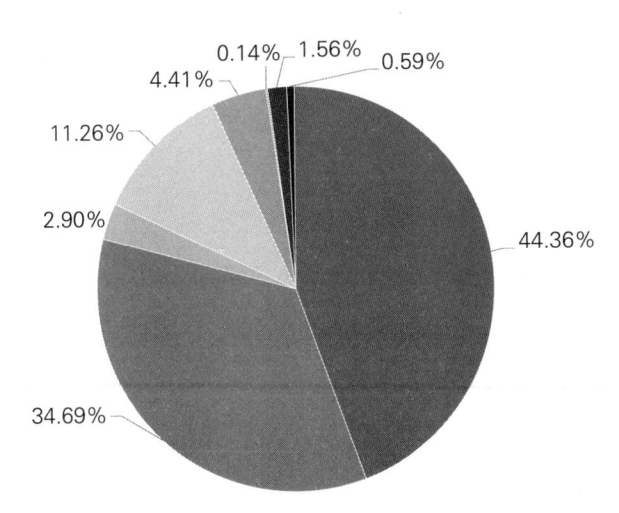

图 4-3 2013 年临夏市贫困户致贫原因分布图

(数据来源:临夏市扶贫信息网络系统)

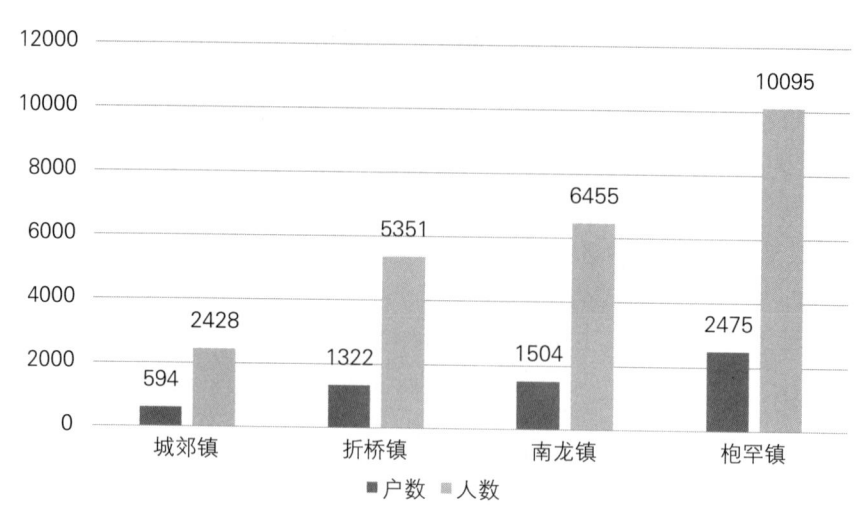

图 4-4　2013 年临夏市贫困户在各镇分布情况

（数据来源：临夏市扶贫信息网络系统）

（二）精准识别贫困村

1. "131" 贫困村识别法

在贫困村具体识别方法上，临夏市按照临夏州制定的"七要素识别法"[①]开展贫困村精准识别。临夏市通过多次召开工作推进会、培训会、座谈会，专题研究部署精准识别工作。市主要领导多次带头深入村镇，详细了解村情，在充分把握行政村农民人均纯收入、贫困程度、镇统计年报相关数据等要素的基础上，细化工作任务，将贫困村识别"七要素"分解为13个具体问题问卷判断。在具体实施上，以镇为单位，实行贫困村"两步走"识别，依据得分进行排序确定贫困村，简称"131"贫困村识别法（见图4-5）。

---

① 贫困村"七要素识别法"：（1）村贫困发生率（国家监测下达并由扶贫、统计部门分解到村）；（2）村农民人均纯收入（由县市统计部门进行抽样监测统计）；（3）村集体经济收入；（4）生产生活条件；（5）山川区地理位置；（6）基础设施状况；（7）公共服务水平。

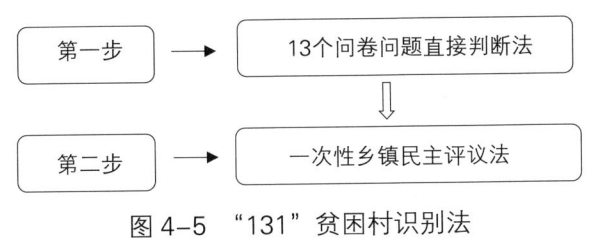

第四章 临夏市贫困人口的精准识别、动态调整和精准退出

```
第一步 → 13个问卷问题直接判断法
              ⇓
第二步 → 一次性乡镇民主评议法
```

图 4-5 "131" 贫困村识别法

（资料来源：临夏市扶贫办内部资料）

第一步：13 个问卷问题直接判断法（见表 4-3）。

表 4-3 13 个问卷问题直接判断法

序号	问卷问题	A 积 0 分、B 积 1 分	
1	村所在地自然环境条件	A. 川源区	B. 山区
2	村委会距离乡镇所在地里程数	A.3 公里以内	B.3 公里以上
3	村委会距离主干道公路里程数	A.3 公里以内	B.3 公里以上
4	贫困人口数占全村总人口比重	A.20% 以内	B.20% 以上
5	村自来水供水保障时限	A.8 个月以上	B. 不足 8 个月
6	村内通沥青（水泥）路比重	A.60% 以上	B.60% 以下
7	危旧房户数占全村总户数比重	A.15% 以下	B.15% 以上
8	村拥有专业合作社（协会）数量	A.2 个以上	B.2 个以下
9	村"两委"办公场所修建年限	A.6 年以内	B.6 年以上或无村委会
10	村农民人均纯收入	A.2736 元以上	B.2736 元以下
11	是否有村集体经济收入	A. 有	B. 无
12	是否有村级卫生所（室）	A. 有	B. 无
13	是否通动力电	A. 有	B. 无

（资料来源：临夏市扶贫办内部资料）

第二步：一次性乡镇民主评议法。按照 13 个问卷问题直接判断法识别出的贫困村初选结果，在乡镇召开乡镇干部、扶贫干部、村民代表、帮扶工作队、人大代表、政协委员等参加的民主评议会进行评议。评议结果按国家和甘肃省要求，进行"一公示一公告"确定。

2. 贫困村建档立卡工作流程

临夏辖36个行政村，识别工作和建档立卡涉及面广，工作时间紧、任务重。临夏市对识别工作进行层层分解，按照规模分解、初选对象、公示公告、结对帮扶、制订计划、填写登记表、数据录入、网络运行、数据更新九个步骤有序进行（见表4-4和图4-5），确保贫困村识别工作的按期完成。

表4-4　临夏市贫困村建档立卡工作步骤和时间安排

第一步	规模分解	依据甘肃省确定的规模将贫困村分解到镇
第二步	初选对象	镇人民政府向各村宣传贫困村申请条件和工作流程，各村在广泛征求群众意见和村级组织充分讨论基础上，自愿提出申请，报镇人民政府审核，形成贫困村初选名单
第三步	公示公告	镇人民政府对贫困村初选名单进行公示，经公示无异议后报市扶贫办，经市扶贫开发领导小组审定后进行公告，并报省、州审定
第四步	结对帮扶	统筹安排各方面帮扶资源，研究提出并落实对贫困村的结对帮扶单位
第五步	制订计划	在镇人民政府指导下，由村"两委"、镇扶贫专干、包村干部和帮扶单位结合贫困村需求和实际，制订帮扶计划
第六步	填写登记表	在市扶贫办指导下，由镇人民政府组织村"两委"、镇扶贫专干、包村干部和帮扶单位对已确定的贫困村填写《贫困村登记表》
第七步	数据录入	在市扶贫办指导下，镇人民政府组织镇扶贫专干、包村干部将《贫困村登记表》录入全国扶贫信息网络系统，并进行数据审核。以上工作在2014年8月底前完成
第八步	网络运行	由省扶贫办负责，将录入数据试运行，并在2014年10月底前完成
第九步	数据更新	贫困村信息要及时更新，并录入全国扶贫信息网络系统，实现贫困村信息动态管理。此项工作在扶贫办指导下，由镇人民政府组织帮扶单位、村"两委"、镇扶贫专干和包村干部在次年1月底前完成

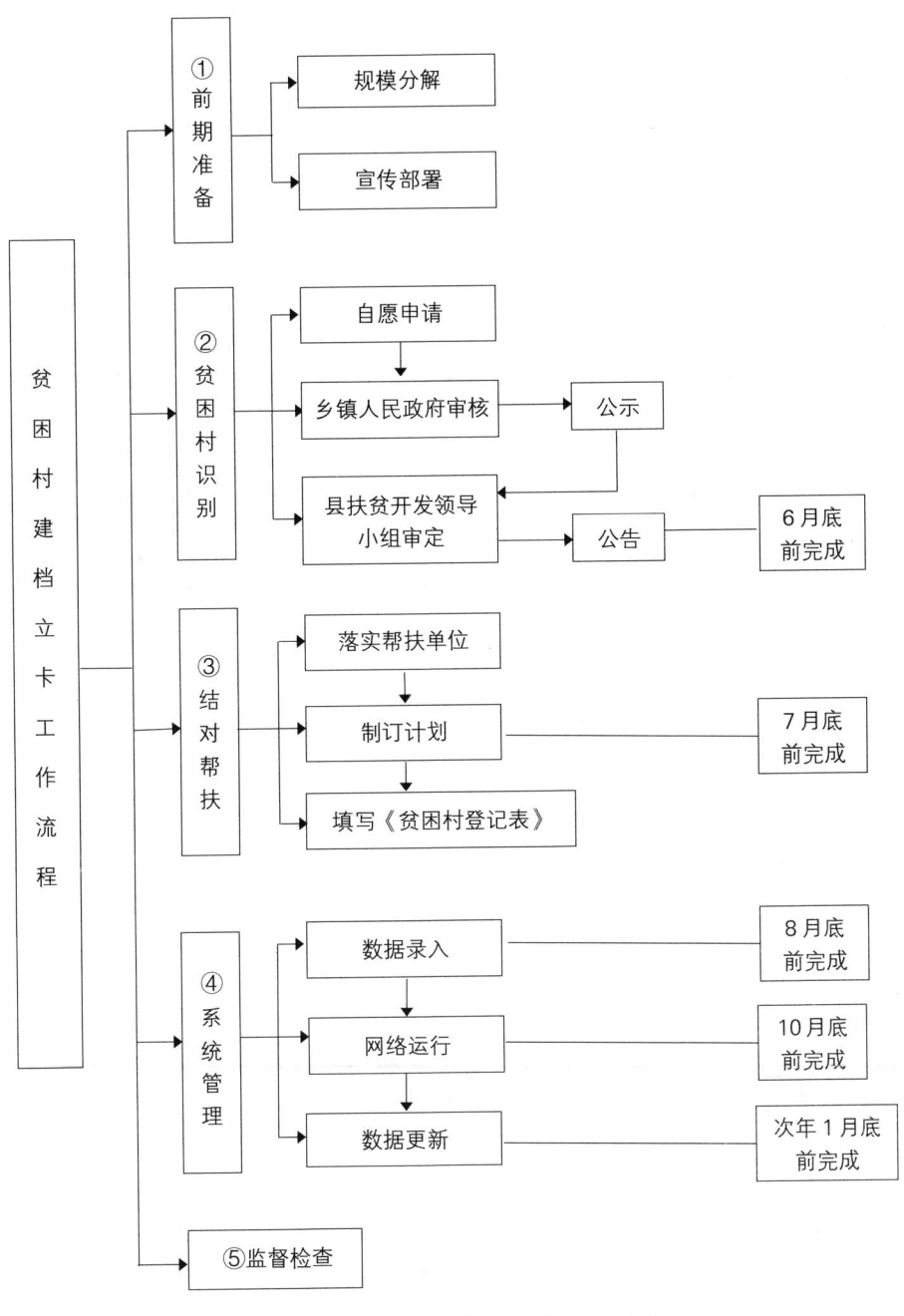

第四章 临夏市贫困人口的精准识别、动态调整和精准退出

```
贫困村建档立卡工作流程
├─ ① 前期准备
│    ├─ 规模分解
│    └─ 宣传部署
│
├─ ② 贫困村识别
│    ├─ 自愿申请
│    │    ↓
│    ├─ 乡镇人民政府审核 → 公示
│    │    ↓
│    └─ 县扶贫开发领导小组审定 → 公告（6月底前完成）
│
├─ ③ 结对帮扶
│    ├─ 落实帮扶单位
│    ├─ 制订计划（7月底前完成）
│    └─ 填写《贫困村登记表》
│
├─ ④ 系统管理
│    ├─ 数据录入（8月底前完成）
│    ├─ 网络运行（10月底前完成）
│    └─ 数据更新（次年1月底前完成）
│
└─ ⑤ 监督检查
```

图 4-5 临夏市贫困村建档立卡工作流程

（资料来源：临夏市扶贫办内部资料）

3. 贫困村精准识别结果

2013年，临夏市根据"村委会自愿申请、镇人民政府审核、市扶贫开发领导小组审定"的工作流程，按照贫困村"131"识别法和建档立卡工作流程，对全市36个行政村开展了问卷直接判断。结合贫困村申请，临夏市对问卷结果进行了民主评议和审核审定，并将最终结果在全市范围内进行了公示公告。

经过贫困村的精准识别，2013年临夏市最终确定建档立卡贫困村20个，占全市行政村的48.8%（见表4-5）。具体分别为枹罕镇王坪村、江牌村、马家庄村、拜家村、聂家村、石头洼村、铜匠庄村、马彦庄村8个村，南龙镇高邓家村、单子庄村、张王家村、杨家村、妥家村、罗家湾村6个村，折桥镇祁牟村、大庄村、苟家村、慈王村4个村，城郊镇祁家村、木厂村2个村（见表4-6）。

表4-5 临夏市识别的贫困村在全市农村占比

行政村	占比	贫困户	贫困人数
贫困村（20个）	48.8%	2658	15569
非贫困村（16个）	39%	2146	8760
村转社区（5个）	12%	—	—

（数据来源：临夏市扶贫信息网络系统）

表4-6 临夏市贫困村在各镇的分布

行政镇	贫困村数量	贫困村
枹罕镇	8个	王坪村、江牌村、马家庄村、拜家村、聂家村、石头洼村、铜匠庄村、马彦庄村
南龙镇	6个	高邓家村、单子庄村、张王家村、杨家村、妥家村、罗家湾村
折桥镇	4个	祁牟村、大庄村、苟家村、慈王村
城郊镇	2个	祁家村、木厂村

（数据来源：临夏市扶贫信息网络系统）

二、动态管理

随着精准扶贫的实施,扶贫对象的档案信息在不断发生变化,要及时更新。如果建档立卡信息一成不变,就会出现"该扶贫的没有扶贫,不该扶贫的却享受扶贫资源"的情况,从而导致扶贫资源浪费的现象,降低了扶贫效率。临夏市坚持对扶贫对象实现动态化、常态化管理,建立健全建档立卡对象的动态管理和自查机制,时刻调整和完善扶贫对象的档案资料,加强扶贫对象的进出机制,实现了对建档立卡对象的精准管理。

(一)动态管理建档立卡对象

建档立卡对象的动态管理指按照规定程序,以是否解决"两不愁三保障"为基本原则,一方面将符合条件的贫困人口(包括返贫、新认定人口)纳入建档立卡范围,另一方面对达到脱贫标准的贫困人口按程序退出,对贫困人口自然增减进行调整,并及时采集、更新、录入贫困人口信息。首先,贫困人口以户为单位实施退出。凡经过帮扶且自身努力,家庭人均纯收入稳定超过国家现行扶贫标准,不愁吃、不愁穿和义务教育、基本医疗、住房安全有保障,可在扶贫开发信息系统中作脱贫退出处理。其次,对于新增贫困户和返贫户,坚持实事求是的原则,按照贫困对象识别的标准、流程和方法,对因灾、因病、因学等原因致贫或返贫农户纳入扶贫开发信息系统。最后,对贫困户家庭的娶入、新生等新进对象要录入系统,对贫困户家庭的嫁出、死亡等减少对象要从系统中剔除。

临夏市按照《甘肃省 2014 年度扶贫对象动态管理方案》文件精神,针对建档立卡户新识别、返贫回退和剔除等要求,始终坚持"应纳尽纳、应退则退、有进有出、动态管理"的工作原则组织和部署建档立卡的动态管理工作。具体到动态管理工作中,临夏市按照帮扶责任人提交、镇村汇总、部门信息比对、市级审核上报的工作程序,按照甘肃省建档立卡贫困人口新识别、返贫和剔除标准(见表4-7),将介于识别标准和退出标准的"边缘人口"和农村低保对象作为重点关注对象,把未实现"两不愁三保障"的对象再次甄别纳入,充分做到了农村低保和扶贫开发"两项制度"有效衔接。同时,严格落实数据共享比对机制,坚持通过省、州、市各级信息比对发现问题,杜绝了"错评""漏评"现象的发生,确保建档立卡贫困人口动态调整更加精准。

表4-7 建档立卡贫困人口新识别、返贫和剔除标准

新识别人口标准	(1)以"户"为单位,按"十不算"要求,2017年全口径人均纯收入低于2952元的全部纳入建档立卡范围; (2)人均稳定收入高于2952元、低于3700元,但家庭中存在"三保障"问题的,全部纳入建档立卡范围; (3)家庭人均收入稳定高于3700元但"三保障"不达标的,不再纳入建档立卡范围,按照缺什么补什么的原则,由相关行业主管部门单项解决
返贫人口标准	(1)对2017年人均收入低于2952元的脱贫户进行返贫认定; (2)对稳定收入高于2952元、低于3700元的脱贫户,存在"十不脱"①情形的回退到未脱贫状态; (3)对稳定收入高于3700元但"三保障"不达标的脱贫户,不再进行返贫或退回处理,制订好"一户一策"巩固提升计划,按缺什么补什么的原则,由相关行业部门单项解决

---

① "十不脱"是指住危房或房屋正在建没有达到入住条件的;饮水不安全的;义务教育阶段有辍学学生的(智障和残疾导致辍学的除外);家庭成员患大病未治愈的;易地扶贫搬迁或危房改造未入住的;整户无劳动能力、无其他收入来源,主要依靠一、二类低保金等政策性收入维持生活的;当年新纳入的,虽然享受了扶贫政策但当年收入情况与往年相比变化不大的;虽然收入及"三保障"达标但因灾、因学、因房、因病等借款5万元以上的;拟脱贫户民主评议大多数群众不认可不可能脱贫的。上述十种情况不得作为当年脱贫对象进行脱贫验收(后修订为六不脱)。

续表

剔除人口标准	对建档立卡前有"七不准"情况的，原则上予以剔除；对建档立卡后有"七不准"①情况的，达到脱贫标准的脱贫退出，达不到脱贫标准的继续扶持。

（资料来源：临夏市扶贫办内部资料）

自2013年底临夏市建档立卡工作实施至2018年，临夏市累计新识别建档立卡户70户269人，返贫220户922人，剔除96户401人，建档立卡户家庭人口累计自然增加2643人，累计减少3004人，净减少361人，2015—2018年建档立卡动态识别情况（见表4-8）。临夏市建档立卡户规模从2013年底的5943户2.51万人更新变动为5937户26857人（其中已脱贫5648户25805人，未脱贫289户1052人）。经过动态识别，临夏市扶贫对象得到了进一步精准，扶贫基础得到了进一步夯实。

表4-8 2015—2018年建档立卡动态识别情况

	新识别建档立卡		返贫		剔除	
	户数	人数	户数	人数	户数	人数
2015年	13	53	3	11	—	—
2016年	45	167	208	867	—	—
2017年	2	11	3	13	70	284
2018年	10	38	6	31	26	117

（数据来源：临夏市扶贫信息网络系统）

---

① "七不准"情形：一是家庭成员或法定赡养人、抚养人中有在国家机关、事业单位、社会团体等由财政统发工资且在编的，或在国有企业和大型民营企业工作相对稳定、年收入在3万元以上的（军烈属除外）；二是家中有现任村党支部书记、村主任、文书、副支书、副主任的；三是家庭拥有5万元以上消费性小轿车、大型农用车、大型农机或工程机械的；四是在城镇购买商品房、商铺的（因易地搬迁等安置房除外）；五是家庭成员拥有企业或股份，实际出资并分红的（因农村"三变"改革或小商小贩等除外）；六是家庭成员长期从事工程发包、承包等营利性活动，长期雇佣他人从事生产经营活动的；七是为享受精准扶贫政策，不如实提供家庭收入和资产情况，或经核实故意隐瞒或转移、放弃财产的。

但是，在实际操作层面中往往存在更多问题。例如农村户籍信息普遍存在死亡、新生信息更新不及时、家庭成员变动快的现象，虽有一年一次动态调整工作进行管理，但仅依靠乡镇自行组织乡扶贫办、驻村干部、村干部人手进行入户核对认定贫困户家庭成员，一来成本大，容错率低，二来重复工作多，返工严重，乡村干部抵触情绪明显。面对这些问题，临夏市建档立卡对象的动态管理工作由扶贫办作为业务部门，在市脱贫攻坚领导小组的安排下，统一组织四镇扶贫工作站人员和大学生村官负责提供动态情况，实现了真正的精准动态管理。临夏市在2013年建档立卡工作基础上，逐年对建档立卡数据库进行校正审核，对建档立卡贫困户、贫困人口和致贫原因逐一核查，动态掌握基本信息，对建档立卡中识别不准确的扶贫对象进行调整。同时，落实扶贫对象实名制管理，并在全国扶贫开发信息系统业务管理子系统和甘肃省大数据平台上进行了多次信息录入和修正，实现有进有出、动态管理、对象精准。

（二）自查建档立卡

临夏市对照甘肃省委省政府提出的"确保做到扶贫对象精准、因户施策、脱贫退出、巩固提高、返贫动态'五个真实可靠'的标准"，于2016年6月18日由临夏市脱贫攻坚领导小组办公室制订《临夏市2016年精准扶贫建档立卡自查工作方案》，建立建档立卡自查工作机制。这项工作主要目的是在临夏市四镇有贫困人口的村中，全面开展以核查扶贫对象基础资料是否齐全、进出动态管理是否符合程序、大数据平台采录信息是否完善准确、脱贫人口"三保障"措施是否落实到位、一户一策是否运转正常、"4342"脱贫验收责任体系[①]是否健全等为基础的自查自验"回头看"

---

① "4342"脱贫验收责任体系《实施办法》明确了脱贫验收中村级党支部书记、村委会主任、驻村帮扶工作队队长和贫困户4方，乡级党委书记、乡（镇）长和扶贫工作站站长3方，县级党委书记、县（区）长、扶贫办主任和统计局局长4方，市级党委书记和市（州）长2方，对贫困户识别、退出、返贫真实性负责的签字背书责任，构建起了层层负责的脱贫验收责任体系。

工作。通过全面细致的自查，及时发现和解决工作中出现的各种问题，总结在具体工作中探索形成的好经验、好做法，进一步规范和提升了临夏市精准扶贫建档立卡工作的整体工作水平。

建档立卡自查工作由临夏市脱贫攻坚领导小组牵头，由扶贫办负责统一组织协调。以镇为单位组成4个检查组，各镇检查组由镇分管领导任组长，抽调镇扶贫工作站站长、驻村工作队队长（驻村第一书记）、镇扶贫专干、行业部门业务人员等组成检查组，负责本镇自查并开展互查。镇村抽调人员镇上自行安排，行业部门确定一名领导负责此项工作，同时抽调4—6名业务熟悉的人员，分组参加各镇自查工作。在检查方式上，采取分村自查和各镇互查的方式，自下而上开展。

针对建档立卡自查工作中出现的问题，临夏市于2016年下发《临夏市2016年精准扶贫建档立卡自查工作方案》(以下简称《方案》),《方案》中分类别、分情况，有针对性地列出四项解决措施。具体问题和措施见表4-9。

表4-9 建档立卡自查工作方案

序号	问题	措施
1	扶贫对象基础信息不准	以村为单位，逐户逐村对贫困户和有贫困人口的村信息进行详细核查，重点查看空项、与户主关系、健康状况、五个一批标注等是否完善，核查残疾人和健康状况是否矛盾（残疾人应有残疾证）、帮扶责任人是否明确、年龄和劳动力状况是否符合逻辑、收入结构是否合理等逻辑问题，特别是要分年度对户、村相关信息进行更新，补全漏项缺项，同时厘清各项数据间的逻辑关系
2	识别不精准	对扶贫对象中有财政供养人员，兴办企业，企业入股，拥有小轿车、大型农用车等情况进行核实，对核实确认的人员，在确保贫困人口规模不变的前提下，按稳定脱贫对待，整户脱贫退出

续表

序号	问题	措施
3	大数据平台数据与相关行业部门数据不一致	由各相关行业部门牵头,镇村配合,对新农合、新农保、危房、民政等行业部门相关应用系统中的数据与大数据平台数据进行对比核查,将不一致的信息反馈到镇村进行核实,并将正确的信息更新到相关应用系统中,使各类系统中扶贫对象基础信息与大数据平台数据高度一致
4	帮扶措施填报不完善	结合"三保障"落实情况核查工作,根据32项惠农政策和各部门落实到村的帮扶措施,全面梳理贫困户、贫困村帮扶措施落实情况,在相关行业部门指导下逐项录入大数据平台

(资料来源:临夏市扶贫办内部资料)

临夏市通过建档立卡自查工作,将自查数据与大数据平台基础数据进行比对并加以完善,确保大数据平台信息与自查信息的一致性。一方面,自查工作重点完善一户一策中的致贫原因和帮扶措施,将贫困户享有的所有惠民政策全面表现出来,包括道路硬化、加入农民合作社、各种补贴、低保、贷款、救助等,按季度按时更新各类数据,查漏补缺、数据翔实、逻辑清晰;另一方面,对于帮扶工作的资料整理归档、危房改造项目的核查、村镇需求项目清单、有培训需求的劳动力培训、"新农保"参保率、电子商务站点建设、综合性文化广场建设、美丽乡村建设、精准扶贫贷款发放等工作,也在自查工作中进一步查找存在的问题和困难。虽然自查工作涉及内容多、任务重,但是临夏市带领各镇认真学习领会省州文件精神,抽调骨干力量,突出问题导向,紧盯时限要求,按照"问题不解决不放过、整改不到位不通过"的要求逐条整改,做到整改目标、任务、措施、方法、责任、要求"六个明确",扎扎实实开展各项自查工作,及时发现和督促整改存在的问题,确保了自查工作取得实效。

三、精准退出

精准扶贫的目的在于精准脱贫。建立贫困退出机制是实施精准扶贫、精准脱贫方略的重要内容。解决好"如何退"的问题，事关脱贫攻坚的圆满收官。临夏市认真执行脱贫人口和脱贫村验收认定各项环节，严格把控人口和村级验收标准，并于2016年1月根据甘肃省脱贫攻坚领导小组《关于印发〈甘肃省建立贫困人口和贫困县退出机制实施细则（试行）〉的通知》开展2014年和2015年度脱贫户认定。此后，由于认定标准的动态调整，2016年9月由中共甘肃省委办公厅、甘肃省人民政府办公厅印发了《甘肃省贫困退出验收办法》，取代《甘肃省建立贫困人口和贫困县退出机制实施细则（试行）》，后者同时废止。由此，临夏市脱贫攻坚领导小组根据《甘肃省贫困退出验收办法》文件精神，全面推进贫困户精准脱贫工作的部署。

（一）贫困人口退出标准

2016年1月，甘肃省脱贫攻坚领导小组《关于印发〈甘肃省建立贫困人口和贫困县退出机制实施细则（试行）〉的通知》下发后，临夏市根据文件精神，组织各镇分村开展了2014年和2015年度脱贫户"12345"认定程序[①]，完成了家庭情况核查、村民小组初评、村"两委"审议、村民代表决议、乡镇核查、村镇公示等工作，并抽调市上相关行业部门干部和镇政府工作人员、驻村工作队员等，组成4个验收组按照户籍7项指标

[①] "12345"贫困户认定程序，即"一核二看三比四评议五公示"。"一核"核查收支情况；"二看"看生活条件、生产条件；"三比"比收入、比住房、比财产；"四评议"农户申请、小组初评、村"两委"审议、村民代表决议；"五公示"村级公示、乡镇公示、县级公告。

（见表4-10）和村级13项指标（见表4-11），对全市2014年、2015年脱贫户开展了市级验收，对全市20个贫困村开展了脱贫出列自评。

表4-10　贫困户退出评估指标

序号	退出指标	单位	权重	目标值
1	贫困户人均可支配收入	元	30	超过当年国家扶贫标准
2	有安全住房	—	25	有
3	无因贫辍学学生	—	15	无
4	有安全饮水	—	15	有
5	参加新型农村合作医疗	—	5	参加
6	参加城乡居民基本养老保险	—	5	参加
7	有培训需求的劳动力参加技能培训	—	5	参加

（资料来源：临夏市扶贫办内部资料）

表4-11　贫困村退出评估指标

序号	退出指标	单位	权重	目标值
1	贫困发生率	%	30	≤5
2	有通乡镇的硬化路	—	8	有
3	饮水安全贫困户比率	%	8	=100
4	通动力电的自然村比率	%	8	=100
5	住房安全贫困户比率	%	8	=100
6	有农民专业合作组织	—	5	有

续表

序号	退出指标	单位	权重	目标值
7	有互助资金协会（社）	—	5	有
8	学前三年毛入园率	%	5	≥70
9	有标准化村卫生室	—	6	有
10	有综合性文化服务中心	—	5	有
11	新型农村合作医疗参合率	%	4	≥95
12	城乡居民基本养老保险参保率	%	4	≥95
13	有培训需求的劳动力参加培训率	%	4	=100

（资料来源：临夏市扶贫办内部资料）

2016年9月，中共临夏市根据实事求是、分级负责、规范操作、正向激励的基本原则，按照中共甘肃省委办公厅、甘肃省人民政府办公厅印发的《甘肃省贫困退出验收办法》（以下简称《办法》）中新的程序标准要求开展此后年度的脱贫人口验收工作。该《办法》中规定贫困人口退出以户为单位，主要衡量标准为"收入、两不愁、三保障"三部分11项指标（见表4–12），即该户年人均纯收入稳定超过3500元且吃穿不愁，义务教育、基本医疗、住房安全有保障。验收工作中，临夏市脱贫攻坚小组严格根据标准和程序要求进行逐户验收，并安排教育、卫计、住建等相关行业部门开展了部门认定，组织镇村按照程序规定，做好了民主评议、公示公告等认定程序。

表 4-12 临夏市贫困人口退出验收标准

贫困人口退出验收标准			
序号	指标类别		验收指标
1	收入		人均纯收入稳定超过当年省定退出验收标准①
2			有增收渠道
3			无因病因学因房大额借贷（5万元以上）
4	两不愁		不愁吃、不愁穿
5			有安全饮水
6	三保障	义务教育有保障	义务教育阶段适龄人口无辍学学生
7			接受学前和高中阶段教育的学生享受了相关特惠政策
8		基本医疗有保障	家庭成员全部参加了城乡居民基本医疗保险并享受了参保费用补贴政策
9			患病人口享受了基本医保特惠政策
10			符合条件的患病人口享受了大病保险（含门诊慢性病和特种重大疾病）、医疗救助（含重特大疾病）、疾病应急救助等特惠政策
11		住房安全有保障	有安全住房

（资料来源：临夏市扶贫办内部资料）

（二）贫困人口退出验收程序

临夏市紧盯"两不愁三保障"，按照贫困户退出验收程序（见图 4-6），坚持实事求是的原则，组织驻村干部、驻村帮扶工作队，认真对照贫困人口脱贫退出各项指标，逐村逐户进行测算。

---

① 2016 年为人均纯收入稳定超过 3500 元，指标明确指出财产净收入不包括"精准扶贫专项贷款"分红收入。

```
贫困户退出流程
    ├── 程序 ──┬── ①镇村评议
    │          ├── ②部门初验
    │          ├── ③市级验收
    │          └── ④省州核查
    │                  │
    │                 退出
    ├── 退出标准
    │      1. 收入;
    │      2. 两不愁：不愁吃、不愁穿，有安全饮水；
    │      3. 三保障：义务教育有保障、基本医疗有保障、住房安全有保障。
    └── 退出保障
           2020年前脱贫不脱政策
```

图 4-6　贫困户退出验收程序

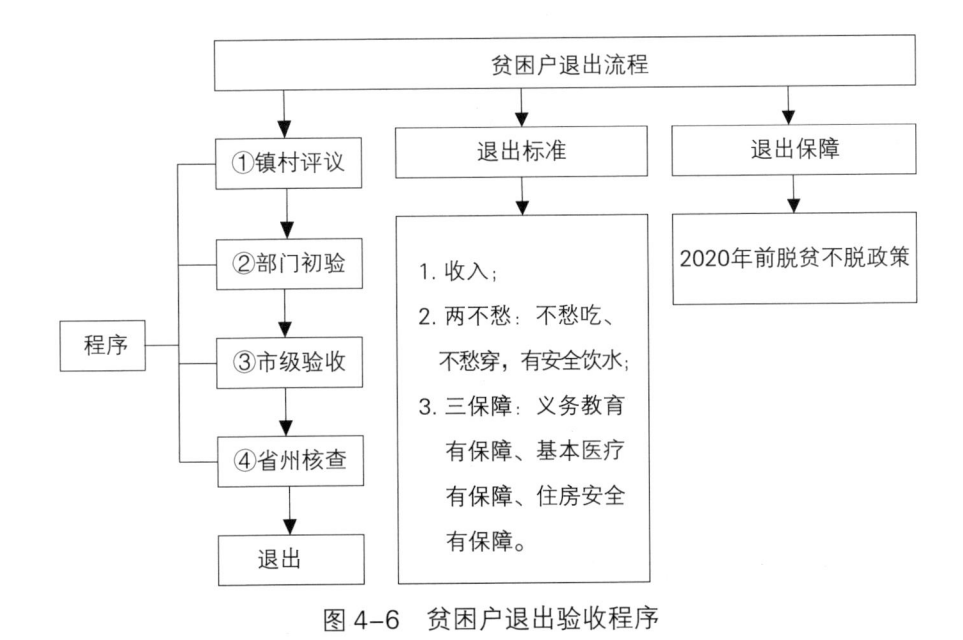

（资料来源：临夏市扶贫办内部资料）

第一步：镇村初验。每年 11 月初，由镇组织村"两委"、驻村帮扶工作队开展入户摸底调查，对照贫困人口退出验收标准逐户测评，提出拟退出贫困人口名单，组织召开包括拟退出贫困户在内的村民大会或村民代表会议进行民主评议，村内公示无异议的，填写《贫困人口退出验收表》，由村党支部书记、村委会主任、驻村帮扶工作队队长核实签字、拟脱贫户本人签字认可。拟退出贫困人口名单报镇上审核，由镇党委书记、镇长、镇扶贫工作站站长（扶贫专干）签字认可，报市脱贫攻坚领导小组。

第二步：部门认定。由市脱贫攻坚领导小组组织指标涉及的相关行业部门开展单项指标验收，形成验收认定汇总表和花名册，由部门主要负责人签字并加盖公章，具体入户验收人员在《贫困人口退出验收表》上填写部门认定意见并签字，实行"谁验收、谁签字、谁负责"。

第三步：市级验收。市脱贫攻坚领导小组组织指标涉及的相关行业部门组成验收工作组，对各镇上报的拟退出贫困人口逐户逐项实地进行验收。验收工作组在镇村初验和部门认定的基础上，根据相关行业部门提供的单项认定汇总表和花名册入户核实，在《贫困人口退出验收表》上逐项填写验收工作组意见，形成验收结果，由验收工作组组长签字确认。对照贫困人口退出验收指标全部达标的，形成全市脱贫人口名单，由市委书记、市长、市扶贫办主任、市统计局局长签字认定，报州脱贫攻坚领导小组。

第四步：省州核查。州脱贫攻坚领导小组对市级验收结果进行复核，复核后由州委书记、州长签字认可并报省脱贫攻坚领导小组办公室。由省脱贫攻坚领导小组委托第三方对贫困人口退出情况进行评估检查后，由市政府批准退出。

临夏市严格按照贫困人口退出标准及程序对贫困人口信息进行管理。通过一年一度的贫困户识别和贫困户退出认定，及时将识别结果进行信息变更和管理，以实现扶贫信息网络系统的动态调整，为扶贫和脱贫工作的精准化打下坚实基础。

（三）贫困人口退出过程

临夏市的贫困人口退出过程整体分为两个阶段。第一阶段为2014—2015年，这一阶段临夏市脱贫攻坚领导小组主要根据甘肃省脱贫攻坚领导小组《关于印发〈甘肃省建立贫困人口和贫困县退出机制实施细则（试行）〉的通知》文件精神，按照"12345"认定程序和"7项指标"对贫困人口退出进行核查。第二阶段为2016年至今，这一阶段，临夏市主要根据中共甘肃省委办公厅、甘肃省人民政府办公厅于2016年9月印发的《甘肃省贫困退出验收办法》文件精神，按照11项验收标准认定符合要求的贫困退出人口。

2016年1月8日，甘肃省脱贫攻坚领导小组《关于印发〈甘肃省建立贫困人口和贫困县退出机制实施细则（试行）〉的通知》文件下发后，临夏市根据文件精神，组织各镇分村开展了2014、2015两个年度脱贫户"12345"认定程序，完成了家庭情况核查、村民小组初评、村"两委"审议、村民代表决议、乡镇核查、村镇公示等工作，并抽调市上相关行业部门干部和镇政府工作人员、驻村工作队员等，组成4个验收组按照户级7项指标和村级13项指标，对全市2014年、2015年脱贫户开展了市级验收，对全市20个贫困村开展了脱贫出列自评。经验收，2014年全市脱贫1304户5800人，剩余未脱贫4689户1.95万人，贫困发生率21.38%；2015年脱贫4199户18443人，剩余未脱贫529户2035人，贫困发生率下降到2.23%，20个贫困村全部达到脱贫退出标准。

2016年9月1日，中共甘肃省委办公厅、甘肃省人民政府办公厅印发了《甘肃省贫困退出验收办法》，2016年1月印发的《甘肃省建立贫困人口和贫困县退出机制实施细则（试行）》同时废止。临夏市脱贫攻坚领导小组根据《甘肃省贫困退出验收办法》文件精神，分别于2017年1月和2018年1月，按照程序标准要求开展了年度脱贫人口验收工作。验收工作中，临夏市脱贫攻坚领导小组严格执行《甘肃省贫困退出验收办法》规定的户级11项验收标准，根据"两不愁三保障"情况进行了逐户验收，并安排教育、卫计、住建等相关行业部门开展了部门认定，组织镇村按照程序规定，做好了民主评议、公示公告等认定程序。经验收，临夏市2016年脱贫177户690人，剩余未脱贫565户2251人，贫困发生率2.46%；2017年脱贫370户1503人，剩余未脱贫366户1410人（见图4-7），并于2017年11月顺利通过了省、州关于脱贫人口、脱贫村的复核抽查，接受了第三方评估检查。

图 4-7　2014—2017 年临夏市脱贫变化情况

（资料来源：临夏市扶贫办内部资料）

根据中共甘肃省委办公厅、甘肃省人民政府办公厅关于印发《甘肃省精准脱贫验收标准及认定程序》的通知要求，按照临夏州脱贫攻坚领导小组关于印发《临夏州2018年度脱贫攻坚考核验收及扶贫对象动态管理工作实施方案》的通知，2018年10月14日至16日，临夏市对各村上报的2018年拟脱贫人口进行了逐户逐项全覆盖式入户验收。经验收，2018年拟退出人口114户435人（其中枹罕镇62户238人，南龙镇28户101人，折桥镇14户51人，城郊镇10户45人达到脱贫指标）。

（四）贫困人口退出结果

2018年7月9日至16日，临夏市顺利接受国家第三方评估组对临夏市贫困县退出工作评估验收，并经于2018年9月29日正式批准退出贫困县。如今，临夏市的贫困发生率由2013年底建档立卡初期的27.83%降低至2018年的1.22%（见图4-8），精准扶贫工作取得决定性胜利。

图 4-8 2013—2018 年临夏市贫困发生率变化情况

（数据来源：临夏市扶贫办内部资料）

第五章 临夏市坚持扶贫扶志扶智相结合激发脱贫内生动力

扶贫先扶志，扶贫必扶智。习近平总书记在《摆脱贫困》一书中指出，弱鸟可望先飞，至贫可能先富，但能否实现"先飞""先富"，首先要看我们头脑里有无这种意识。贫困户脱贫内生动力不足，往往是因为"志"和"智"上有短板。把扶贫同扶志、扶智结合起来，努力提高贫困人口的素质和发展能力，激发贫困人口内生动力，这才是实现稳定脱贫的根本举措。2013年以来，临夏市针对部分贫困群众安于现状、不思进取、受教育程度偏低的问题，坚持物质扶贫与精神扶贫双管齐下，着力激发贫困人口脱贫致富的内生动力。临夏市坚持扶贫扶志扶智相结合和同步推进，积极引导贫困群众克服"等靠要"思想，倡导"以德扶贫"理念，大力实施教育扶贫阻断贫困代际传递，移风易俗树立文明新风，不仅积极落实了党中央关于扶贫先扶志、扶贫必扶智的理念和要求，也在精准脱贫的伟大实践中丰富和发展了扶贫方式。

一、贫困群众的内生动力不足问题

贫困作为一个世界性的问题，贫困地区、贫困人口的贫困，不仅表现为经济贫困、物质生活贫困，而且还表现为文化贫困、精神生活贫困。国家统计局的人口抽样调查数据表明，2016年全国15岁以上人口中文盲的比率仅为5.28%，但民族八省区的比例则为7.55%，比全国水平高出2.27个百分点。20世纪60年代，奥斯卡·刘易斯（1966）提出了贫困文化论，这一理论强调父母养育方式与社区生活对孩子的影响。他从全社会角度、社区层次、家庭层次和个人层次等四个方面说明文化贫困对穷人的影响。"贫困文化论"解决的问题是贫困是如何在穷人之间传递的。他认为贫困是一种自我维持的文化体系。穷人由于长期生活在贫困之中，从而形成了一套特定的生活方式、行为规范、价值观念体系等，一旦此种"亚文化"形成，就会对周围人特别是后代产生影响，从而导致代际传递。由于长期处于经济社会不发达的状态，民族地区的贫困群众受教育程度不高，现代文化知识少，限制了他们吸收先进的科学、管理、营销等方面的技能和知识，容易陷入贫困状态，并造成贫困的代际传递。同时，教育贫困与收入贫困密切相关，教育贫困往往引起收入贫困，是收入贫困的主要影响因素，而收入贫困反过来加剧教育贫困。

受教育程度低是临夏市贫困人口重要的致贫因素和表现。2015年临夏市贫困人口中，有建档立卡家庭学生5258人，约占全市贫困人口的五分之一。在临夏市建档立卡贫困户中，有49.12%的贫困人口为小学及以下文化水平，而40岁以上的贫困人口有78.42%为小学及以下文化水平。因缺乏知识返贫的现象也较为严重，小学及以下学历的返贫人口占到74.62%。由于教育水平偏低和缺乏就业技能，不少贫困户缺乏有效谋生和脱贫致富的手段。父母的文化水平低下还导致家庭教育缺失，陈旧的思想观念也会对孩子的成长产生反向效应。临夏市拥有悠久的经商传统，当地人民多有"重商贸，轻教育"的思想，孩子岁数够了就让其辍学做些小本生意以填补家庭收入缺口，加上部分群众思想相对传统和保守，从家长到学生对教育的重视程度都远远不够。

临夏市部分贫困人口对脱贫的志向和勇气不足，心存"破罐子破摔"的消极心理和"等靠要"的依赖心理，成为脱贫攻坚战中难啃的一块"硬骨头"。"等靠要"思想在一些贫困人口中的存在，从物质因素上看主要是贫困群众自身条件较差；从精神因素上看主要是拼搏奋斗精神的缺乏，贫困人口形成了封闭落后的思维定式。这些贫困人口秉承着"人穷志短""穷家难舍"的消极思想，对未来生活的种种不确定性产生忧虑和迷茫。临夏市政府在调研中发现，如果不彻底解决贫困人口内生斗志不足的问题，即使党和政府投入再多的财力，也不能让这部分贫困人口彻底摆脱贫困。尤其是，一些贫困群众在长期的贫困状态中对贫困生活形成了习惯，养成了贫困文化。少数自身具备脱贫条件却拒不主动脱贫的人令基层扶贫工作"伤透脑筋"。如果政府给他们扶贫救助，他们就正好借机减少劳动，帮扶变成了"养懒汉"。

在推进精准扶贫、精准脱贫的过程中，临夏市还发现部分贫困家庭不同程度地存在家庭不睦、子女不孝等家庭矛盾问题。家庭矛盾导致家庭成员的心思难以集中在脱贫致富上。一些青年人好吃懒做、不思进取，等着父母劳动养家。一些农村青年外出务工经商，留老人守屋，无人赡养、无人慰藉，致使老人生了病却无人奔走照料，只好放弃治疗。"养儿防老"对一些贫困家庭就成了一句空话。此外，一些贫困户结婚讲排场、搞攀比，大办酒席，加上"天价彩礼""一婚十年穷"，一些刚脱贫农民手头有了钱，却因红白事大操大办、赌博酗酒等陋习陷入返贫。

贫困人口内生动力不足问题加大了临夏市精准扶贫、精准脱贫工作的难度。在大量贫困户依靠产业扶贫、就业扶贫、健康扶贫等政策实现脱贫摘帽后，因内生动力不足而无法脱贫的问题凸显了出来。长期以来，因为贫困首先表现为收入水平低，临夏市的扶贫开发重视的是经济扶贫。尽管文化部门也先后开展了"送书下乡""文化书屋""流动文化车"工程等提供文化产品和服务的项目，但这些项目并非瞄准贫困人口，对贫困人口的精准性不足。"输血"容易"造血"难。想要彻底解决贫困人口内生动力缺乏的问题，就必须将扶贫与扶志、扶智相结合，探索临夏市解决贫困人口内生动力不足的有效途径。

二、扶贫扶志扶智行动的主要做法

临夏市委、市政府坚决贯彻党中央扶贫与扶志、扶智相结合的要求，把激发贫困人口内生动力融入精准扶贫的全过程。临夏市因地制宜地探索扶贫、扶志、扶智"三扶"并举的精准帮扶途径，大力推动教育扶贫斩断穷根，倡导"以德扶贫"理念和行动，积极培育文明乡风去除生活陋习，激发了贫困群众和整个农村居民的昂扬斗志和干劲努力。

（一）狠抓控辍保学，确保适龄儿童上学"一个不能少"

临夏市按照"精准识别、动态管理"原则，摸清贫困户受教育人口底数，瞄准对象，构建起覆盖贫困村所在地每所学校、每个贫困家庭学龄人口的信息管理平台。同时，通过"一校一策、一生一策"的帮扶机制，明确对每所学校、每个贫困家庭学龄人口帮扶目标、任务、内容和责任，按时间节点扎实推进，形成教育扶贫工作长效机制。临夏市出台了《临夏市进一步加强控辍保学工作实施方案》，创新四项制度和两项管理办法控辍保学，巩固和提升"控辍保学"成果，为教育扶智工作提供了坚实的基础。为全面落实"控辍保学"目标，临夏市在采取常规教育扶贫手段的基础上创新性地开展了四项新制度。一是"双线四级八包八到位"制度。双线即政府和教育局共同牵头。政府线由县级领导包镇办，镇、街道领导和市直部门包村（社区），村（社区）负责人包社，镇街道干部包户；教育线由教育局包学区，校长包学校，班主任包班，教师包学生，实现领导、人员、宣传、执法、责任、措施、时间、目标八到位，提高"控辍保学"实效性。二是学长制制度，由各领导干部分别担任本辖区控辍保学工作学长，明确控辍保学第一责任人，保障每个学生的实际情况能顺利、高效地传达。三是逐级汇报制度，学生情况由班主任教师通过学校逐级汇报，加强教育部门和政府部门相互之间的衔接配合，共同采取强有力措施，确保适龄儿童少年"进得来，留得住，学得好"，防止失学辍学。四是针对家庭经济特殊困难学生，按照"一家一案，一生一案"制订扶贫方案，统筹各类扶贫、惠民政策，确保孩子不因家庭经济困难而失学辍学。同时，各部门联合行动集中动员劝返失辍学生返校，集中力量抓好"控辍保学"。教育部门会同财政、扶贫、民政、残联等部门和组织，加强排查，摸清情况，确保学生不因家庭经济困难等而失学辍学。临夏市构建了学校、家庭、社会"三位一体""覆盖到边，监护到位，关爱到人"的留守儿童动态监管关爱网络，对留守儿童做到学习上优先辅导、生活上优先照顾、活动上优先安排。

临夏市提出了两项教育系统管理的新办法，解决教育工作者控辍保学管理经验不足的现象。一是"菜单式管理"。"菜单式管理"是给每个学校发放菜单，即教育管理各个方面的标准指标，上面列明了每个职务对应的职责，以及上级规定实施的标准。缺乏教育管理经验的人员可以通过对照菜单上的标准指标检验学校办学成果。对于菜单式管理的成果，临夏市教育部门采取了定期检查加不定期考察相结合的措施，确保管理落到实处。二是将全市教育系统进行网格化分级。构建县级、村级（街道）、校级三级网格化动态监测机制，每个级别设立网格长，强化动态监测，县级检测主要核查学籍管理和开展控辍专项督查为主，村级（街道）主要核查学生信息，开展控辍常规督查和专项自查，校级主要以学生学籍信息录入，学生转、借、休手续办理和报备，辍学生报告为手段。同时依托教育脱贫控辍保学动态系统，加大摸排核实和分析研究，网格管理层层渗透，能够更高效、及时地掌握辍学动态。教育部门管理办法的创新有效弥补了教育人才不足、教育经验不够丰富的情况，有力促进了学校管理水平的提高，提升学校办学质量，增强学校的吸引力，为临夏市维持"控辍保学"高水平提供了坚实基础。

除上述做法之外，临夏市教育部门还施行了一些行之有效的措施来吸引当地贫困家庭送孩子入学。例如在营养餐政策方面，在国家规定的一个鸡蛋加一杯牛奶的基础上，临夏市还给孩子们提供一个馒头以及一周两到三次的新鲜苹果。贫困家庭的孩子少有机会吃到新鲜水果，所以这也成为一个吸引孩子们到学校来的原因。这个政策的设计不仅解决了孩子们的吃饭问题，保证营养能跟上去的同时，也吸引了孩子们愿意到学校里来。此外，学校还向寄宿生发放生活补助，贫困家庭孩子的住宿问题解决之余，每天能享受到4元的营养餐和5元的寄宿生补助，有力保障了学生的生活问题，就连距离最为偏远的王坪小学都有11个学生选择到市三中学习。

从2014年秋季学期开始，临夏市按照上级政府要求，实施全面覆盖建档立卡贫困家庭学生保障和资助政策，确保不让一个建档立卡贫困家庭学生因贫失学。临夏市政府开展了"两免一补"（免杂费、免书本费、逐步补助寄宿生生活费）、农村学生营养餐、贫困生助学金等各项教育扶贫政策，持续加大对家庭贫困学生的帮扶力度，全力解决适龄儿童少年的生活问题。学前教育方面，临夏市按照年生均1200元标准免除全市3—6岁在园幼儿学前教育保教费和书本费，并从2016年起按照年生均1000元的标准为建档立卡贫困家庭幼儿发放生活补助费。义务教育方面，临夏市对建档立卡贫困家庭义务教育阶段学生，在免除学杂费、教科书费基础上，按照小学生年均1000元、初中生年均1250元标准对寄宿生发放生活补助费。同时，在义务教育阶段，临夏全市农村中小学生全面享受学生营养改善计划。普通高中教育方面，临夏市免除普通高中学费、书本费，并按照建档立卡户家庭学生每生每年 2000 元的标准发放国家助学金。

（二）优先教育发展投入，夯实农村教育基础

针对临夏教育基础薄弱、家庭教育负担重等情况，临夏市委、市政府在教育扶贫工作中实行"教育发展优先规划，教育工作优先研究，教育经费优先安排，教育困难优先解决"的"四个优先"计划。临夏市在市级可支配财力十分有限的情况下，坚持把教育经费列入财政预算重点保障，确保了教育经费逐年上升（见图 5-1），财政性教育经费占 GDP 的比率总体也在不断增加（见图 5-2），实现了全市财政预算内教育经费拨款同比增长高于同期财政经常性收入的增长幅度。临夏市累计投入 2.3 亿元，开展了校园环境整改工作，加强校园设施建设，优化校园环境，彻底解决了学校规模小、校园基础设施薄弱的问题。在城市用地规划建设中，临夏市内新增用地项目也优先考虑教育机构，为学校的建设提供了坚实基础。临夏市优异的办学条件吸引了东乡县、河镇县等周边区域的学生前来就读，全市 68000 名学生中就有将近两万的学生来自外县，可以看出临夏市"四个优先"的教育扶贫举措有一定的辐射力度。

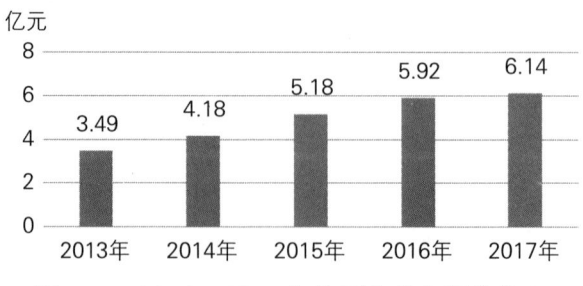

图 5-1　2013—2017 年临夏市教育经费投入

（资料来源：临夏市扶贫办内部资料）

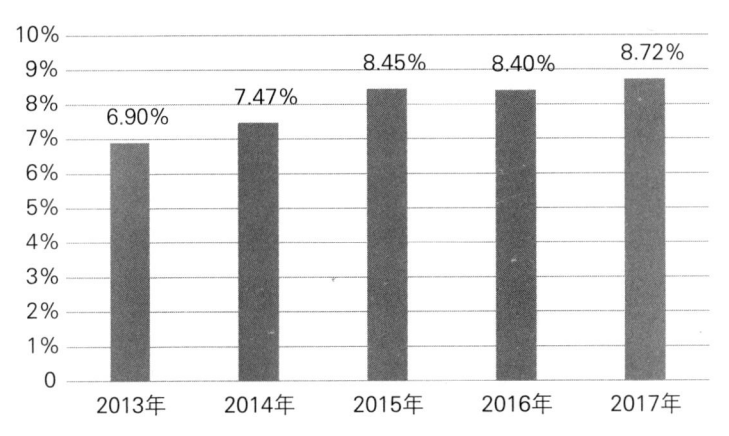

图 5-2　2013—2017 年临夏市教育经费占 GDP 的比率

（资料来源：临夏市扶贫办内部资料）

随着国家大力实施教育惠民工程，临夏市的免费教育体系也在不断完善、更新。继 2007 年实施城乡义务教育"两免一补"经费体制改革之后，在 2013 年，临夏市开始实施高中阶段免费教育政策，将国家对于"三区三州"的 15 年免费教育政策落实到位，有力促进了教育公平、均衡发展及基本公共服务均等化。在这个基础上，临夏市还于 2014 年开始实施学前阶段免费教育政策，免除县域内所有公办民办幼儿园在园幼儿的保教费和书本费，免费经费呈现逐年增加的态势，从 2014 年的 1795.5 万元增加到 2017 年的 2400 万元。至此，全市形成了覆盖学前至高中阶段的免费教育体系，使贫困家庭学生再也不用为支付不起学费而发愁，阻断了因贫失学的鸿沟。

临夏市把学前教育作为夯实教育扶贫脱贫的根基，牢牢把握国家和甘肃省政策叠加的机遇，以政策支持、资金支撑和项目实施推动学前教育快速发展。2012—2017 年期间相继制订第一期、第二期《临夏市学前三年行动计划》，加大政府投入，推动学前教育向行政村延伸。2013—2017 年，临夏市投资 9280 万元新建（改扩建）幼儿园 32 所，其中 80% 的建设资金用于农村幼儿园建设和保教设备及玩教设施配备，实现了每个镇都有一所直属公办中心园，所有行政村有幼儿园或附设学前班，基本满足农村幼儿"应上尽上"的入园需求。截至2018年，临夏市共有各类幼儿园80所，在园幼儿17089人，幼儿教师1155人。通过大力推进一期、二期学前三年行动计划，加快发展农村学前教育，推动学前教育向行政村延伸，在现有15年免费教育的基础之上实现学前教育全覆盖。

临夏市还建立健全了针对贫困学生的职教和高等教育资助体系，优先资助贫困户子女接受职业和高等教育。中等职业教育方面，临夏市免除中等职业学校全日制正式学籍建档立卡贫困家庭学生学费，并按照每生每年2000元的标准发放国家助学金。在高等教育方面，临夏市针对大学生也开展了学费补助，全力消除因为路费、学费不足等家庭困难问题而放弃入学的情况。临夏市对在本省就读的建档立卡贫困家庭高职生免除学费，并按照每生每年2000元的标准发放"雨露计划"扶贫助学补助。对考入省内外高校的建档立卡贫困家庭学生，优先提供生源地信用助学贷款。

临夏市采取研训一体发展模式着力加强教师队伍建设。通过"请进来、派出去"计划，依托国家、省、州、市四个层面培训，形成了"教、研、训"一体的教师队伍发展培训模式。针对教师队伍整体素质水平偏低、师资引进困难的情况，临夏市与厦门市联合开展了东西协作交流计划，搭建起了教师培训、交流的有效平台。与此同时，临夏市还与东西部扶贫协作对口的厦门市思明区在教育合作交流方面达成了合作共识，由厦门选派2名优秀年轻干部到当地挂职扶贫，派遣28名优秀教师到市里32所中小学开展巡回教育帮扶，并吸纳临夏市244名教师到厦门市进修培训，搭建起了两地人才交流长效化平台，通过培训让教师接触现代化教学方式，使得当地老师逐渐学会使用现代化教学用具。此外，临夏市依托"国培""省培"项目培训农村中小学校长和骨干教师1963人次，依托国家"特岗计划"招聘农村中小学、幼儿园特岗教师297名，选派交流支教教师225名，切实提高了教师素质。

为保障师资力量，临夏市积极创设条件，努力营造"进得来、留得住、教得好"的优良环境。在教师待遇方面，临夏市制定了多种措施极力为教师提供生活保障。学校新落成的教师周转房一室一厅35平方米，带有单独卫生间和床、桌、椅等生活学习设施，让老师们可以住得舒心。每月除工资外，班主任津贴、乡村干部工作津贴、乡村教师生活补助等加起来要比在城市中小学工作的同行多出700多元，让教师们不为生活问题而发愁，从而更加专注于教学科研活动。从2012年起，临夏市逐步实行差别化班主任津贴制度，乡村教师可享受每月最高250元的班主任津贴。2016年相继落实每人每月200元至300元国家工作人员乡村工作津贴和平均350元左右的乡村教师生活补助。乡村教师在享受甘肃省乡镇机关事业单位工作人员乡镇工作补贴200—400元的基础上，还享有生活补助政策。

（三）推进产业就业扶贫，破除"等靠要"思想

临夏市注重把扶志扶智与产业就业脱贫相结合，改变简单给钱、给物、给牛羊的做法，不大包大揽，不包办代替，积极采用生产奖补、劳务补助、以工代赈等机制，教育和引导广大群众用自己的辛勤劳动实现脱贫致富。临夏市通过帮助贫困村改善基础设施、因地制宜发展产业、组织动员贫困群众加入合作社、开展劳务输转等途径，使贫困群众在获得稳定收入、改善生活中进一步增强脱贫致富的决心。

临夏市枹罕镇罗家堡村周少华一家就是通过扶持产业发展的方式扶志强志的典型。周少华家中共有六口人，夫妻两人体弱多病，全家的收入仅靠儿子外出打工，一家人得过且过，就指望着政府救济。为此，村委多次与周少华谈心，向他积极宣传其他贫困户自力更生、脱贫致富的典型实

例，使他转变思想，并鼓励他到养殖场打工，用自己的辛勤劳动获得了可观的经济收入，也摘掉了贫困户的"帽子"。罗家堡村以促进贫困群众增收为目标，在紧紧抓住产业发展的同时也不忘将扶志扶智贯穿其中，鼓励群众亲自参与到富民产业的发展当中去，增强贫困群众的干劲，使扶贫工作真正由"输血型"向"造血型"转变。

临夏市部分农村地区处于城乡接合部，人多地少，帮助贫困群众掌握一门谋生的手艺就显得格外重要。2017 年，临夏市建档立卡贫困户中因缺技术致贫的人数占 35.37%，超过三分之一的贫困人口因技术制约导致脱贫困难。根据贫困劳动者大多缺少一技之长从而无力转移就业这一现状，临夏市将劳动力技能培训作为贫困群众的"有效增收渠道"，以"培训一人，脱贫一人"为目标，及时了解贫困户所从事或即将从事的工作方向，制定最切实际的培训工种及授课方式。通过帮助贫困群众增加技能，掌握一技之长，获得增加收入的机会，从而增强贫困群众面对生活的自信，也可以激发其通过自己努力实现脱贫致富的斗志。以就业技能培训扶贫扶志，不仅让贫困劳动力懂得了"既要苦干，更要巧干"的道理，也使得贫困劳动力掌握了农村实用技术，增强自我发展的动力，提升了脱贫信心。

临夏市南龙镇张王家村的贫困户王来玉就是通过就业脱贫激发斗志的典型代表。王来玉曾经一直被村里人笑称为"懒汉"。这些年来，他一直与年近 70 岁的父母一起守着家里的 3 亩玉米地，宁肯闲得晒太阳，也不愿意出去闯一闯。几年下来，家里破落不堪，他自己也成为全村家喻户晓的"穷光棍儿"，还要靠上了年纪的父母劳动养家。后来，村里组织群众参加市里的职业技能培训，听说不但免学费还能拿补助，王来玉就在电焊班报了名。拿到资格证后，他一下就被录用了，每天在厂里打工能挣 80 块钱，每年有了 2 万多的收入。如今，这个年轻人不但找到了工作，盖起了房子，还娶到了外村的媳妇。现在的王来玉面对生活也更加积极，期望将来继续靠着自己的双手勤劳致富、赡养父母，再把自家院子拾掇一下。

近年来，随着甘肃省精准扶贫工作的深入推进，临夏市也在积极探索就业扶贫与扶智、扶志相结合的"造血式"扶贫新方法、新路径。继送技能、送政策后，公益性岗位开发也成为就业脱贫工作的主抓手。临夏市政府出台了一系列就业扶贫政策，其中包括开展建档立卡贫困户中未就业高校毕业生就业扶贫专岗开发工作。在临夏市瓦窑村麻场社86号有这样一个特困家庭，户主马×，上有年近八旬的母亲，身患多种疾病，下有三个在校学生，全家六口人全靠马×一人微薄的打工收入及低保金维持生计。由于儿媳妇马×琼长期在外务工，无法正常料理家务，年迈多病的婆婆不得不经手家中琐碎家务，因此婆媳间发生了不愉快，由于双方都不善于表达，矛盾日积月累，导致婆媳关系紧张。帮扶责任人见此情景，给马×妻子马×琼联系了城管局保洁员工作，通过提供公益性岗位帮助其实现就近就业。在就业帮扶工作中，临夏市还注重为贫困劳动者送去人文关怀，安排管理人员和就业人员帮助贫困劳动者掌握岗位技能，使贫困群众感受到了集体工作生活的乐趣，找回了个人存在的价值。最终，该矛盾以婆婆体谅儿媳辛苦、儿媳回家抢干家务，两人关系和睦而得到圆满解决。现在婆媳间和睦相处，她们互相体谅、互相关心、共渡难关，被左邻右舍交口称赞，是瓦窑村远近闻名的家庭和睦新型农户。可以说，临夏市通过向贫困群众提供就业技能培训，设置公益岗位解决贫困群众就业难的问题，使贫困人口在依靠自身劳动获得稳定收入的同时，坚定劳动就能致富的决心，彻底解决了没技能、没劳力、没项目贫困户的脱贫难题。

临夏市针对农村青年技能相对落后、就业渠道窄的情况，大力发展职教扶贫，以期实现"职教一人、就业一人、脱贫一家"的攻坚目标。临夏市坚持职教扶贫就业导向，优先面向建档立卡贫困人口，开展订单式、学徒制等校企联合培养，优先推送就业岗位，落实贫困职教毕业生就业创业帮扶政策。近年来，临夏市已经实现了建档立卡贫困学生职业教育资助全覆盖，中等职业教育已对所有农村学生、涉农专业学生和家庭经济困难学生免除学费，补助每生每年 2000 元的国家助学金。与此同时，临夏市切实发挥职业教育在攻克贫困地区群众脱贫致富"缺技术、缺手段、缺本领"堡垒中的先锋作用，不断加大政府投入，提升职业教育基础能力。2014 年实施了资源整合和职业学校迁建工程，市职教中心迁入新址，新增校舍建筑面积 4500 平方米，实训场地 3000 平方米、住宿公寓面积 2400 平方米。市属两所职业学校紧紧围绕精准扶贫技能培训和全州助推百亿元产业万名人才培训工作，优化课程设置，成立电商服务中心和技能技术培训中心，面向家庭贫困群众免费开展民族餐饮（牛肉拉面）、电子商务、旅游、畜牧养殖、特种工（电焊、挖掘机、装载机）、家政服务等实用技术技能培训，并推送中职生、高职生至对口企业就业。

（四）倡导"以德扶贫"，摆脱贫困观念

临夏市在扶贫扶志扶智过程中发现，对于部分存在子女不孝、家庭不睦、不思进取、不务正业、好吃懒做等问题的贫困家庭，如果仅仅给予产业扶持、就业扶持等常规手段，不仅见不到效益，反而可能加深家庭矛盾。为此，临夏市及时改变以往简单给钱、给物的"大水漫灌"式帮扶，不大包大揽、不包办代替，而是提出和倡导"以德扶贫"的理念，结合人文关怀、道德感化，帮助贫困群众摆脱贫困观念，树立致富信心，实现从"要我脱贫"到"我要脱贫"的转变。

1. 结对帮扶解决生产生活和思想困难

临夏市积极整合基层党员、群众代表、致富能人和社会贤达与镇村干部、驻村工作队员，各镇、村组织成立帮扶小组，与贫困群众结成"一对

一"和"多对一"的帮扶机制。每年审核更新确定缺乏内生动力的贫困户，按照"一户一策"制订详细的帮扶计划，集中力量予以扶持。帮扶人员定期入户掌握贫困户家庭情况和思想动态，及时帮助解决子女上学、看病就医、春耕备耕等问题，从生活细微处着手，帮助贫困群众建立起生活信心。通过心贴心地服务、实打实地为贫困群众排忧解难，着力解决贫困户面临的生产、生活和思想困难，推动贫困户"要我脱贫"向"我要脱贫"转变。

临夏市各级帮扶干部和贫困群众建立起了亲情联系制度，从生活细微处着手，帮助贫困群众建立起生活信心。临夏市枹罕镇率先推出镇村干部、社会有识之士与孤儿家庭、单亲家庭亲情结对帮扶，共联系单亲儿童或孤儿120名，志愿者60人。结对帮扶干部和帮扶户结成亲人、互留电话、互通信息，每月至少到结对贫困户家中一次，及时了解掌握贫困户生产、生活、子女学习、家庭成员状况、家庭重要事情等最新动态。各级帮扶干部在帮扶过程中，用本村发家致富的养殖大户、致富能人、回乡创业鲜活事例引导群众打开心结，坚定脱贫信念。例如，枹罕镇马彦庄村精准扶贫户马××，丈夫2010年因病去世，19岁的儿子辍学在家，游手好闲，家庭生活十分困难，镇、村党组织负责人、驻村工作队队员等多次入户谈心劝导，积极联系解决5万元的扶贫贷款，并帮助开设便民超市，儿子在镇上被说服教育后，思想发生了很大的转变，在帮扶干部的帮助下已学会驾驶技术，全家人均可支配收入稳步增长。亲情联系制度拉近了帮扶干部与贫困群众的距离，为扶志工作的开展奠定了基础。

帮助夫妻间消除隔阂，调处家庭矛盾，树立致富信心成为临夏市帮扶干部日常帮扶的重要措施。夫妻不睦、家庭矛盾激化给贫困家庭雪上加霜。例如，慈王村村民慈×，由于长期患眼疾，无法外出打工挣钱，夫妻关系紧张。帮扶工作队在了解他家的实际情况后，把调处家庭矛盾作为精准扶贫的基础，上门对夫妻二人开展说服开导，让夫妇俩相互体谅、相互关爱，化解心中的隔阂，建立和谐的生活关系，并帮助他们通过农村合作医疗及大病救助的措施，治好了慈×的眼病。同时，把慈×列为技术扶贫对象学习养殖技术，他满怀信心地说："我家吃低保是暂时的，学到技术后，我想通过发展养殖业，实现脱贫致富……"

帮助贫困家庭不孝子女认识缺点，及时改正，积极进取，成为临夏市帮扶干部的重要帮扶职责。子女不孝、不务正业给部分贫困家庭带来灾难性打击。例如，贫困户慈×，家庭致贫原因在于24岁的独生子慈×，不务正业，忤逆父母，而且每天喝令年迈的父母早起背篓到地里干农活，到市场卖蔬菜，自己却游手好闲，向父母索取生活开支。为此，镇村和驻村工作队干部多次上门对慈×进行品德教育，动之以情，晓之以理。最终，慈×认识了错误，彻底改变了以往的种种不孝之举，主动承担家庭责任，积极四处联系务工门路。在帮扶干部协调帮助下，慈×以替人驾驶出租车，月收入2500元左右，家庭整体脱贫有了指望。

2. 树立榜样激发脱贫热情

临夏市时刻注重运用模范榜样的力量激发致贫返贫群众的内生动力。临夏市以"争做孝星、当好媳妇、创文明家庭"为主要内容，分别开展了"好婆婆""好媳妇""孝老爱亲好青年""创业创新好青年"等评选活动，并积极创评"最美家庭""幸福家庭""五星级文明户"等，塑造了一大批群众身边可亲、可敬、可信、可学的道德模范。各镇、村坚持以点带面，每村选取2—3个脱贫的家庭或个人典型，用典型的力量教育广大农民群众树立正气，打击邪气，促进家庭和谐。临夏市电视台、市广播电台每月组织1—2期已脱贫户、致富带头人到群众身边现身说法，采取定时滚动播放的形式，发挥以点带面的作用，引导贫困群众激发脱贫斗志。同时，曝光一批游手好闲、危害家庭、危害社会的反面典型，强化警示教育，让以贫为耻的观念深入人心。

临夏市积极开展"两户见面会"宣扬榜样力量，来当好脱贫路上的"引路人"。临夏市定期开展"两户见面会"，让身边人讲身边事，让身边事教育身边人，用本村发家致富的养殖大户、致富能人、回乡创业等鲜活事例引导群众打开心结，引导贫困群众转变"等靠要"思想，坚定脱贫信念。每村通过制作"笑脸墙"故事集的形式，记录宣传农村"脱贫示范户""致富带头人"先进事迹，带动群众营造出学先进、赶先进、争先进的浓厚氛围，净化农村风气，助推贫困群众志气提升。临夏市扶贫办组织贫困户对重点项目、特色观光农业基地、养殖基地、龙头企业、脱贫致富典型等进行实地观摩学习，引导贫困群众发扬自力更生精神。

3. 积极营造良好的家风和乡风

临夏市大力弘扬中华民族传统美德，着力破除乡村大办酒席、封建迷信、环境脏乱差等陈规陋习。不仅如此，为配合"治理高价彩礼、推动移风易俗、树立乡风文明"专项行动，临夏市电视台专门开设了"临夏正能量""移风易俗大家谈"等专栏，在各镇村开展主题宣传活动。临夏市在各村建立红白理事会，修订村规民约，引导农民群众抵制农村高价彩礼、婚丧喜庆大操大办等不良习俗，有效遏制了陈规陋习，营造了良好的社会风气。

临夏市组织帮扶干部采取德育、法制宣讲教育，弘扬中华传统美德和传播法律知识，宣讲党和政府的各项政策，提升了群众脱贫攻坚的信心和内生动力。临夏市为致贫返贫群众印发各5000册《村民德育和法制宣传手册》《农村以德扶贫宣传手册》，以通俗的语言和图文并茂的形式，将各项惠农扶贫政策、实用法律法规、社会主义核心价值观、中华传统美德、古代二十四孝贤故事等内容囊括在内。帮扶干部定期深入贫困户家中进行讲解，并督促贫困户自己读、自己看、自己想，使大部分缺乏内生动力的贫困户认识到自己致贫返贫的根源。帮扶队伍充分利用党员固定活动日、"国家扶贫日"、村民知情大会等，积极开展环境卫生整治、义诊、健康宣传活动，将政策法规宣传贴近群众。

临夏市公检法部门也组织了形式多样的法制宣讲活动，提高广大农民的懂法、守法意识，引导贫困群众自觉承担家庭责任和社会责任。临夏市法院、检察、公安、司法等部门组成法制政策宣讲队，紧紧围绕《宪法》《婚姻法》《老年人权益保障法》《未成年人保护法》等，分期分批开展保障老年人、妇女、儿童权益以及农村实用法律法规宣讲活动，积极引导当地群众树立尊法、学法、守法、用法的良好习惯。法制部门紧盯农村易发的土地纠纷、邻里不和、村组矛盾重点领域，开展法律法规普及、解释及法律援助工作，集中调处多起各类矛盾纠纷。临夏市充分发挥公安、派出所、司法所的职能作用，加大打击农村黄、赌、毒的工作力度，惩治村痞村霸，铲除农村的黑恶势力，为建设文明乡风创建良好的社会环境。截至2018年临夏市共开展法制宣讲11场（次），发放宣传资料13500余份，悬挂横幅11条，受教育群众达7000余人。

临夏市委、市政府还把文化惠民摆到了突出位置，通过实际行动让贫困群众真正享受到"文化民生"带来的幸福生活。在文化场地建设方面，临夏市投资在枹罕、南龙、折桥三个镇建设了综合文化站，市财政每年为文化站拨付工作经费，并配备5名专职工作人员，为农村群众提供一个"乡村舞台"。同时，在南龙、枹罕、折桥、城郊四个镇均设置了综合性文化服务中心，并设置了表演舞台、文体广场、含有电子阅览室的农村书屋、多功能服务室，配备了一定的体育健身器材。文化服务中心还修建了文化宣传科普长廊，充分利用"科普之冬（春）"活动、村级文化墙、公益广告牌、文化长廊、宣传标语粉刷上墙等形式将社会主义核心价值观、中华传统美德、古代二十四孝贤故事等进行广泛宣传。有条件的贫困村，还建设了老年人日间照料室、农村产业发展互助社等具有地方特色的文化设施。文化设施的建设为丰富农村居民的精神文化生活奠定了基础。

临夏市政府给予政策、资金和培训支持，引导和鼓励群众创建民间自办文化团体，加强对文艺人才队伍的指导培训和支持帮扶，并广泛开展民间自办文化社团才艺与成果展示交流活动。临夏市以乡村大舞台活动为载体，以社会公德、职业道德、家庭美德、个人品德为主题，每年到各镇村开展一次群众文艺巡回演出，丰富农民精神生活，提高农民文化素质和道德修养。文艺活动的开展大大丰富了贫困群众的业余生活，通过参与这些活动，群众的精神风貌焕然一新，也能以更加积极、自信的心态面对生活。如今走在临夏市大庄村的乡间道路上，还能看到墙上印刷着的村民自发创作的诗歌作品，以文化建设的形式进行扶贫，不仅丰富了贫困群众的精神文化生活，还转变了村民们的生活观念，从而提高其自身发展能力，推动了精准扶贫、精准脱贫工作向纵深发展。

三、扶贫扶志扶智行动的成效

2013 年以来，临夏市积极推进扶贫扶志扶智相结合，大力推进控辍保学，推进产业就业扶贫破除"等靠要"思想，倡导"以德扶贫"激发内生动力。经过不断努力，贫困群众的精神面貌和自我"造血"能力得到了极大提升，为临夏市精准扶贫、精准脱贫工作拓展了新局面，为乡村振兴的谋划和实施打下了基础。

（一）贫困群众的精神面貌和自我"造血"能力明显改善

临夏市贫困群众存在的"等要靠"思想大幅度减少，贫困户精神面貌发生根本性变化，脱贫致富信心全面增强。产业就业扶贫实现了建档立卡贫困户家庭人员的稳定就业，为顺利实现脱贫提供了保障。尤其是，通过获得公益岗位，一些留守妇女可以在家门口就业了，她们一边赚钱贴补家用，一边照顾老人小孩，让儿童不再留守、老人不再空巢、乡村不再空壳，家庭也更加和睦，实现了企业发展、农民致富、社会和谐的多赢目标。在课题组关于农户价值观测试的调研过程中发现，对于"没有投入就没有产出"的问题，有高达95%的农户表示赞同这一观点（见图5-3），充分表明贫困群众不再只想单纯依靠政府帮扶脱贫，而是正建立起靠自己勤劳致富的想法。临夏市在脱贫中重"内因"、提"内力"的工作取得了明显成效，当地贫困群众从"要我脱贫"逐渐转变为"我要脱贫"，贫困户的主动脱贫意识正在觉醒，脱贫致富的信心也在不断增强。

扶贫扶志扶智相结合增强自我发展动力

马×格一家住在甘肃临夏回族自治州临夏市折桥镇慈王村，21岁那年，马×格的父亲去世，留给他的只有一院破旧的土坯房和一家之主的重任。年轻的马×格少不更事，成家之后并未立业。虽然有开货车的手艺，在市里一家运输企业上班，但"三天打鱼，两天晒网"，平时闲逛的时间比工作的时间还多。

"一年到头给家里拿不回几个钱，关键是不好好干，闲了就去打麻将。"妻子马×麦劝说丈夫多次，但始终改变不了他"得过且过"的心态，更无法改变家里"建档立卡贫困户"的现状。

为了帮助马×格等脱贫内生动力不足的家庭早日脱贫，村"两委"和驻村工作队全力配合，由一名包村领导、一名驻村工作队队员、一名村"两委"干部、一名社长、一名党员代表同时联系帮扶，从而形成"五位一体"的帮扶工作机制，落实帮扶责任到人。在各级帮扶干部的反复劝说和帮扶下，马×格终于下决心凭自己的双手带家人摆脱贫困。"帮扶干部们那么忙,还操心我一家子脱贫的事情,再不好好干,就说不过去了。"之后,马×格申请了5万元的精准扶贫贷款,跟哥哥一起合买了一辆货车跑起了运输。

2017年6月,三间崭新的砖混房屋在马×格家院子西边盖了起来。看到了新变化的马×格脱贫信心更足了,在帮扶单位的资助下,他拿出自己跑运输挣来的钱,又在院子东边盖了三间房,并把家里的大门、院墙翻修一新。

"这一年跑下来,挣个5万块钱没问题。"告别破旧土坯房,住进新房子,让马×格一家的精神面貌也发生了变化,"眼看着村里家家户户都在奔小康,我年纪轻轻的更不能拖后腿了,今年必须脱贫!"

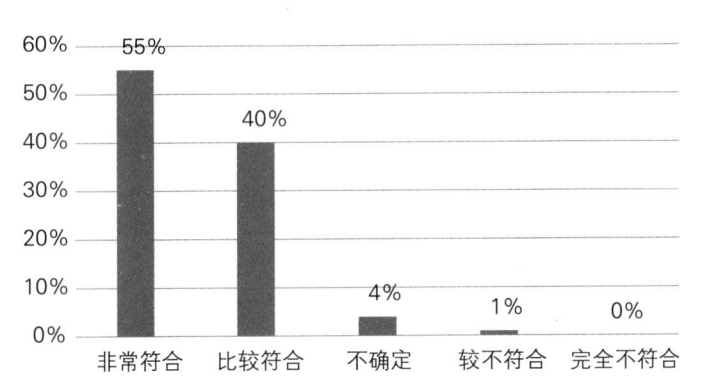

图 5-3　临夏市贫困户关于"没有投入就没有产出"的看法

(资料来源:课题组农户问卷数据)

扶贫扶志扶智相结合化解家庭矛盾促脱贫

40岁的马×义是临夏市城郊镇肖家村的一位农民。结婚这些年,他和妻子王×花经常因琐事吵架,两口子的矛盾一天比一天深。2015年,两口子又一次发生激烈争吵,冲昏了头脑的马×义砸了家里的门窗，甩手而去。妻子王×花越想越生气，带着孩子回了娘家。

马×义家里的房子是几十年前盖的土坯房，已经有好几处裂缝。由于家里穷，盖不起新房，一家三口一直在这所老宅子里凑合。两口子不是没考虑过改变现状，早先马×义夫妇凑钱买了辆二手"三马子"，做起了运输生意。但是，车子毛病多，时不时就走不动了，三天两头就得修。挣的钱都修了车，和以前一样穷。老婆不舒心，马×义更憋屈，因此没少吵架，这些年两口子之间的矛盾日益加深，马×义觉得日子没有了过头，也看不到脱贫的希望，产生了离婚的念头。

在得知马×义家的情况后，帮扶工作组分头调解，劝说两口子坐在一起把心里话扯开，并为马×义办理了3.5万元"双联"贴息贷款。更让马×义没想到的是，在工作组的协调争取下，他家被列为农村危旧住房改造帮扶对象，获得近1万元改造资金。拆了旧房盖新房，2015年底，一家三口告别以前刮风漏风、下雨漏水的土坯房，住进了宽敞明亮的砖瓦房。

现在，马×义开上了新的"三马子"，重新拾起了运输生意，妻子王×花也在附近的食品厂干起了临时工。"现在每月能收入4000多元，生活发生了大变化。"马×义乐呵呵地说，"干部们实心帮咱，咱得干出点样子，不能寒了人家的心。"如今，家里没有了往日的争吵声，夫妻二人齐心协力为这个家的未来打拼。

（二）高质量完成控辍保学目标

在脱贫攻坚政策的引领下，2018年，临夏市小学适龄儿童入学率100%，初中入学率99.6%，高中阶段毛入学率93.1%，学前三年毛入园率94.1%，在全国范围内更是实现了"控辍保学"高水准。2016年至2018

年，临夏市九年义务教育巩固率均稳定在99%以上的高水平，居临夏州八县市之首，居于甘肃省甚至全国前列。初中三年巩固率分别为99.1%、99.3%、99.4%，均达到了省颁标准。2016年，通过国家评估验收，临夏市成为临夏州第一批通过国家督导评估认定的"县域义务教育均衡发展县"。通过巩固控辍保学成果，临夏市不仅提升了下一代的知识文化水平，也引导贫困家庭的孩子树立脱贫斗志及信心，间接为贫困家庭的孩子拓宽了今后的发展渠道。临夏市"控辍保学"制度的创新也显现出了扩散溢出效应，教育水平的提高使得周边区域也开始争相借鉴临夏市控辍保学的创新理念。

临夏市通过完善教育资助体系，彻底解决了贫困家庭孩子上学所带来的家庭负担过重的问题。从2016年到2018年，临夏市落实学前和高中教育免费经费5124万元，惠及学生57264人；农村义务教育学生营养改善计划资金3008万元，惠及学生33405人；生源地信用助学贷款2375.7万元，惠及家庭经济困难学生2607人；发放贫困家庭幼儿资助金106.74万元，惠及1880户贫困家庭在园幼儿；发放高中国家助学金20.6万元，惠及建档立卡户家庭168名高中生；义务教育阶段寄宿生生活补助196.58万元，资助人数为3153人；中职国家助学金及免学费1097万元，资助11418名中职生；免除241名就读省内高职院校建档立卡户子女学杂费和书本费，并落实每生每年5000元的补助资金。从学前到高中、高职阶段教育特惠政策落实到户到人，教育脱贫攻坚任务落实到位，支撑作用得到充分发挥。上述教育惠民政策取得了显著效果，临夏市贫困家庭因学致贫的情况逐渐好转，从2014年的31人下降到2017年的17人。这表明教育导致家庭负担过重的问题得到了有效缓解，有效保障了贫困家庭孩子的受教育问题。

近年来，临夏市职教扶贫已取得重要进展，实现了建档立卡贫困学生职业教育资助全覆盖，为技能型人才的培养提供了坚实基础。临夏市教育、农业、人社、扶贫等部门联合建立职业教育扶贫致富培训基地，以市职教中心为主体，面向未升学的初、高中毕业生和农村富余劳动力开展就业技能培训，面向企业职工开展技能培训。临夏市平均每年开展各类技术技能培训5000余人次，并依托东西协作计划等，输转"两后生"转移就业696人次。例如，临夏市枹罕镇罗家堡村贫困家庭中职生马忠就是一个通过职业教育脱贫的典型例子。2015年他录取进入临夏市职业教育中心，在三年的学习期间，学校不仅没有收取任何费用，还每年为他提供2000元的国家助学金。这让他在没有经济压力的情况下顺利完成了电子商务专业的学习，还利用学校教育资源学成挖掘机驾驶操作技术，掌握了一技之长。2017年毕业后经学校就业服务指导中心推荐，很快与一家建筑企业签订合同，从事工程机械驾驶与操作，月收入达到4500元，顺利实现了脱贫致富。"人人拥有享受职业教育或职业培训机会"在临夏市不再是一句空话。

（三）农村教育水平显著提升

从2013年以来，临夏市乡村教师队伍不断壮大，累计招录381名紧缺学科教师，充实加强了师资队伍，城乡教师资源逐步平衡。截至2018年，临夏市共有乡村教师581人，其中乡村中学教师183人、乡村小学教师283人、乡村幼儿园教师115人，乡村中学、小学、幼儿园师生比分别为1∶16、1∶21、1∶29。乡村教师队伍不断加强，有力促进乡村学校教育质量不断提高。此外，2015—2017年，全市建成28所农村学校食堂，165套农村教师周转宿舍，解决了乡村教师食宿问题。

开展教育扶贫以来，临夏市农村幼儿园增加27所，到2017年底临夏市36个行政村每个村都有一所幼儿园，率先在全州范围内实现常住人口 1500 人以上有实际需求的行政村幼儿园全覆盖。学前教育普及水平显著提高，全市学前三年毛入园率达 92.3%，在临夏州乃至全省内率先基本普及学前教育。农村地区贫困家庭的学前教育参与人数明显增加，农村学前教育事业的快速发展，有效保障贫困家庭适龄幼儿接受学前教育，推动了当地学前教育的普及。至 2020 年，临夏市全市幼儿园布局合理，学前教育资源相对充足，形成了以政府为主导、公办为主、民办为辅、优质协调、充满活力的学前教育公共服务体系。

与此同时，临夏市全面改善农村义务教育薄弱学校，实现了农村学校办学条件大幅改善，学校管理进一步规范，教育教学质量有了明显的提升，城乡教育差距明显缩小。2013 年至 2018 年，临夏市以薄弱校改造为主加快标准化学校建设，建成中小学、幼儿园及附属设施 70 所（处），改造操场 4.3 万平方米，新增校舍建设面积 5.55 万平方米，让学校成为村里、乡里、市里"最美的建筑"。尤其是，临夏市累计投入 3360 万元，为 48 所城乡学校配齐了电子白板、桌椅板凳和音体美器材，建成中小学心理咨询室、卫生室、实验室、活动室 139 个，为城乡薄弱学校购置配备图书 163584 册、课桌凳 4250 套、学生用床 1000 套、计算机 1416 台、多媒体远程教学设备 288 套、实验仪器设备 72 套、音体美器材 115 套及食堂、饮水设施设备。通过实施农村学校信息化工程，实现宽带"校校通"、白板"班班通"、信息化"人人通"，让农村学校具有不亚于城市的优秀教育环境和先进的现代化教育教学设施，不仅让每个农村适龄儿童都有学上，而且上好学。

（四）乡风文明不断提升

临夏市通过倡导"以德扶贫"，有效化解了过去难以解决的大部分家庭、邻里矛盾，促进了农村家庭和睦、邻里和谐。据统计，截至 2018 年，临夏市成功调解因夫妻不和、父子不和导致的矛盾纠纷111起，协调解决了子女不孝相关问题78起，共评选出"好儿子好儿媳"63名，"五星级文明户"195户，"道德模范"15人，"文明家庭户"62户，实现了家庭和睦团结、贫困面貌改变双赢。在课题组关于农村问题的调研过程中发现，对于"夫妻打架、虐待老人/儿童现象""邻里不和睦"的问题，有超过八成的农户表示村里已没有此类现象（见图5-4、图5-5）。临夏市不少长期存在家庭矛盾的贫困户的思想观念和家庭氛围正悄然发生变化，凝心聚力，共奔脱贫致富之路。从个人及家庭层面来看，临夏市通过扶贫扶志扶智相结合使得贫困家庭的人际关系得以重建，使传统的家庭道德得到发扬光大，父母养育子女的义务和子女赡养父母的责任得到了强化，真正使老有善终，幼有善养。

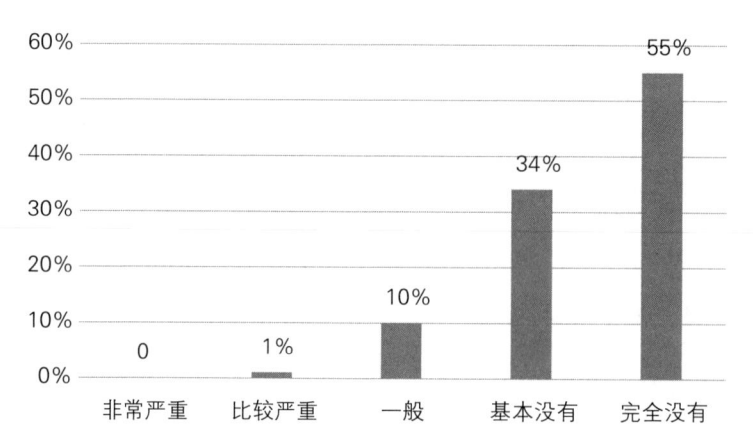

图5-4　临夏市贫困户关于"存在夫妻打架、虐待老人/儿童现象"的看法

（资料来源：课题组农户问卷数据）

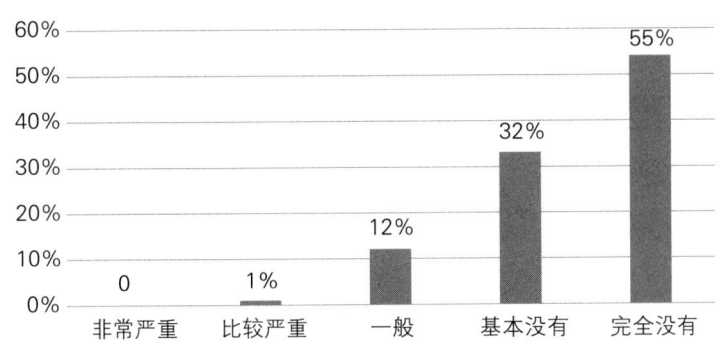

图 5-5　临夏市贫困户关于"存在邻里不和睦现象"的看法

（资料来源：课题组农户问卷数据）

临夏市通过开办农民讲习所，弘扬社会主义核心价值观，大大深化了农村群众的道德教育，有效减少了婚丧嫁娶大操大办、相互攀比、赌博酗酒等农村陋习现象。课题组在关于农村陋习现象的问卷调查过程中发现，诸如相互攀比、婚丧嫁娶大操大办、酗酒赌博、红白喜事陋习多这类现象已得到有效遏制（见图5-6、图5-7、图5-8）。这表明，临夏市扶贫扶志扶智行动引导了乡村文明风尚，促进了乡风文明的建设。

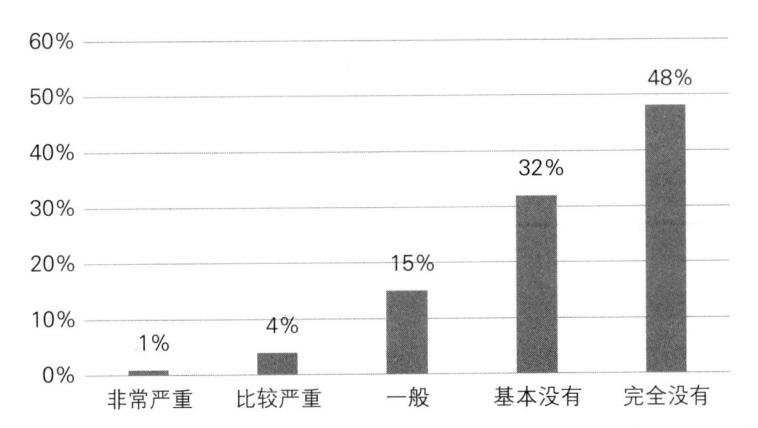

图 5-6　临夏市贫困户关于"存在婚丧嫁娶大操大办现象"的看法

（资料来源：课题组农户问卷数据）

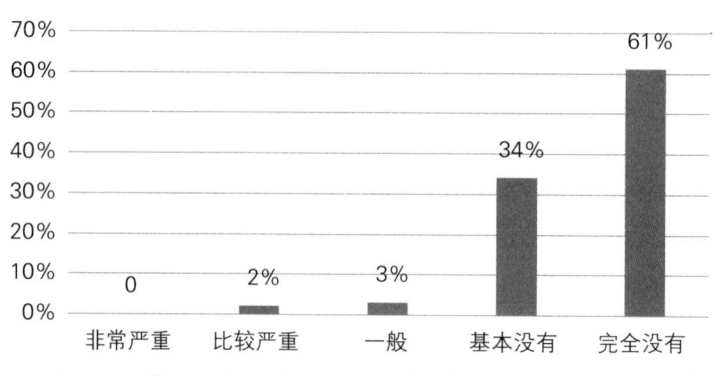

图 5-7 临夏市贫困户关于"存在酗酒赌博现象"的看法

（资料来源：课题组农户问卷数据）

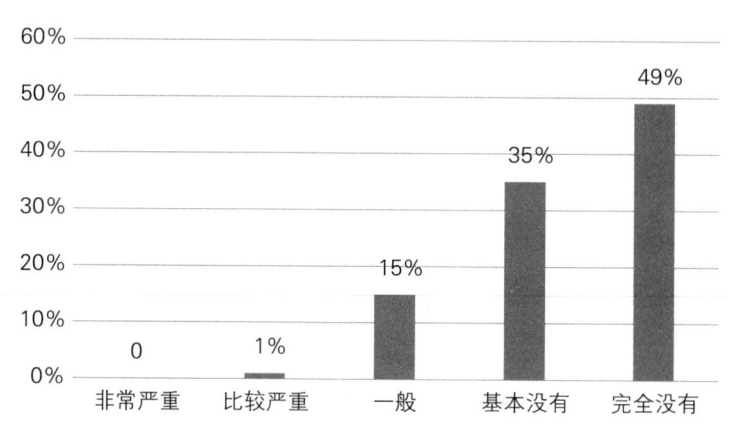

图 5-8 临夏市贫困户关于"存在红白喜事陋习多"的看法

（资料来源：课题组农户问卷数据）

从村庄层面来说，和谐的村庄作为乡风文明的重要载体，家庭关系和睦也会进一步推动农村乡风文明的建设。临夏市变群众上访为干部下访，坚持把乡村矛盾纠纷解决在基层一线和萌芽状态，累计调处各类矛盾纠纷213件，实现了"小事不出村、大事不出乡、矛盾不上交"，提高了群众的法制观念和依法维权意识，村风民风发生了很大改变。和谐的人际关系构成乡村的重要社会支持网络，不仅可以增进感情交流和情感共鸣，增强产生心理上的认同感和归属感，还可以互帮互助，共同解决生产生活中的困难和问题，为乡村振兴打下坚实的基础。

临夏市坚持把构建文明乡风作为深入推进脱贫攻坚的重要内容，截至2018年，着力打击违法犯罪活动，开展专项行动4次，出动警力360余人次，出动警车100余辆，查处农村赌博案件39起，查处违法人员126人，缴获赌资11310元，查缴赌博机24台；查获吸毒案件44起，查处违法人员40人。这有效整治了农村"黄赌毒"问题，有力打击了农村恶霸势力，改善了农村治安环境。在课题组关于农村问题的调研过程中发现，超过九成的农户认为村里的治安问题已经得到了有效解决（见图5-9），表明脱贫攻坚使农村治安环境明显改善，有效转变了农村不良风气。

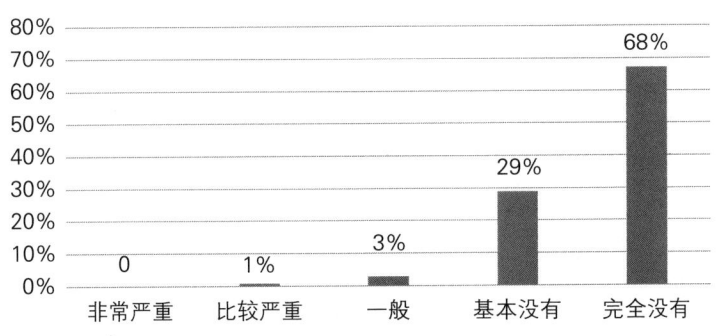

图 5-9 临夏市贫困户关于"农村治安问题突出"的看法

（资料来源：课题组农户问卷数据）

（五）干群关系不断密切

临夏市坚持在扶贫第一线磨炼干部，使之从政治修养到工作作风、工作能力得到全方位的锤炼。帮扶工作需要帮扶干部与贫困群众心与心的交流。只有贴近人心的帮扶才是真扶贫。帮扶他人的同时也立自身之德。临夏市围绕"以德扶贫"行动，不断密切干群关系，用干部的真情实意感化脱贫群众，并在帮扶群众的同时提升干部的道德素养和工作能力。在脱贫攻坚初期，由于思想观念偏差，一些贫困群众对于帮扶干部的做法并不认可，很多帮扶干部在工作过程中因缺少工作经验和技巧遭受贫困群众的辱骂，甚至部分年轻干部不太敢入户进行帮扶工作。为了解决扶贫工作过程中遇到的心与心交流困难，临夏市在扶贫扶志扶智过程中号召帮扶干部亲力亲为，进入贫困家庭帮忙打扫卫生、干农活等，拉近与贫困群众的距离。帮扶干部的做法感染了困难群众，在拉近干群关系的同时也使其思想受到了感化。贫困群众逐渐从"干部干，群众看"到"干部群众一起干"，最后转变为"群众自己干"。临夏市帮扶干部在践行"从群众中来，到群众中去"的同时，也使得当地贫困群众的思想和道德观念发生了转变，加深了贫困群众对于扶贫工作的认同感。尤其是，年轻帮扶干部的新气象、正风气感染和带动了村风民风，密切了干群关系，也使年轻干部逐渐成长为讲政治、懂农民、知民心的优秀后备人才。

第六章 临夏市以城带乡推进产业扶贫

产业扶贫是打赢脱贫攻坚战的治本之策和长久之计。临夏市作为临夏州府所在地,城市化程度高、交通便利,农产品需求旺盛,发展城郊型农业具有得天独厚的区位和市场优势。党的十八大以来,临夏市立足"半城半农"的实际情况,坚持以城带乡、城乡互动,大力发展城郊型特色农牧业和乡村旅游,推动资本、技术、人才等资源要素下乡,补齐城郊农业产业升级发展的资金、组织、产业短板,探索出一条城乡良性互动推进产业扶贫的新路,实现了产业发展与精准扶贫的深度融合,促进了贫困群众脱贫致富,奠定了城乡融合发展和乡村振兴的产业基础。

一、贫困户发展产业面临的挑战

改革开放以来,临夏市农业发展立足本地市场和区位优势,以推进产业化为手段,努力克服自然灾害、人多地少等各种不利因素,呈现出粮食增产、农业增效、农民增收、农村稳定的喜人局面。2013年,全市完成农业总产值4.38亿元,是1992年的6.27倍;种植业增加值3亿元,是1992年的6.82倍;畜牧业增加值1.06亿元,是1992年的4.42倍;农民人均纯收入7296元,是1992年的12.64倍;粮食总产量完成2.34万吨,是1992年的1.11倍;蔬菜产量达到11.8万吨,是1992年的2.55倍。改革开放以来临夏市农村产业虽然取得了喜人的成绩,但还存在以下几个主要的问题。

(一) 传统种植业比重高

临夏市人多地少,人均耕地面积不足0.3亩,有些村人均不足0.1亩,种植业以玉米为主。由于近年来玉米在全国范围内供过于求,加上国家已取消玉米最低保护价收购,价格一再下跌,临夏市玉米种植也出现了经济效益持续走低、丰产不增收、谷贱伤农等现象。玉米过量种植挤占了临夏市有限的耕地资源,一定程度上影响了饲草料、中药材、经济林果、设施蔬菜等种植,限制了畜牧养殖、乡村旅游、一二三产业融合发展。由于土地流转成本较高,受经商环境影响,农民发展城郊高效农业的积极性不高。乡村旅游、电子商务等新兴产业刚刚起步,还没有完全形成示范效应,群众自发参与的积极性不强,对县域经济支撑带动不够。

(二) 贫困户产业收入脆弱

由于人多地少、农产品单一、销售价格低,加上农业基础建设薄弱,抗御自然灾害和病虫害侵袭能力较差,临夏市农村中以农为主的农民普遍收入水平较低,尤为容易陷入贫困。临夏市农村主导产业为劳务产业,绝大部分年轻劳动力主要以务工为主。农民收入主要为打工收入,种养业比例仅占22.6%。受学历、技能所限,大部分农民工以体力型务工为主,打零工的多,常年稳定从事一个职业的少,受就业务工市场影响较大,收入不稳定。留守农民特别是贫困户的科技文化素质普遍偏低,年龄结构偏大,导致多数贫困户缺乏能力在家发展特色产业脱贫致富,产业发展后劲不足,进而给产业扶贫带来很大难度。大部分农村要素资源尚未激活,财产性收入对农民收入贡献很低,这与城郊型农村的身份很不相符。

(三)村级集体经济薄弱

临夏市大部分村基本没有集体土地、林地、铺面、厂房等集体经济资产,集体经济收入多为上级补助性收入,自身经营性收入较为薄弱,无钱办事问题较为突出。村级集体经济发展空间比较狭小,除市郊、集镇个别村外,绝大多数村土地、山林和公房等资产价值低,开发成本高,难以带来直接效益。据统计,2014 年底,临夏市 20 个贫困村中有自身集体经济收入的村有 8 个,占全市总贫困村的 40%,且自身集体经济收入普遍不高,集体经济收入 10 万元以上的仅有 1 个,2 万元以上的有 5 个。其余 12 个村无经营收入、发包收入和投资收益,集体经济"空壳村"占全市总贫困村的 60%。

(四)新型经营主体带动作用较弱

21 世纪以来,临夏市通过推进土地流转、发展农民专业合作社,使农民的经营规模有所扩大、合作化程度有所提高,但小规模生产、分散经营和养殖仍然占据主导地位,大多数成员只有十多个,超过 50 个成员的很少。合作社总体服务领域不广,品牌还不够响亮,内部管理和运行机制有待进一步完善。龙头企业产业链条短、产品单一,带动当地群众增收致富的作用发挥不够,"企业 + 基地 + 合作社 + 农户"的利益联结机制有待完善。虽然财政资金对农业龙头企业和合作社有所扶持,但扶持的力度不够大,扶持的方式也比较单一,扶持重点主要放在少数农业龙头企业和合作社上。农民专业合作社理事长和理事大多数是致富带头人,文化程度不高,农民专业合作社成员基本上是离土不离乡的农民。普通成员和法定代表人普遍缺乏先进的管理知识,开拓意识不强,规范管理能力差。

（五）城乡融合发展相对滞后

临夏市长期以来受传统二元体制和城市导向发展战略的束缚，农村劳动力、资金、土地等要素不断单向流入城市，但城市公共资源、人才和资本向农村流动处于较低水平，使得农村基础设施和公共服务相对滞后，农村产业发展缺乏政策、资金、技术、公共服务支持。临夏市没有充分发挥城镇化、工业化对农村产业发展的带动作用，致使城乡产业融合相对滞后。农村土地市场发育滞后，土地抵押、宅基地转让困难重重，难以满足城乡融合发展对土地的需求。临夏市农村金融市场发育滞后，农村融资难、融资贵问题不时显现。农村要素资源单向流动进一步恶化了临夏市农村产业发展面临的资源环境约束，限制了农村产业的转型升级和农民收入的快速增长。

二、产业扶贫的主要做法

习近平总书记强调，发展产业是实现脱贫的根本之策。要因地制宜，把培育产业作为推动脱贫攻坚的根本出路。临夏市委、市政府全面贯彻落实习近平总书记关于产业扶贫的重要论述和党中央各项决策部署，严格按照甘肃省、临夏州关于产业扶贫的要求，把增强城乡良性互动带动产业扶贫作为贯彻落实农业供给侧结构性改革、补齐农业现代化短板、实现全面小康、统筹城乡融合发展的重要举措，调动全市力量因地制宜、务实高效地推进。临夏市的区位和市场优势逐渐转化为农村的产业优势、经济优势和后发优势，贫困村的产业逐渐活跃起来，贫困户的腰包逐渐鼓起来。临夏市产业扶贫的可喜成就主要得益于如下五个方面的做法。

（一）培育城郊型农业

临夏市把培育城郊型农业作为推动产业扶贫的关键和基础，以改变传统种植业经营效益低、发展乏力的产业业态。临夏市委、市政府通过科学分析城郊禀赋优势、产业现状、市场空间、环境容量、新型主体带动能力和产业覆盖面，合理调减玉米种植面积，发展以无公害蔬菜种植为主的设施农业、休闲农业和观光农业，逐步实现了贫困村有富民增收产业、贫困户有增收门路、劳动者有增收技能的产业扶贫目标。

1. 实施"玉米改菜、改花"

为了解决玉米种植经济效益低和贫困户收入单一的问题，发展高效优质农业，临夏市通过多次调查研究和充分论证，形成《临夏市"玉米改菜、改花"工作实施方案》。"玉米改菜、改花"旨在鼓励广大群众、农民专业合作社等经营主体，积极将原先种植的玉米、小麦等经济效益较低的粮食作物，改为种植蔬菜、花卉等经济效益较高的城郊农业。临夏市按照"政府主导、部门主推、镇抓落实、合力推进"的原则，结合镇村实际、产业特征和市场需求，稳步推动"玉米改菜、改花"。

根据《临夏市"玉米改菜、改花"工作实施方案》，临夏市对当年调减玉米后改种菜、种花给予补助，补助对象为开展种植结构调整的本地农民、种植养殖大户、农民专业合作社、村委会（村集体）、家庭养殖场、合法的外来租种者或养殖者等经营主体。具体补贴包括：（1）新建年繁育蔬菜种苗100万株以上，并有能力带动农户的企业或农民专业合作社，建成验收达标后，每建成1个补助20万元。（2）在适宜发展设施蔬菜的区域，贫困户每新建设1亩日光温室验收达标后补2万元，非贫困户每新建设1亩日光温室验收达标后补1万元；贫困户每新建设1亩钢架大棚验收达标后补1万元，最高补2万元，非贫困户每新建设1亩钢架大棚验收达标后补 0.6 万元；带动贫困户 30 户以上，建设集中连片生产净面积 30 亩以上日光温室或 60 亩以上钢架大棚的设施小区，建成验收达标后，每个给予 50 万元定额补助，其中 50% 的资金折股量化到贫困户。在设施蔬菜建设小区，每打一眼机井，政府补助 10 万—20 万元（按实际合同价的 80% 补助）。(3) 在食用菌种植区集中连片种植蘑菇，建设年生产菌棒 50 万个以上生产规模食用菌种植小区的种植大户或农民专业合作社，经农牧部门验收达标后，每建成 1 个补助 20 万元。(4) 支持专业大户、家庭农场、龙头企业和农民专业合作社等新型经营主体新建库容 500 立方米（含食用菌保鲜库）以上的蔬菜保鲜库建设，开展采后清选、分级、包装等净菜处理，提高蔬菜贮藏保鲜及采后处理能力。经考核验收，对已安装制冷设备，当年能投入使用的，按照库容和质量给予以奖代补、贷款贴息、担保补贴等方式扶持，每 500 立方米给予 10 万元奖补，最高奖补 50 万元。此外，临夏市还优化农业资金投向，不仅将农业产业项目、美丽乡村项目及旅游项目向"玉米改菜、改花"项目倾斜，也在用水、用电等方面对"玉米改菜、改花"给予优惠倾斜。

临夏市积极打造专业化、规模化、基地化花卉和蔬菜生产。临夏市着力打造无公害蔬菜生产基地，截至 2018 年带动周边群众发展设施蔬菜 6700 亩，高原夏菜 6000 亩。在折桥镇、枹罕镇沿北山一带水肥条件较好的村，重点鼓励建设日光温室、钢架大棚，积极发展特色果蔬、食用菌等区域特色产业，推广种植设施高标准建造技术和集成配套生产技术，提升设施装备水平，提高产品质量和效益，形成规模化生产基地。沿大夏河、兰郎公路沿线及川塬灌区，因地制宜重点发展短季节速生露地蔬菜、"高原夏菜"和时令鲜菜，推广间作套种、密植栽培、穴盘育苗移栽等综合配套技术。同时，以折桥镇慈王村、大庄村日光温室为主，大力推广平菇、香菇及金针菇等食用菌品种，建设食用菌标准化生产基地，发展食用菌产品深加工。依托枹罕镇千亩花卉、苗木繁育基地，在枹罕镇马家庄、南龙镇张王家，主要发展面向城市美化绿化需求的花卉、苗木繁育，实施云杉、红叶李、锦带花等30个品种的繁育，逐步建立以南龙镇杨家村、马家庄村为中心的花卉苗木繁育园区。经过几年的努力，如今临夏市已经成为全州绿色无公害蔬菜生产基地和生态循环农业示范基地。

2. 发展乡村旅游

临夏市充分利用独特的自然资源、人文资源和区位优势，加大乡村旅游基础设施建设，打造精品乡村旅游景区景点，形成乡村旅游新业态，解决当地农民就业，加快脱贫致富步伐。临夏市把旅游产业作为贫困群众增收脱贫的重要富民产业，成功开启"旅游+"模式，与文化、体育、商贸、农业等深度融合发展。

临夏市编制《临夏市乡村旅游扶贫工程工作方案》和《临夏市"十三五"脱贫攻坚规划旅游项目表》，强化农村基础设施建设，促进节会旅游与乡村旅游对接，形成覆盖全域的旅游格局。王坪村、杨家村、张王家村、罗家湾村被列为旅游扶贫重点村，12个旅游项目被收入国民经济和社会发展"十三五"规划。临夏市整合扶贫、财政、住建、水电等部门各类财政涉农资金7亿元，实施了以道路硬化、村镇美化、畜牧养殖、文化广场建设等400多个基础设施建设项目，累计改造硬化通村道路40.56公里，硬化村社道路和社户道路127.84公里。全市各行政村和自然村均有通畅道路，村社和社户道路硬化率达到90%以上，为从节会旅游向乡村旅游延伸注入了强大活力。

临夏市大力发展节会经济，激发乡村旅游扶贫的动力。临夏市一年一度的"河州牡丹文化节""临博会"等活动，吸引大量外来游客前来游赏观光，有力地带动了餐饮、农产品销售等相关产业发展。牡丹文化月期间，临夏市不断放大"旅游+扶贫"工作格局，创新举措，专门设置位置较好、人流量较多的精准扶贫免费摊位，让更多的贫困户从中受益，帮助他们脱贫致富。城管局统一规划，在牡丹观光带共设置了摊位149个，其中给精准扶贫户提供的摊位有45个。这既方便了观光游客，而且还为增加群众收入、助力脱贫攻坚开辟了新的途径。

临夏市还充分利用区位优势和河州牡丹文化月，组织农民开设农家乐，解决贫困户就业问题。临夏市以折桥镇后古村、折桥湾农家乐、南龙镇罗家湾休闲餐饮基地、杨家村、张王家村和单子庄杏花村、枹罕镇王坪村为依托，大力发展生态旅游、休闲垂钓和特色餐饮业，通过兴办和改造农家乐、果蔬园，引导市民和游客到农村开展体验式旅游，增加农民收入。临夏市还对农家乐经营者和从业服务人员进行全方位培训，丰富消费内容，提升消费档次，吸引外来游客吃农家饭、体验农家生活，发展吃住游玩相结合的特色农家乐。临夏市加快农家乐评星工作力度，鼓励动员农家乐经营户到外地考察学习，激发改造升级积极性，全面提升农家乐服务水平和接待能力，完成了5家农家乐星级评定工作。2017年全市新增农家乐33家（其中4家为精准扶贫户），新增旅游从业人员125人，当年全市脱贫的1503人中通过发展旅游业实现脱贫的就有193人。

3. 开展"粮改饲"

临夏市地处青藏高原向黄土高原的农牧过渡地带，背靠甘南藏区、面向兰州，气候条件适宜、饲草料充足、品种资源丰富，发展以异地育肥为主的牛产业既具有丰富的资源优势，又具有广阔的市场优势。然而，由于临夏市玉米种植相对其他区县面积较小，甘肃省未将临夏市列入"粮改饲"项目县。临夏市把"粮改饲"作为农业供给侧结构性改革的突破口和打赢脱贫攻坚战的重要举措，拉动农民脱贫增收，改善生态环境，促进畜牧业升级转型。临夏市研究制订了《临夏市粮改饲工作实施方案》，充分发挥市级财政扶贫资金引导作用，依靠龙头企业和养殖场拉动种植结构向

"粮改饲"统筹方向转变，构建种养结合、粮草兼顾的新型农牧业结构，促进草食畜牧业发展和农牧民增产增收。

在没有省州"粮改饲"专项补助资金的情况下，临夏市先后整合资金1320万元用于"粮改饲"工作，其中600万元用于"粮改饲"农户或企业奖补，620万元用于机械设备购买，100万元用于购买打包包膜及绳子等其他用品。临夏市从良种选用、良法推广、技术指导等全过程为种植户提供服务，认真落实各类奖补政策：对实施"粮改饲"青贮玉米的农户，每亩对农户奖励300元；对养殖企业（配送中心）到地头收购拉运或农户运送的，每亩分别对养殖企业（配送中心）或农户补助300元；对实施"粮改饲"黄贮玉米的农户，每亩对农户奖励200元；养殖企业（配送中心）到地头收购拉运或农户运送的，每亩分别对养殖企业（配送中心）或农户补助200元。奖补资金以订单和实际验收结果为准，奖补对象为所有玉米种植户或回收企业。

临夏市鼓励和动员农民养殖专业合作社或养殖企业在制作青贮饲料的季节，加大对贫困户种植的玉米等饲料作物的收购力度，既保证和增加了贫困群众的收入，又减少了焚烧秸秆对农村环境的污染压力。比如，临夏州八坊牧业科技有限公司以订单农业的方式开展产业扶贫，2017年公司收购临夏市枹罕镇、城郊镇、南龙镇、折桥镇及周边种植户青贮（全株、半株）和黄贮秸秆饲料5万吨，增加农民收入1720多万元；2018年与枹罕镇江牌、青寺、拜家、聂家、街子、铜匠庄六个村的2600多户群众签订了玉米秸秆收购协议，预计每户每亩增加收入600元左右。2018年，临夏市全年完成"粮改饲"15111亩（其中青贮9111亩、黄贮6000亩），制作全株、黄贮玉米饲料4万多吨。

（二）推动金融信贷服务下乡入户

脱贫攻坚开展以来，为了解决贫困户产业发展面临的资金短缺问题，配合城郊产业培育，临夏市委、市政府严格按照中央、甘肃省、临夏州安排部署，把金融信贷下乡入户作为脱贫攻坚和城乡融合发展的重要抓手，有效解决了农户，特别是建档立卡贫困户发展生产资金不足的困难，推动了农村产业发展和升级。

1. 建设村级产业发展互助社

按照甘肃省脱贫攻坚工作安排部署，为有效缓解贫困农民在生产发展中所需资金短缺问题，临夏市自2013年开始筹建村级产业发展互助社，并按照政府的履职责任、银行的管理理念、财政的方式方法，形成了具有临夏特色的互助社管理模式。首先，宣传动员广大群众积极加入村级产业发展互助社，是建设村级产业发展互助社的前提和基础。为使群众全面了解村级产业发展互助社，临夏市委市政府组织镇、村对互助社入社程序、扶持产业、借款优势和特点等内容进行形式多样的宣传动员，分社统一印制分发了宣传单、互助社问答、工作手册等宣传资料。各帮扶单位和帮扶干部进行摸底调查、入户宣传，市电视台对互助社筹建进行了有效的宣传报道，实现了镇、村宣传动员的全覆盖，为互助社筹建工作的顺利开展奠定了坚实基础。

其次，广泛动员广大企业、各单位、村干部等社会各界力量注资入社，多渠道、多模式着力扩大注资规模。相比临夏州其他地区，临夏市有企业多、村少的优势，筹建时经过市上分管领导、主管部门的宣传动员，承诺注资的51家企业44家完成注资1465万元。互助社注资成效比较明显，临夏市村级产业互助社注资总额达到3549.41万元，平均每个互助社注资达到115万元，基本满足社员借款需求，走在了全临夏州前列。

再次，严格按照临夏州实施方案要求，相继成立了市分社、镇管委会、管理站，健全了基本组织机构，制定出台了实施细则。临夏市在四个乡镇都成立了互助社管理委员会，镇财政所成立了互助社管理站，36个行政村成立了村级产业发展互助社，做到了互助社村级全覆盖。临夏市从企业注资、借款额度、期限、风险防控、财务管理、理事会、监事会职责等方面对互助社进行了完善，建立了财务公开、定期报表等制度。各村在筹建互助社工作中严格按细则、章程和流程开展工作，对筹建小组人员、社员入社、注资情况、借款发放等重点环节进行了公示，操作流程做到了规范有序、公开公正，形成了按章办事、按制度办事的机制，为全市村级产业发展互助社健康运行奠定了基础。

最后，标准化推进互助社建设，参照银行的监督理念来规范互助社运行，做好风险控制工作。抓好风险防控是保障互助社健康运行的关键。临夏市不断完善分社、管理站、管委会和理事会的管理架构体系，明确各自职责，分社在市领导小组的领导下负责协调、指导互助社筹建，管委会要严格借款对象的审核把关、借款发放回收、用途监管和效益评估，管理站负责互助社日常运行管理，保证互助社会计资料的真实、完整。严格财务管理，互助社财务管理严格遵循村级产业发展互助社财务管理制度，坚持单独核算、专户专账管理、按月报账的原则，保证规范运行。整个运行过程，分社、管理站、理事会业务核算不经手现金，通过"一折统"放款，理事会的费用支出以凭据报销，由管理站结算。分社、管委会、管理站加强对互助社运行的监督管理，做到互助社运行必须按实施细则规定运行，审计部门对管理站、互助社财务及资金运行情况进行专项审计，防范互助社运行风险。

2. 发放扶贫小额贷款

自2015年甘肃省精准扶贫小额贷款发放工作启动以来，临夏市委、市政府高度重视，及时召开了临夏市精准扶贫小额信贷发放工作动员安排会，成立了由市政府主要领导任组长，市委、市政府分管领导任副组长的领导小组。临夏市印发了《临夏市精准扶贫小额信贷支持计划实施方案》，市政府与各镇签订了《临夏市精准扶贫专项贷款目标责任书》，从目标任务、组织机构、工作内容、实施程序、主要措施等方面严格进行了规范，明确了职责任务。

在贷款发放前，临夏市安排四镇全面开展了申请农户贷款资格和贷款意向的摸底调查工作，设计了《临夏市精准扶贫专项贷款调查推荐表》，详细收集贷款户的身份信息及贷款意愿，明确放款层次，优先考虑个人联户担保贷款和个人抵押贷款，再安排扶贫户自愿基础上的企业帮扶性贷款，把好贷款的需求摸底关和发放关。为保证贷款对象和上报数据精准，对已发放开卡的所有贷款户的身份信息，逐一与精准扶贫大数据平台建档立卡户基础信息、财政申报数据进行全面比对核查，确保不出现非精准扶贫户贷款的问题。对贷款户姓名有错别字、用残疾证号代替身份证号等253条信息进行了备注说明。为保证精准扶贫小额贷款发放对象精准，按照审计署专员办审计标准要求，临夏市对计划贷款的1631户7360人，从人员身份、开办企业、购车、购房等方面，通过财政、人事、工商、车管、房产部门提前进行了详细的核查，发现贷款人及家庭成员中各类问题户79户。经过逐个核实身份后进行贷款发放，将各类隐患问题化解于贷款发放前，确保贷款按期足额发放到户。

在贷款发放环节，临夏市要求各镇村与贷款户签订了《贷款使用承诺书》，明确要求贷款户承诺贷款可以用于什么、不能用于什么。同时，设计了《村镇资料监督验收表》，安排财政局纪检员、财政监督检查局工作人员，到四镇各村对贷款全过程中的14项资料逐项核实查验，逐村验收。贷款发放中，财政、扶贫、兰州银行等部门实行分镇包干，到各镇核查贷款户基础资料、核实抵押物真实性，督导放款程序和进度，协助开展风险管控。对发现的贷款资料不规范、不齐全等问题，及时要求相关镇村进行整改。同时，制作了《精准扶贫小额贷款使用须知》和宣传喷绘，在各镇村、贷款户中进行张贴发放。

临夏市委、市政府高度重视贷款资金的有效使用问题。市委、市政府领导每次下乡入户调研中都把询问了解贫困户贷款使用情况作为主要内容，对发现的部分贷款户资金无具体用款计划、个别农户贷款使用用途不合规定、使用方向存在风险等问题，及时要求镇村干部、帮扶干部帮助指导贷款农户依据自身家庭实际合理调整规划贷款用途，积极发挥好贷款扶持效益，确保贷款安全使用。同时，镇村及帮扶干部按照贷款户实际情况，手把手地对资金使用方向等进行针对性的指导和培训，确保贷款安全用于生产经营性增收项目。在日常监管中把工作重点放在贷款资金动态监督管理和专项培训方面，随时了解掌握贫困户贷款资金使用动向，及时发现问题，解决问题。通过分镇举办劳务技能培训、农业专家讲座、发放农技资料等方式，帮助贫困户开阔用款思路，结合自身实际发展生产经营，拓宽增收渠道。市财政及各镇发挥贷款责任主体作用，组织开展了贷款政策法规主题宣讲、金融理财知识专题辅导报告、创业技能培训等活动，通过脱贫致富示范户现场参观、帮扶干部跟踪引导等方式，组织贷款户切实将贷款用在富民增收产业上，使贷款资金得到合理高效利用，有效防范了风险，发挥出了最大效益。

为了深入贯彻《甘肃省人民政府办公厅关于调整完善精准扶贫专项贷款政策的通知》精神，确保按期完成回收续贷任务，临夏市委常委会、政府常务会、扶贫调度会先后召开会议研究部署，制定出台了详细完善的《临夏市精准扶贫专项贷款回收续贷方案》，安排各镇村及帮扶责任人入户送达了《到期还款通知书》，告知贷款到期事项，讲解还款程序，明确逾期责任。同时,安排财政、扶贫、民政等部门,对不符合续贷条件的一二类低保户、五保户、扶贫动态剔除户、死亡外迁户进行了详细的排查。截至 2018 年 12 月 15 日,临夏市累计回收精准扶贫贷款 3829.6 万元,签订续贷合同 1378 份 6663.5 万元,现逾期额度 76.9 万元,逾期率 0.73%,按时完成了甘肃省下达的回收续贷任务。

(三)发展农业合作社,带动贫困户分享产业发展利益

产业扶贫的重点在于探索和建立贫困户分享产业发展的受益机制。临夏市着重探索如何将贫困户纳入现代产业链中,解决临夏市农民专业合作社规模小、组织化程度低、自身发展困难、带动当地贫困群众增收致富的作用发挥不够的问题,解决贫困农户经常面临的技术、资金、市场方面的困难。临夏市紧紧围绕蔬菜、花卉种植、畜牧养殖、苗木繁育、农畜产品加工等城郊产业,按照"积极发展、逐步规范、强化扶持、提升素质"的要求推进农民专业合作社发展,坚持合作社发展与规范并举、数量与质量并重,完善扶持政策,促进农业稳定发展和农民持续增收。

临夏市积极培育贫困村城郊型主导产业,重点发展了一批以畜牧养殖、蔬菜花卉、苗木繁育、农机服务、乡村旅游为重点的贫困村合作社,做到了合作社的全覆盖。一方面,临夏市引导、支持基层干部、种养大户和能人带头组建专业合作社,发挥带动农户多、管理较为规范、产品具有一定市场、对弱势群体帮助大的特点,通过统一生产、统一营销、统一管理,实现规模效应,加快资本积累,形成干部、大户、"能人"与贫困户共建合作社的新优势。另一方面,临夏市鼓励村级组织牵头成立各种专业技术协会、专业合作社、专业服务公司等,采取"支部+公司(合作社、协会)+农户"等多种形式,开展技术指导、信息传递、物资供应、产品加工、市场营销等生产经营服务,以有偿、微利的服务方式增加集体经济

收入。同时，指导贫困村合作社与龙头企业积极对接，积极引导扶持农民合作社组建农民合作社联合社，引导农民合作社跨区域、跨行业带动农户发展，提高组织化和规模化水平，提升市场竞争力。

临夏市结合"三变"改革，发挥合作社对建档立卡贫困户的扶贫、带贫作用。在临夏市，建档立卡贫困户参与合作社的主要方式：一是土地流转方式入社。如临夏市王坪村油用紫斑牡丹种植农民专业合作社，合作社现有成员104户，吸纳精准贫困户24户，合作社在王坪村土地流转面积170亩，集中连片种植油用紫斑牡丹、观赏牡丹，受益的是入社成员和当地老百姓，每年至少在1万元到2万元不等的经济收入。二是资金入股的方式入社。如临夏市枹罕镇罗家堡村俊林养殖农民专业合作社，现有成员209户，其中吸纳建档立卡扶贫户129户，每人入股资金1万元，总入股资金129万元。合作社对入股的贫困户采用保底分红的方式，每万元分红900元，确保了贫困户入股资金无风险、见效益。三是精准贫困户到合作社务工，增加劳务收入。例如，以八坊牧业万头肉牛基地、华牧牧业和佳源牧业万只良种羊养殖基地为依托，按照"扩繁基地＋规模养殖＋散户养殖"模式，在现有155个规模养殖户和4142个分散养殖户的基础上，采取"经营主体＋基地＋农户""经营主体＋集体＋农户"等多种组织形式，开展股份合作，让农民既能够就地就近就业获得工资性收入，又能够作为股东分享到股金分红等增值收益。

临夏市根据贫困村的主导产业、环境条件，因地制宜，因村施策，由市农牧局合作社辅导人员每人包一个镇，督促指导贫困村的合作社制订出"一社一策"发展计划。辅导人员通过多次与合作社负责人面对面交谈了解发展意愿和需求，研究制订农民专业合作社"一社一策"发展计划，并指定专人审核把关，确保计划切实可行。同时，分期分批对农民专业合作经济组织带头人、管理人员、业务骨干及社员，开展合作理论、法律法规、规范建设、财务会计、市场营销、效益评价等方面的培训，培养和造就一批熟悉农民专业合作经济组织知识的队伍，提高合作组织成员的素质和经营管理水平。例如，在2018年新型职业农民培育中，专门开设合作社业务骨干培训班，邀请专家教授进行授课，集中培训12天，培训合作社骨干50名。

临夏市农牧局积极配合市工商局，对全市农民合作社是否有固定办公场所、是否有生产基地、内部制度是否健全、是否正常运转进行调查核实，安排工作人员督促已成立合作社制定各项制度，建立财务账目，要求工作人员对自己负责乡镇的农民专业合作社做到底子清、情况明。一是对运行不规范的合作社，特别是对没有开展实质性业务的"空壳社""挂牌社""家庭社"，按照缺什么补什么的原则逐步进行整改，特别是对进入工商系统异常名录的合作社，重点进行指导整改，或者建议注销合作社。二是在合作社内部运作上，指导合作社按"六个规范"（规范章程和制度，健全自我发展机制；规范股金设置，壮大自身实力；规范民主管理，推行民主决策；规范财务管理，实行财务公开；规范生产经营行为，形成比较紧密的利益共同体；规范盈余分配，完善分配机制）的要求，逐步规范合作社运行机制，完善合作社的内部运行机制。三是努力实现贫困村农民合作社规范运行、提质增效，力争贫困村农民合作社成员资格明确、组织机构健全、章程制度完善、社务管理民主、会计核算规范、盈余返还合法、经营服务统一、经营效益良好。同时，切实提高贫困户的入社率，带动贫困户增加收入，稳步实现脱贫目标。

（四）推进"三变"改革盘活农村闲置资源

自2017年甘肃省农村"三变"改革会议召开以来，临夏市立足于快速城镇化带来的产业升级和资源升值优势，积极推进以资源变资产、资金变股金、农民变股东的"三变"改革,鼓励贫困村和贫困户利用土地资源、精准扶贫产业专项贷款入股优势产业参与分红,探索出了公司化运作、合作社组织生产、贫困群众入股分红的产业发展体制机制,构建了以农民为主体的产业发展平台。"以股份合作为核心,以股权为纽带,采取'保底分红+收益分红'"等方式的改革思路,让村集体成为实体并从资源资产中获得资本收益,让农民成为股份农民并从资源资产中获得财产性收入,壮大了集体经济,促进了农民增收。

临夏市通过农村土地确权和村集体资产清查,全面掌握临夏市可用于"三变"改革的土地资源和村集体资产的存量,掌握20个贫困村村集体经济现状。同时,临夏市还对全市富民产业龙头企业、生产经营大户进行逐个摸底调查,了解其生产经营状况,掌握其对"三变"改革工作的知晓度和认可度,以及吸纳资金、资产入股的承载能力和意愿。临夏市通过精准扶贫入户走访工作,对农户参与"三变"改革,进行入股分红的积极性进行调查,形成全面细致的临夏市"三变"改革需求清单和实施清单,为改革工作全面铺开奠定基础。

临夏市将农村土地、村集体资产、自然资源、农民闲余资金、项目扶持资金、特色技术(技艺)人才等各类资源要素聚集整合,作为资本要素进行入股投资,盘活资本要素,发掘资本效益。一是将土地资源量化入股。依托现有产业基地、国道省道、物流园区、文化产业园、牡丹风情线、三馆一中心、中小企业孵化基地、森林公园等,调动周边农户按照实际需求积极开展土地经营权量化入股,以点带面,逐步将土地资源变资产发展成为农民入股分红受益的重要手段。二是村集体资产量化入股。推行农村集体资源性资产股份合作制改革,对村集体闲置土地、水域、商铺等资产进行清查核实、确权登记、评估认定,通过一定形式入股家庭农场、农民合作社、农业产业化龙头企业等经营主体,取得股价权利,持股村集体按股比获得分红。三是特色技艺物化入股。大力培养葫芦雕刻、砖雕木雕、民族工艺品加工、河州贤孝演艺等本土特色工艺和民族艺术人才，培训从事畜牧养殖、设施农业、现代服务业、林果业、乡村旅游等行业的专业技术、管理人才，使其带技术、带技能上岗入股，实现体力型劳务到以技能入股的实质性转变。

金融资金投入是推进"三变"改革的有力保障。临夏市将各级各部门投入农村的项目资金和村集体申请到的财政专项扶持资金，在符合资金使用管理规定和贫困县统筹整合使用财政支农资金、资产收益扶贫等法律法规及国家政策要求前提下，量化为村集体或贫困户享有的股金，投入经济效益好、发展前景广、具有法人资格的经营主体。经营主体将这些资金投入到农村基础设施、水电产业、乡村旅游等，形成的固定资产项目和经营性资产，再通过折股量化分红或固定收益等方式，形成村集体和农民的收入。例如，佳源牧业有限公司吸纳枹罕镇铜匠庄村 8 户建档立卡贫困户专项精准扶贫贷款 40 万元变为农民入股企业股金，入股群众年收益在 4000 元以上；与枹罕镇的 8 个村 131 户贫困户签订东西协作资金帮扶入股资金分红协议，入股分红每户每年 540—600 元；与枹罕镇的 4 个村，南龙镇的杨家村、妥家村签订了村集体经济资金合作协议，每村每年分红 6000 元。

"三变"改革属于市场经营行为，以资产资金入股，收益风险并存。临夏市坚持多措并举防控风险，全面保障农民、村集体和企业的合法权益。一是防范自然风险。针对特色设施农业、畜牧养殖业和林果业等易受自然灾害影响的产业，扩大农业保险范围，加大财政对保险资金的投入，引导商业保险进入。二是防范市场风险。对"三变"改革确定的富民产业和承接龙头企业，建立和推行行业部门评审、市级备案"风评"机制，由市财政每年预算内安排一定规模的资金作为风险补偿资金。三是防范法律风险。加强合同管理，组织律师、公证员团队，帮助农民规范法律手续。组建"三变"巡回法庭和"三变"检察室，重点防控和及时处理非法集资等违法违规问题。四是防控道德风险。金融部门建立"三变"改革信用评级机制，对入股农户和承接主体实行信用等级管理，加强财政、审计、舆论和社会监督。

（五）实施"菜单式"产业扶贫

2017年，临夏市脱贫攻坚进入攻克最后堡垒的关键阶段，剩余贫困人口的生产生活条件差、自身脱贫能力弱、致贫原因复杂，属于最难啃的"硬骨头"，且已脱贫人口可持续稳固脱贫的任务也较为繁重。根据甘肃省脱贫攻坚领导小组《关于完善落实"一户一策"精准脱贫帮扶计划的通知》精神，临夏市委、市政府安排全市各级各部门积极行动，整合涉农项目和财政专项扶贫项目资金，采取菜单式扶贫的方式为主落实"一户一策"精准脱贫帮扶计划，为366户未脱贫户每户安排2万元扶持资金帮助农户选择到户扶持项目，为764户巩固提升户和4059户历年建档立卡脱贫户每户安排1万元扶持资金帮助贫困群众确定适合自身发展的"菜单式"扶贫项目，确保稳定增收。

临夏市结合2017年底省级脱贫验收和第三方评估结果，确定了366户未脱贫户和764户巩固提升脱贫户为"一户一策"制定对象。临夏市在紧盯全市2017年底366户未脱贫户这块"硬骨头"的基础上，通过广泛调查分析，制定了针对历年脱贫户的"一低、二高、三不稳"认定标准。具体而言，历年已脱贫户家庭中，存在稳定收入高于脱贫标准但低于4200元，因子女上学、看病吃药等支出较高，家庭发生变故造成劳动减少、收入不稳定三种情况的脱贫户，即便户级11项脱贫指标均达标，也要认定为有返贫迹象，需要巩固提升的脱贫户。他们与366户未脱贫户一并制定"一户一策巩固计划和帮扶措施"。

临夏市根据贫困户实际,提供备选"菜单式"扶贫项目:(1)村级产业互助社入户补助,对自愿入社贫困户补助1000元/户,入社后能够从村级产业互助社借款。(2)钢架大棚补助,对贫困户钢架大棚建设补助10000元/亩。(3)蔬菜种植补助,对贫困户蔬菜种植补助1000元/亩。(4)经济林栽植补助,对贫困户啤特果、核桃、花椒等经济林种植补助1000元/亩。(5)中药材种植补助,对贫困户种植中药材补助1000元/亩。(6)良种羊补助,对贫困养殖户补助1000元/只。(7)良种牛补助,对贫困养殖户补助5000元/头。(8)良种猪补助,对贫困养殖户补助1000元/头。(9)良种鸡补助,对贫困养殖户补助50元/只。(10)入股分红补助,用于专业合作社或企业对入股农民进行分红,10000元/户。除了菜单式扶贫项目,未脱贫户和巩固提升户在医疗保障、教育保障和技能培训方面的政策、项目需求,安排相关行业部门按照部门职责,全面摸清需求,迅速落实对应政策和项目,确保制订的脱贫计划和帮扶措施全面落地见效。

临夏市根据"菜单式"到户项目规模和分布,及时安排财政、扶贫部门对接落实财政涉农整合项目资金,及时拨付"菜单式"到户项目预拨资金,保障帮扶措施落实。依据《甘肃省人民政府办公厅关于进一步加大资金投入扶持产业发展确保打赢脱贫攻坚战的通知》文件精神,临夏市及时制定、出台了临夏市精准扶贫到户项目方案和资金管理办法。产业扶持资金用于帮扶贫困户产业增收项目,扶持资金的所有权归属贫困户。到户产业扶持资金按农民意愿使用,但必须用于农业产业发展,坚决防止"一分了之"或用于非农业生产项目。到户产业扶持资金入股配股合作社或龙头企业要坚持农户自愿和群众参与原则,充分尊重农户的知情权、参与权和选择权,与奖勤罚懒挂钩。入股配股资金在确保本金安全的基础上,做到股权转让、退出自由，做到收益保底，同时确保贫困户有权按股份参与合作社和企业的分红，与见钱见物挂钩。鼓励龙头企业参与"菜单式"产业脱贫，积极探索出"企业＋合作社＋贫困户"精准扶贫精准脱贫带动模式，促进贫困群众持续稳定增收、降低风险。例如，临夏市佳源牧业有限公司通过"菜单式"扶贫项目资金入股的方式，吸纳的城郊镇、枹罕镇79户未脱贫户的"菜单式"扶贫项目资金79万元，以不低于每年9%的分红率进行分红，保证两镇79户未脱贫户在2018年至2020年的3年内每户年分红900元。

第一批到户资金对2017年底剩余未脱贫户366户，进行"菜单式"扶贫，其中200户选择入股分红、166户选择牛羊养殖和蔬菜种植项目。第二批到户资金涉及全市建档立卡户5372户，采取"菜单式"模式对每户扶持1万元资金，其中自主发展1038户，其余为企业、合作社入股分红。对于选择养殖、种植的贫困户，经镇村确定审核后，前期拨付80%到户资金，用于项目实施。临夏市制定验收标准，组织开展验收工作，验收完成后将验收结果上报市扶贫办，由市扶贫办审核后拨付剩余的20%资金。在全市"一户一策"脱贫（巩固）计划和帮扶措施制订完成后，临夏市组织5个验收组，按照未脱贫户全覆盖、巩固提升户每村抽查不少于20户的方式，对全市36个行政村开展了为期3天的"一户一策"制订情况综合验收，共入户725户（其中未脱贫户366户）。经验收，全市未脱贫户中计划制订结合农户实际、帮扶计划切实可行、表册填写完整详细，达到合格标准。

各行业部门根据贫困户选择项目实施内容，进行对口指导帮扶。农牧部门组织49名专业技术人员，常年对全市36个村进行全覆盖蹲点指导，加强技术指导服务，对贫困户在项目实施过程中遇到的问题，进行现场解答。按照"一户一策""菜单式"扶贫工作的要求，指派25名专业技术人员包村蹲点负责全市 36 个村和 5 个社区的畜牧兽医技术服务指导工作，同时为方便群众随时联系，在村委和社区张榜公示了 25 名畜牧兽医技术服务人员名单及联系方式。包村蹲点的 25 名专业技术人员重点工作是对从事养殖的建档立卡户开展上门技术指导服务，保障建档立卡户的养殖质量和养殖效益。工信、商务、畜牧等部门加强吸纳入股分红企业、合作社的业务和资金监管，保障资金安全，按期支付分红。卫计、教育、人社、医保等部门按照部门职责，全面落实医疗保障、教育保障和技能培训方面对应政策和项目。同时，各帮扶责任人在开展走访入户工作中，帮助农户落实各项帮扶措施，根据农户家庭实际，及时对"一户一策"帮扶措施进行动态运转和更新完善。

临夏市强化对"一户一策"帮扶措施落实的督查，确保"一户一策"工作不停留在"制订"层面，有效对接落地见效。一是实行严格督查机制。临夏市成立由两办督查室、扶贫办、农办人员组成的联合督查组，在全市 4 镇 36 个村开展巡回督查。督查重点包括统计的措施是否全面准确、对接落实的政策项目是否到位，是否达成了"一户一策"中列出的扶贫计划等。二是建立落实销号机制。以每个"一户一策"对应的具体帮扶措施为需求清单，以市上综合统计结果为对接清单，由帮扶责任人作为具体落实人和记录人，落实一件、标注一件、办好一个、销号一个，在"一户一策"表册中进行记录。三是各行业部门对接落实"一户一策"政策项目情况，由各镇和行业部门分别统计，每周 1 报，便于市上全面掌握工作进度和成效。临夏市坚持在每周一召开的脱贫攻坚调度会上对"一户一策"进度进行通报，确保制订的脱贫计划和帮扶措施尽快落地见效。

三、产业扶贫的成效

"半城半乡"是临夏市城乡关系的最大特征,而临夏市也步入了城市带动农村的新阶段。临夏市紧扣市辖乡带来的市场优势和区位优势,突出以城带乡,因地制宜地选择具有比较优势的特色产业,如设施蔬菜、花卉产业、乡村旅游,同时补齐产业发展的金融、组织短板,搭建贫困户和贫困户利益分享机制,保证了产业扶贫的可持续性和贫困户的增收致富。

(一)带动了一批贫困户脱贫致富

临夏市富民增收产业成为贫困村农民脱贫致富的重要支撑,5943户贫困户加入各类产业扶贫行列,共使5582户贫困户通过产业发展实现稳定脱贫。贫困村农民人均纯收入增幅高于临夏市全市平均水平,实现了贫困村有富民增收产业、贫困户有增收门路、劳动者有增收技能。发展城郊型农业的农户已经达到1500多户,吸纳农村劳动力就业3000多人。2017年临夏市脱贫的1503人中通过发展旅游业实现脱贫的就有193人。选择牛羊养殖和蔬菜种植项目的贫困户,养殖的牛羊和种植的蔬菜长势良好,资金效益发挥明显。例如,清河源清真食品股份有限公司采取"龙头企业+合作社+养殖企业+农户"模式发展畜牧产业,直接带动了周边3600多户农户发展畜牧养殖,解决当地群众就业2400多人,带动3万多人从事畜牧产业。龙头企业和合作社积极吸纳贫困户精准扶贫贷款、东西部协作帮扶资金及"菜单式扶贫"项目资金,贫困户参与分红的发展模式取得明显成效。通过菜单式项目实施,选择入股分红的贫困户每年收到每户650元的保底分红,年底根据合作社和企业收益情况,还将有200—300元分红。

（二）形成了一批城郊特色农业产业

临夏市通过"玉米改菜、改花"，调减经济效益较低的玉米种植面积，打造以无公害蔬菜、鲜食果品种植为主的设施农业、休闲农业和观光农业，以"粮改饲"统筹"种养加"一体的现代畜牧业，优化了农牧业产品结构、产业结构和空间布局，促进了农村一二三产业融合发展。2018年，"粮改饲"累计完成15111亩，农民亩产增收800元，农业综合收益提高1200万元。无公害蔬菜种植园区、花卉苗木繁育园区使绿色优质农产品供给明显增多，促进了临夏市建成临夏州绿色无公害蔬菜生产基地和生态循环农业示范基地。仅折桥镇2017年新增设施蔬菜种植面积近1030亩，其中日光温室50亩、大小拱棚近980亩。临夏市乡村旅游蓬勃发展，2017年，全市共创建专业旅游村4个，国家级旅游扶贫试点村2个，农家乐217家，其中星级农家乐16家。在全省旅游发展大会上折桥镇折桥村、穆清庄园农家乐被评为全省旅游行业先进典型，被省旅发委授予全省乡村旅游示范奖。2017年，共接待乡村旅游人数81.8万人次，实现旅游收入14754万元。临夏市以肉牛、肉羊异地育肥为主的"牧区繁殖、农区育肥"的现代畜牧业生产格局已基本形成。截至2017年底，全市已建成规模养殖场142个，其中创建部、省、州级标准化示范场20个，全市畜牧业增加值达到1.125亿元。全市畜产品加工企业26家，年生产加工肉品12000多吨，年加工鲜奶5000多吨。省州市各类畜牧业建设项目的投入力度不断加大，年均投入400万元以上，带动和发展畜禽规模养殖户达550多户，养殖户效益年均在2万元以上。

（三）补齐了贫困户发展产业的资金短板

资金缺乏是临夏市贫困户主要致贫的原因。自实施以来，临夏市共发放小额扶贫贷款3735户18655万元，做到了准确、高效。通过对2015年发放的全市第一批2104户贷款户上报需求中的贷款用途分析来看，将贷款用于养殖业的846户占40%，用于商贸流通方面的666户占32%，用于亲属间带动创业和自主发展的358户占17%，用于种植业的208户占10%，用于加工业的26户占1%，基本上与临夏市特色支柱产业、传统优势产业，与贫困户自身条件与发展水平相符。同时，临夏市努力把精准扶贫小额贷款与培育特色产业发展结合起来，与支持农民专业合作社、农家乐、乡村旅游等新型农业经营主体结合起来，取得了明显效果。临夏市城郊镇的餐饮商贸、枹罕镇的养殖业、折桥镇的特色种植和农家乐、南龙镇的劳务产业逐渐兴起，不断壮大，对临夏市精准扶贫户稳定脱贫发挥了较强的带动作用。创业增收、"造血"发展带动效益已经显现，初步预计贷款户利用贷款年均增收将达到3500元以上。

自2013年筹建运行以来，临夏市村级互助合作社成效显著。截至2018年11月底，全市入社农户达到4911户，其中建档立卡户1975户，注资总额4486万元。现已累计发放借款8216户，金额16416万元；回收到期借款6106户，金额12399万元；累计逾期30户69万元，借款回收率为99.8%。临夏市36个互助社年度收入共计236万元，其中占用费收入230万元，逾期占用费收入2.6万元，利息收入2.9万元。共计提：社员分红16.1万元，企业分红计提44万元，风险准备金计提37万元，互助社人员报酬56万元，管理站办公费5万元，互助社办公费7.5万元，转增本金56万元。互助社的健康运行，解决了社员借款难借款贵的问题，为精准扶贫精准脱贫工作作出了有力的贡献。通过对已发放的贷款户贷款用途的调查分析来看，将贷款用于养殖业的约占37%，用于商贸流通方面的约占35%，用于自主发展的约占17%，用于种植业的约占8%，其他类型的约占3%，支持农户创业增收、"造血"发展的效益非常明显。

在枹罕镇王坪村中庄社，有一处小型牛养殖场，这是该村村民杜万发脱贫致富的产业。每天他都会来牛场，喂牛、打扫卫生，虽然辛苦却很充实。杜万发是王坪村2015年建档立卡的贫困户，受益于产业帮扶的精准扶贫精准脱贫政策，杜万发通过养殖业在2016年顺利实现脱贫。一分耕耘一分收获。如今他不但脱了贫，每年还有几万元的纯收入，成了王坪村脱贫的典范。杜万发说，之前由于缺乏资金，养牛不成规模。为了贴补家用，偶尔外出打工，活儿也时有时无，收入并不可观。所以每天虽然很忙，但日子还是过得紧巴巴。2015年，精准扶贫精准脱贫行动提出了产业扶贫的好政策，这给杜万发带来了扩大养牛规模的机遇。通过精准帮扶措施，杜万发成功贷款扶贫资金5万元，逐渐扩大了养牛规模，从最初的一两头牛发展到了现在的40多头，经济收入持续增加，日子越过越有盼头。

（四）补齐了小农户与现代农业相衔接的组织短板

临夏市通过发展多种形式的适度规模经营，培育新型农业经营主体，健全农业社会化服务体系，初步构建了集约化、专业化、组织化、社会化相结合的现代农业经营体系，促进了小农户与现代农业的有机衔接。2013年以来，临夏市努力发展土地流转、土地入股等多种形式的适度规模经营，积极培育农业合作社、"企业+农户"等新型农业经营主体，加强职业农民和农业合作社带头人培训，用好村级产业发展互助社和精准扶贫专项贷款，使种养大户、家庭农场、农民合作社、龙头企业不断发展壮大，逐步成为发展现代农业的主导力量。全市农民专业合作社达到164个，加入合作社成员达到2797个，占全市农村人口的3%，带动农户7623户。从产业分布看，大多分布在第一产业，从事蔬果种植业24个，花卉苗木种植业41个，畜牧养殖业的81个（生猪饲养的6个，奶牛、肉牛、羊养殖的75个），农机服务业的7个，其他农畜产品加工业的13个。其中：国家级示范社1家、省级示范社8家、州级示范社19家、县市级示范社28家。全市20个贫困村中建立合作社95家，建档立卡贫困户参与685户，达到了每个贫困村至少有2个农民合作社的目标要求，贫困村农民合作社覆盖率达到100%，全市建档立卡贫困户参与合作社934户。新型农业经营主体通过带动贫困户改进生产技术、提高农产品产量、降低生产成本、解决市场销路，提升了贫困户发展生产的内在动力，将以往的"输血"式扶贫转变为现在的"造血"式扶贫。

（五）村集体经济不断壮大

临夏市变"输血"为"造血"，盘活村集体固定资产，挖掘集体公共资源优势，大力扶持发展城郊型农业，实施"一镇一业"产业对接和"一村一品"产业培育工程，实施农业农村"三变"改革，形成了镇镇有主导产业、村村有富民项目的产业增收新格局，村集体经济不断壮大。临夏市培育形成了一批具有较强竞争力的"一村一品"专业村，全市20个贫困村都有富民增收产业，贫困村富民增收产业收入至少占到当年收入的50%。以折桥镇无公害蔬菜基地和大庄千亩城市农业基地为依托，鼓励村级组织结合农业综合开发，领办和创办高效农业、设施农业、生态农业、观光农业示范项目，带动农民发展优势明显和特色鲜明的主导产业，壮大村级集体经济实力。依托八坊清河源、清源、康泰清真牛羊肉生产企业辐射带动作用，以枹罕镇畜牧养殖园区为核心，在枹罕拜家、马彦庄、石头洼、聂家、南龙单子庄、杨家、罗家湾等贫困村、社，重点发展奶肉牛、肉羊规模养殖，打造形成了西部地区清真牛羊肉及系列熟食品加工基地。发展形成了以南川村、尕杨家村为中心的物流运输、汽车销售、汽配维修、二手车交易等商贸物流和劳务服务产业。如今，临夏市村级集体经济实力明显增强，集体积累逐年增加，发展后劲较强，初步建立了具备充分活力的村级集体经济自我发展机制，不断满足农村基层组织建设、村级公共服务和各项管理支出需要。

截至 2017 年底，临夏市贫困村集体经济发展取得了可喜的成效，集体经济收入均有增长。例如，枹罕镇铜匠庄村 2016 年集体经济收入为 27500 元，2017 年集体经济收入为 36280 元，增长 31.92%；南龙镇张王家村 2016 年集体经济收入为 19300 元，2017 年集体经济收入为 29166.79 元，增长 51.12%。其中 2014 年集体经济收入最少的罗家湾村收入达到 4.82 万元，收入最多的城郊镇木场村达到 17.13 万元。现已全面消除了集体经济"空壳村"。

临夏市还探索了"三变"改革的有效模式和典型，助力贫困户从"三变"改革中获益。例如，南龙镇马家庄村带领群众发展乡村生态旅游产业，成立了马家庄村众兴花卉产业农民专业合作社，集资兴办了占地 2.33 万平方米，设有马术表演区、矮马娱乐区、蒙古包休闲体验区、饮食保障区 4 大活动区的马家庄村马术游乐城。现有马家庄村入股群众 118 户，其中：精准扶贫户 63 户，占全村建档立卡户的 100%，群众持股 1090 股（每股 1000 元），2018 年底实现第一年度分红，解决就业岗位 50 余个。南龙镇尕杨家村通过土地流转入股、资金入股分红等方式，成功将原尕杨家建材厂转型投资兴办成为华通商贸有限责任公司，拓宽群众增收致富渠道，发展壮大了村级集体经济。

第七章 临夏市以就近就业推动就业扶贫

就业扶贫是党中央和国务院确立的实现2020年全面脱贫目标的重要途径。2017年6月23日，习近平总书记在深度贫困地区脱贫攻坚座谈会上指出，一个健康向上的民族，就应该鼓励劳动、鼓励就业、鼓励靠自己的努力养活家庭、服务社会、贡献国家。近年来，临夏市立足本地城市化程度高的优势，把促进就近就业作为就业扶贫的重点，努力构建覆盖城乡劳动力的就业扶贫信息管理体系，有针对性地根据城市用工需求开展贫困户劳动力职业技能培训，鼓励本地用工企事业单位设立公益性岗位为贫困劳动力创造更多就近就业机会，有力推动了贫困群众就业创业脱贫，促进了产业升级转型和城乡融合发展。

一、贫困户面临的就业挑战

人多地少的资源禀赋决定了临夏市农户仅靠从事传统农业生产难以脱贫致富，而州府所在地的地理和市场优势使就近进城务工成为临夏市农村劳动力增收的重要渠道。改革开放以来，临夏市劳动力要素的非农化态势明显加快，大部分农村劳动力就近涌入市区，积极在城市中寻找工作机会，实现了脱贫致富。但是，仍然有一部分农村劳动力由于健康、技能等原因，无法实现就业或稳定就业，逐渐陷入贫困。在临夏市对贫困户致贫原因的统计中，有242户是因为缺劳力（主要是身体不健康）导致的贫困，占比4.08%。具体而言，在临夏市开展就业扶贫工作的过程中，主要面临着如下的困难与挑战。

（一）贫困劳动力人力资本水平较低

人力资本是劳动者通过对教育、培训、健康等方面的投资，或者工作和迁徙，而获得知识和技能积累。总体来看，临夏市贫困户身体健康状况欠佳，教育程度低，就业技能不足，人力资本处于较低水平。部分贫困劳动力的身体健康状况欠佳。如表7-1所示，根据临夏市2018年建档立卡贫困户的资料，在临夏市具备劳动能力的贫困人口中，身体健康的贫困劳动力为15025人，占比93.58%，剩余6.42%的贫困劳动力均处于非健康状态。这些人由于身体原因难以离家外出务工，并且很难从事对体力要求较高的工作。特别是对患有大病和残疾的贫困劳动力来说，在从事很多类型的工作时都会受到限制。

表7-1 临夏市贫困劳动力身体健康状况统计表

健康状况	人数（人）
健康	15025
大病	15
残疾	246
长期慢性病	744
残疾+长期慢性病	25

（数据来源：临夏市扶贫办）

贫困劳动力教育水平低和就业技能明显不足。一方面，临夏市贫困劳动力的文化程度普遍偏低。根据临夏市2018年建档立卡贫困户的资料，如图7-1所示，临夏市小学文化程度的贫困劳动力共8720人，占比

57.52%。初中文化程度的贫困劳动力共 4763 人，占比 31.42%。文盲或半文盲的贫困劳动力共 421 人，占比 2.78%。在临夏市贫困劳动力中，初中及初中以下学历的占到了 91.72%，整体受教育水平亟待提高。另一方面，临夏市贫困劳动力的职业技能水平较低。根据临夏市 2018 年建档立卡贫困户的资料，如表 7-2 所示，在临夏市所有的贫困劳动力中，技能劳动力仅为 106 人，占比 0.66%，其余绝大多数劳动力都是普通劳动力。同时，在临夏市对贫困户致贫原因的统计中，因为缺技术致贫的达到了 2042 户，占比 34.39%。综上，可以看出，临夏市贫困户中绝大多数劳动力的就业技能亟须提高，而这也是相当一部分贫困户的脱贫诉求。

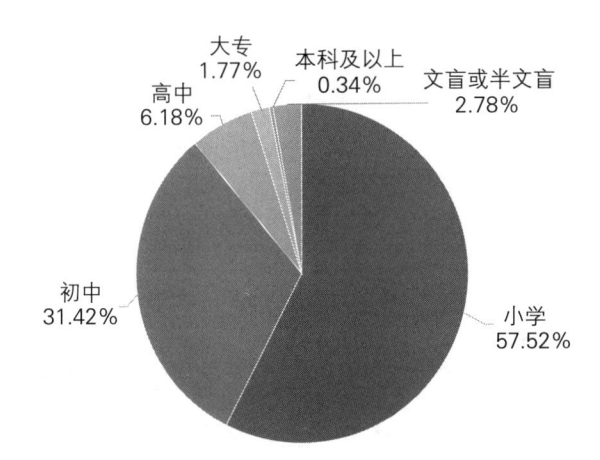

图 7-1 临夏市贫困劳动力文化程度（非在校生）

（数据来源：临夏市扶贫办）

表 7-2 临夏市贫困劳动力类型

劳动力类型	人数（人）
技能劳动力	106
普通劳动力	15904
弱劳动力或半劳动力	45

（数据来源：临夏市扶贫办）

（二）部分贫困劳动力存在"等靠要"思想

在临夏市就业扶贫的过程中，部分贫困劳动力"等靠要"的消极就业思想较为严重。一些贫困户的"懒汉思想"根深蒂固，一味坐等政府支援，不愿主动作为。有的贫困户乐于坐享其成、不劳而获，甚至把争当贫困户看成了一种荣耀。他们张口就是要钱，伸手就是要物，认为帮扶他理所当然。还有的甘愿守着清贫，等着救济补贴，天天盼着"天上掉馅饼"。这些贫困户将政府的扶贫工作看作一项福利，不愿意从事普通岗位的工作，认为工作辛苦、收入偏低，还得受约束。所以他们宁可依靠政策兜底勉强度日，也不愿通过自身努力脱贫致富，奉行"坐在门口晒太阳，等着政府送小康"的观点。这种存在于部分贫困劳动力中的"等靠要"思想，使得临夏市在开展就业扶贫工作时，面临着农村贫困劳动力不愿主动参与的窘境。

（三）农村劳动力本地就业层次和稳定性较低

从临夏市农村劳动力的收入结构来看，农业经营性收入所占比重较小，劳务产业成为增收的主导产业，但临夏市农村劳动力的整体就业层次偏低，稳定性较差。一方面，临夏市自然资源匮乏，高产高效农业发展受限。临夏市四面环山，地狭人稠，农村人均耕地面积仅为0.3亩，有些镇村甚至人均不足0.1亩。气候干旱少雨，且降水时间非常集中，5—9月的降水量基本上就占到全年降水量的80%。并且，水资源地域分布极不均衡，水土流失现象较为严重，人畜饮水面临较大的困难。因此，临夏市的禀赋条件限制了高产高效农业的发展，整体农业发展水平较低。这严重制约了农村劳动力的就业层次和稳定性，给农村劳动力依靠农业生产脱贫致富带来较大的困难。

另一方面，临夏市县域经济层次较低，产业带动能力较弱。临夏市富民产业的高效化、现代化、规模化程度还不高，产业链条短、产品单一，市场竞争力弱，大多涉农企业和农民专业合作社规模小、组织化程度低、自身发展困难，龙头企业带动当地群众增收致富的作用发挥不够。乡村旅游、电子商务等新兴产业刚刚起步，还没有完全形成示范效应。并且临夏市规模以上工业企业较少，大多数企业还处于"弱、小、散"的状态。对就业扶贫工作而言，农村劳动力通过从事工业生产来实现稳定增收缺乏平台支撑。但是，临夏市作为临夏回族自治州的首府，城镇化水平较高，基础性服务业岗位较多。但受学历、技能所限，大部分农村劳动力以体力型务工为主，整体就业层次偏低。同时，农村劳动力中打零工的较多，常年稳定从事一个职业的较少，整体就业受务工市场影响较大，收入不稳定。

（四）农村就业服务可及性不足

长期以来，临夏市在就业理念上一直存在"重城镇、轻农村"的现象，呈现出城乡二元分割的局面。城镇就业被临夏市视为就业工作的重中之重，农村劳动力就业则处于相对次要的位置。相比城市而言，农村的就业管理和服务体系还有许多不完善的地方，使得农村劳动力难以享受到基本公共就业服务，这也是农村贫困劳动力难以实现稳定就业的重要原因。换言之，临夏市就业政策的制定存在一定程度上的偏向性，主要照顾城市劳动力的就业，没有充分考虑到农村劳动力的现实情况，就业管理和服务体系没有实现由城市向农村的延伸，许多就业促进政策的覆盖面不够广。

基于这种就业理念，临夏市对农村劳动力资源调查等基础性工作的开展不够扎实和深入，对农村劳动力技能培训、转移就业等情况未能充分把握，特别是对农村贫困劳动力的就业情况关注度不够。临夏市的就业资金预算未能与经济发展水平通过制度性安排相挂钩，在某种程度上具有一定的随机性，特别是农村的就业资金投入远不能满足现实的工作需要。由于资金投入不足，部分针对农村劳动力的就业扶持政策很难落实到位，尤其是培训促进就业的功能无法得到充分发挥，农村劳动力的培训补贴普遍偏低，且培训时间较短、培训层次较低，这在很大程度上降低了农村劳动力参与培训的积极性。临夏市农村劳动力的对外输转机制还不够成熟，使得劳务输出呈现一定程度的无序性和盲目性，组织化程度不高。同时，临夏市人力资源和社会保障服务机构的建设和工作开展尚不均衡，与发达的城镇社区相比，农村的基层就业服务平台在人员配备、服务功能等方面还比较薄弱，基层的农村劳动保障协理员队伍还没有全面建立起来，就业服务没有真正扎根到基层。从整体机制上来看，临夏市的就业组织管理体系、公共就业服务体系、劳动执法监察体系，都是按照管理和服务城镇就业的模式建立的，很多就业服务机制并不适合农村的现实情况，对农村劳动力的就业服务还有很多不到位的地方。

二、就业脱贫的主要做法

自2013年脱贫攻坚战打响以来，临夏市委、市政府认真学习和贯彻习近平总书记关于扶贫工作的重要论述，坚持以省州就业方针政策为指导，将全市有就业能力且有就业意愿的农村贫困劳动力作为就近就业扶贫的主要对象，通过构建精准就业扶贫信息管理系统，打造精准、对接就业的职业技能培训体系，设立公益性岗位，开设"扶贫车间"，强化东西劳务协作等一系列举措，帮助贫困劳动力全面提升就业技能，拓宽就近就业渠道，实现多领域就业和稳定增收。临夏市通过就近就业扶贫帮助全市打赢了脱贫攻坚战，成功实现了"就业一人、脱贫一人"的工作目标，并进一步带动了临夏市经济社会的全面发展。临夏市在推进就近就业扶贫的过程中,主要采取了以下做法。

(一)构建农村贫困户就业信息管理系统

为了进一步完善针对农村贫困劳动力的就业管理和服务体系,临夏市结合贫困户精准识别过程和成果,将城镇劳动力就业信息管理系统向农村延伸,构建了一套覆盖所有贫困劳动力基本信息、培训情况和就业情况的信息管理系统(工作台账),以实现对就业扶贫工作的全程管理,充分保障就业脱贫的效果,做到所有贫困劳动力"基本信息准、培训情况明、就业状态清"。在这一过程中,临夏市的主要做法如下。

扎实开展贫困劳动力入户调查,确保录入信息真实准确。临夏市扎实开展针对农村贫困劳动力基本信息的统计工作,打造准确详细的基础台账。在完成对建档立卡贫困户的认定之后,由临夏市人社局牵头,在城郊、折桥、枹罕、南龙四镇政府的大力配合下,临夏市开展了针对全市贫困劳动力的入户摸底调查。在具体的执行过程中,工作任务被分解落实到村,由村委和帮扶干部挨家挨户地去贫困户家中了解情况,对全市所有贫困劳动力的健康状况、文化程度、劳动技能、务工状况、培训意向、就业意向进行登记,全面了解农村贫困劳动力的基本信息,为后续就业扶贫政策的制定和落实提供依据。同时,人社部门向各村派驻工作人员,对调查工作进展进行全程跟进,并完成登记结果的审核和录入工作。

动态更新培训和就业信息,确保管理专业化和精准化。在完成基础台账的构建之后,临夏市人社局对各镇、街道基层劳务专干、村"两委"、驻村帮扶干部开展了以"数据统计、电子信息系统操作和台账管理"为主要内容的专题业务培训,全面提升基层各单位的就业信息管理能力。并且,伴随着就业扶贫工作的不断推进,人社部门、村"两委"和驻村帮扶干部,继续对全市贫困劳动力的技能培训情况、被本地企业吸纳的情况、参与公益性岗位的情况、参加"扶贫车间"的情况、参与对外劳务输转的情况进行逐项登记，每名贫困劳动力的培训情况和就业状态都会充实进基础台账之中，构建准确详细的农村贫困劳动力就业信息管理系统。同时，每个季度各镇、各村都会重新统计贫困劳动力的培训和就业情况，并上报人社部门进行汇总，以提高工作台账的真实性、准确性。人社部门借此全面了解临夏市贫困劳动力的培训和就业状态，掌握就业扶贫工作的具体进展和面临的问题。

截至2018年，临夏市针对贫困劳动力所构建的就业扶贫信息管理系统，基本实现了一村一册、乡镇入库、分级汇总、系统管理，做到了不漏一户、不差一人、不缺一项，并通过及时更新培训和就业状态，确保了信息的真实有效。

（二）实施"一户一人一技"培训

为应对贫困劳动力在职业技能上的不足，完善农村就业服务体系，提升农村贫困劳动力的技能水平进而提高就业层次，临夏市压实扶贫、教育、农牧、妇联等部门的责任，把提升贫困劳动力技能水平，作为助力贫困户增加收入、脱贫致富的重要抓手。临夏市根据本地就业市场需求及农户意愿，按照"一户一人一技"的目标和"缺什么、补什么，需什么、教什么"的原则，科学设置培训项目，以各镇村建档立卡贫困人口为重点，开展为期10—15天、全员免费的职业技能培训，努力实现贫困户中有培训需求的劳动力免费培训全覆盖，以技能促就业，帮助贫困劳动力技能立身。临夏市主要从以下几个方面来打造精准、全员、对接就业的培训体系。

1. 培训内容精准对接本地市场和贫困劳动力需求

技能培训精准对接市场需求。由临夏市人社局和市职教中心以及相关培训机构共同确定的培训项目，既能够精准对接市场需求，又能够精准对接贫困劳动力的需求，使贫困劳动力最终可以获得与临夏市用工需求和自身发展相匹配的实用就业技能。在培训专业的设置上，临夏市人社局事先对用工需求进行深入细致的摸底调查，及时了解和掌握市场动态，并以准确翔实的数据为依据进行短期或中长期预测，为制订培训计划和组织培训工作提供重要参考依据。同时，市人社局及时将市场前景好、用工量大、工资待遇高的项目纳入贫困劳动力技能培训的项目范围。这种带有很强针对性的实用性技能培训，可以大大降低贫困劳动力的就业难度。

技能培训精准对接贫困劳动力的需求。在培训之前，各镇组织村"两委"和驻村帮扶干部对贫困劳动力进行深入细致的摸底调查，对培训需求进行到村、到户、到人的摸底，对每个贫困劳动力的个人情况、从业状况、技能水平、培训需求和愿望进行登记造册，准确掌握需培训的贫困劳动力的人数，贫困劳动力的培训意向、工种等信息。通过分析培训对象的现实能力特征、差异、潜质、能力素质结构、实际工作要求等，根据现有的培训科目内容，合理安排与贫困劳动力自身条件相适应的实用技能培训，从而开展有针对性、差异化的培训，真正做到因人施教。例如考虑年轻人学习能力较强、文化水平相对较高的特点，进行电子商务、计算机应用、清真餐饮等科目培训；考虑中年人踏实肯干、性格沉稳的特点，进行挖掘机、装载机、电工电焊等技能科目培训。

截至2018年，临夏市根据市场需求和贫困劳动力需求，已开设旱作农业双垄沟播、田间管理、设施蔬菜栽培、生产管理、病虫害防治、饲养管理、疫病防控、草料利用、农产品保鲜、家政服务、工程机械、汽车驾驶、电工电焊、装载机操控、挖掘机操控、民族清真餐饮、计算机应用等培训专业涵盖农业技术培训、农产品加工培训、务工培训、电商培训等多个领域，显著提高了农村贫困劳动力的职业技能。

2. 多举措提高贫困户培训参学率

受到思想观念、学习能力、家庭负担、身体健康状况等因素的影响，部分贫困劳动力参加培训的积极性不高。为此，临夏市通过以下举措着力提高贫困劳动力参加技能培训的参学率。

（1）强化培训政策的宣传力度。临夏市充分利用市电视台、广播电台、市政府网站等媒体平台，通过在各镇电子显示屏滚动播放、上街悬挂横幅、发放政策宣传单等方式，扩大职业技能培训政策宣传的覆盖面，提高农村贫困劳动力对就业技能培训政策的知晓率。此外，临夏市积极组织基层村干部和帮扶人员亲自到贫困户家中进行就业培训政策的宣传，鼓励贫困劳动力转变固有的思想认识，积极利用农闲时间参加技能培训，增加自身就业创业本领，拓宽增收致富门路。

（2）对就业技能培训合格的贫困劳动力发放培训补助。为了激励贫困劳动力认真对待职业技能培训工作，掌握扎实的就业技能，临夏市对顺利完成职业技能培训，并获得培训合格证书的贫困劳动力每人发放1200元的培训补助，极大地调动了广大贫困劳动力参与培训的积极性和学习热情。

（3）积极探索新的培训模式。为了提高贫困劳动力的参学率，临夏市通过下沉培训资源来探索对贫困劳动力进行技能培训的新模式。临夏市组织经验丰富的教师队伍在所辖四镇的贫困村专门设立培训点，采取"送培训下乡"和"培训大篷车"等方式开办移动式课堂，将技能培训服务直接送到了贫困户的家门口，极大地降低了贫困劳动力参加技能培训的成本，提高了贫困劳动力的参学率。例如，临夏市在开展"建档立卡贫困户一户一个'科技明白人'"培训工作时，就采用了两种培训方式。一种是集中培训，针对能够腾出时间、能够短期离开家庭的贫困劳动力，采取行政干部讲政策、专业人员讲技术、致富能人讲经验的方式，分类型、分产业、分时段集中开展培训。另一种是入户培训，针对脱离不开家庭、不能参加集中培训的贫困劳动力，采取农业科技人员直接进村入户的培训方式，因人施教、因户施策，做到面对面讲、手把手教，实现科技人员直接到户、良种良法直接到田、技术要领直接到人。

3. 增加投入提升培训能力和水平

临夏市职业技能培训的专业机构相对较少，整体培训能力相对较弱。要想实现对贫困劳动力技能培训的全员覆盖，提高职业技能培训的能力和水平是至关重要的。

临夏市加大财政投入，提高职业技能培训软硬件。临夏市从提升培训教师的业务水平入手，充分利用手中的培训经费，通过返聘技术能手、专业退休教师等方式，迅速提高了全市职业技能培训的师资水平。同时，通过购置、更新教学硬件设备，保障了培训工作的正常开展，让贫困劳动力不仅学到了高质量的理论教育，也学习到了实用的专业技能。如图7-2所示，自从2013年精准扶贫工作开展以来，临夏市连续多年在对贫困劳动力的技能培训方面进行大量资金投入，特别是2014年和2016年，临夏市对贫困劳动力技能培训的投入都超过了100万元，2016年更是接近200万元。2014年，临夏市实施了资源整合和职业学校迁建工程，市职教中心迁入新址，新增校舍建筑面积4500平方米，新增实训场地3000平方米，新增住宿公寓面积2400平方米。临夏市职业培训教师水平有了较大的提高，教学的硬件条件也得到了很明显的改善。截至2018年，临夏市职教中心有教职工116人，专任教师66人，其中高级职称教师22人，中级职称教师29人，双师型教师24人，本科学历48人，国家级职业技能鉴定质量督导员2人，省级职业鉴定考评员52人，省级职业指导师5人，具有48个工种的培训和鉴定资格。

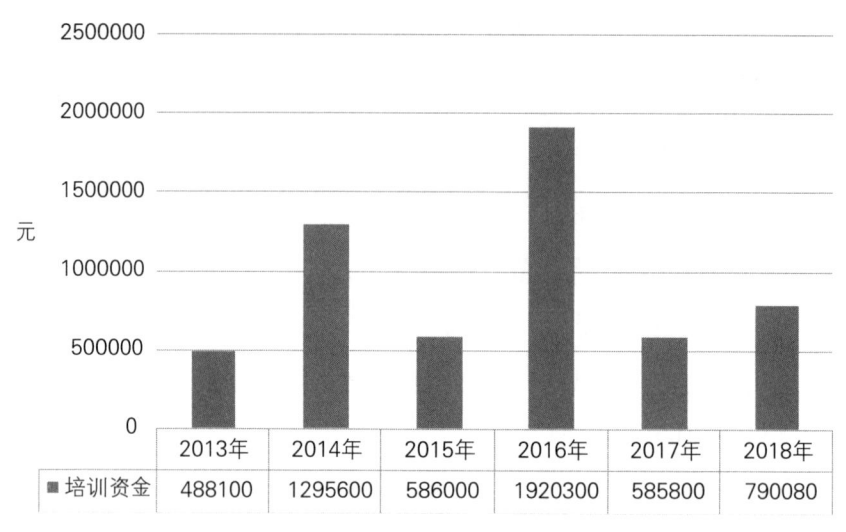

年份	2013年	2014年	2015年	2016年	2017年	2018年
培训资金	488100	1295600	586000	1920300	585800	790080

图 7-2　2013—2018 年临夏市对贫困劳动力培训投入资金

（数据来源：临夏市人社局）

临夏市全面深化与厦门市的职业技能培训合作，提升职业技能培训水平。临夏市积极开展与厦门市的中职教育合作，将厦门市职业技能培训中好的方法和做法充分介绍到临夏来。例如，临夏市直接邀请厦门市职业技能培训学校的骨干教师，来临夏具体指导贫困劳动力培训工作，努力实现"校校合作"，借助对口帮扶着力提升临夏市的职业技能培训水平。

4. 促进技能培训与企业就业无缝对接

临夏市在组织针对贫困劳动力的技能培训工作时，采取多种措施将职业技能培训与就业直接对接，提高培训的就业率。

（1）重视贫困劳动力的就业技能鉴定工作。完成职业技能培训之后，临夏市会组织专门机构对培训合格的贫困劳动力进行职业能力鉴定，并发放《职业资格鉴定证书》。这进一步降低了贫困劳动力的就业门槛，有效解决了贫困劳动力因无职业等级证书而影响就业的突出问题，增强了全社会对贫困劳动力职业技能培训的认可度，实现了贫困劳动力由体力型就业向技能型就业的转变。据统计，贫困劳动力培训合格持证后，岗位工资收入比培训前人均增加 300 元左右，稳定就业率比未参加培训前提升 10%—15% 左右。

（2）积极与市内外效益好、规模大、用工需求量大的企业联系沟通，深入相关行业和企业进行调研，签订定向培训和用人协议。根据协议重点开展"订单""定岗""定向"式贫困劳动力技能培训，实现培训完毕即可就业、培训与就业的无缝对接。临夏市对培训并吸纳临夏市籍建档立卡贫困劳动力的企业会给予培训补助。临夏市规定，企业与建档立卡贫困家庭劳动力签订 6 个月以上不满一年劳动合同的，按 1000 元/人的标准给予培训补助；签订一年以上（含一年）劳动合同的，按 2000 元/人的标准给予培训补助。针对企业的奖补措施极大地提高了企业吸纳贫困劳动力的动力。由企业直接完成针对贫困劳动力的培训和就业，既减轻了政府的负担，又提高了培训的效率和针对性。

（3）专门召开针对已完成技能培训的贫困劳动力的对接招聘会。临夏市通过政府职能部门与企业和用人单位对接联系的方式，依靠"政府搭台，企业唱戏"，拓宽贫困劳动力的就业门路，积极为临夏市已完成技能培训的贫困劳动力搭建就业平台。2016 年，参加招聘会的企业达到了 62 家，涉及临夏市的餐饮、工业、商贸、农牧、房地产等诸多领域，共计提供就业岗位 662 个。招聘会有力地推动了贫困劳动力技能培训后的就业服务工作，取得了实实在在的成效，加快了临夏市就近就业扶贫的步伐。

5. 严格把关绩效考核和满意度调查

临夏市在对贫困劳动力开展技能培训的过程中，对承担培训任务的培训机构坚持严格监管，由市人社局制定清晰完善的培训操作规范，以保证培训的质量，让贫困劳动力真正获得一门就业的技能。在此基础上，临夏市注重对贫困劳动力技能培训的绩效考核，并根据考核情况对技能培训进行动态调整。首先，临夏市组织专门机构对完成培训的贫困劳动力进行职业能力鉴定，考核实际的技能培训效果，对考评合格的贫困劳动力发放《职业资格鉴定证书》。其次，技能培训结束后，临夏市会针对接受培训的主体开展培训满意度调查，认真听取贫困劳动力对培训内容、课程设置、培训方式及培训效果的评价，征求改进的意见和建议。最后，当贫困劳动力经过培训并成功就业后，临夏市会开展用工满意度调查，认真听取聘用贫困劳动力的企业对技能培训的评价，及时了解技能培训对贫困劳动力在实际就业中的帮扶效果，并征求用工企业对技能培训工作的意见和建议。根据上述调查结果，临夏市不断优化培训的内容和方式，对培训进行动态调整，从而进一步提升培训质量。

（三）开发多种类型公益性就业岗位

为了照顾由于家庭原因和身体健康状况无法外出务工的贫困劳动力，提升贫困劳动力的就业稳定性，临夏市通过大力开发公益性岗位，向贫困劳动力提供稳定的就业机会，帮助其实现就地就近就业。总体来看，临夏市的公益性岗位种类较多，数量丰富，对贫困劳动力本地就业的带动作用非常明显。临夏市提供的公益性岗位可以分为三类：第一类是乡村公益性岗位；第二类是与临夏市基础设施建设和公共服务相关的公益性岗位；第三类是大学生就业扶贫专岗。

1. 乡村公益性岗位

临夏市乡村公益性岗位的设立开始于2018年，乡村公益性岗位主要聚焦于提供乡村基本公共服务。在开发乡村公益性岗位的过程中，临夏市主要采取了如下做法。

（1）准确认定帮扶对象。临夏市将乡村公益性岗位的帮扶对象认定为全市36个村中，建档立卡的零输转就业家庭（主要指无法离乡、无业可扶、无力脱贫家庭）中有就业愿望和劳动能力的贫困劳动力（不包括低保对象和村干部家庭成员），且年龄范围在16—60周岁。

（2）明确帮扶原则。乡村公益性岗位作为就业托底安置的重要手段，在实际推行的过程中必须确保公益性岗位落到最急迫、最需要的贫困群众头上。为此，临夏市一直按照如下的原则来开展有关工作：①坚持按需设置原则。岗位开发设置遵循因事设岗、以岗定人、因岗定责、总量控制的原则，做到科学安排，合理设置。②坚持精准落地原则。乡村公益性岗位的备选对象为建档立卡贫困户家庭成员，一户贫困户至多安排一人到岗。③坚持自愿公开原则。充分尊重村民意愿，在自愿报名的基础上按程序公开、公平、公正选拔聘用。④坚持统一管理原则。乡村公益性岗位人员由乡（镇）统一管理，原则上不跨村聘用。

（3）公开、公平、公正选聘人员。在乡村公益性岗位人员选聘的过程中，临夏市政府坚持公开、公平、公正的原则，制定了如下的选聘程序。

①公告。临夏市各镇政府在符合条件的村组，且村民活动较集中的醒目位置张贴选聘公告。公告包括：选聘资格条件、名额；选聘范围、程序、方式；岗位职责、岗位报酬；报名方式和需要提交的相关材料；其他相关事项。

②申报。符合条件的贫困人员根据自身条件和意愿，通过村委会向当地镇政府申报，提交相关资料。

③审核。根据申报材料和选聘条件，由镇政府组织对申报材料进行审核。

④考察。考察由镇政府组织行政村"两委"、村民小组长、镇扶贫站所干部采取谈话、查阅资料、实地调查走访等方式进行，重点考察申请人的政治素质、贫困状况及岗位适应程度。

⑤评定。由镇政府组成评审组，对符合条件的人员进行打分排序。本

着"脱贫、择优、公开"的原则,研究确定拟聘的乡村公益性岗位人员,并将拟聘用情况第一时间上报人社部门。

⑥公示。各镇政府将拟聘的乡村公益性岗位人员名单在行政村的醒目位置进行张榜公示,征求村民意见,公布举报电话。公示期不少于7天。

⑦聘用。公示期满后,对没有问题或者反映问题不影响聘用的,报经市扶贫办审核、市人社局审定后,由镇政府与其签订聘用协议,并上报市人社、扶贫、财政部门备案。

⑧开展岗前培训。聘用人员确定后,临夏市会按岗位类别组织岗前培训,使被聘用的贫困劳动力掌握岗位所需的基本规范和技能,熟悉岗位工作标准和相关要求,并及时安排上岗开展工作。

⑨信息录入。各镇政府将乡村公益性岗位聘用人员信息上报市人社局后,由就业服务中心按要求录入甘肃省就业信息系统下的乡村公益性岗位子模块中,便于省、州人社部门进行动态监管。

(4)合理设定岗位数量。临夏市的贫困人口并不完全只分布在贫困村,在非贫困村中也有分布,因此,乡村公益性岗位在贫困村和非贫困村中均有设定。从实际设定数量上来看,据表7-3提供数据可以得出结论,政府原则上为每个村提供了6个乡村公益性岗位的名额。考虑到临夏市现实的财政情况,由省级财政安排就业补助资金开发3个乡村公益性岗位,再由市级财政配套开发3个岗位,从一定程度上帮助临夏市减轻了财政压力。2018年,仅乡村公益性岗位一项,就为临夏市贫困劳动力提供了120个就业岗位,而且不用外出,在本村完成任务就可以领取每月500元的工资,很好地兼顾了贫困劳动力的家庭照料与就业脱贫。

表7-3 临夏市2018年乡村公益性岗位开发分解表

项目镇	岗位总数	村级类型	村级数量	岗位数	
				省级资金支持	市级资金支持
城郊镇	30	贫困村	2	6	6
		一般村	3	9	9
折桥镇	46	贫困村	4	12	12
		一般村	4	11	11
枹罕镇	70	贫困村	8	24	24
		一般村	4	11	11
南龙镇	66	贫困村	6	18	18
		一般村	5	15	15
合计	212		36	106	106

（数据来源：临夏市人社局）

（5）明确岗位种类和职责。临夏市乡村公益性岗位的种类丰富，主要包括乡村道路维护员、村级环卫员、乡村绿化员、乡村水电保障员、农村养老服务员、村级就业社保协管员、乡村公共安全管理员、乡村公益设施管理员等。这使得贫困劳动力在本村可以从事多种与乡村公共服务相关的工作。政府对每个岗位都设定了清晰的岗位职责（见表7-4）、科学合理的工作量、工作标准和工作规范，帮助贫困劳动力更好地完成乡村服务工作。

表 7-4　临夏市乡村公益性岗位职责划分表

岗位类别	岗位职责
乡村道路维护员	负责本村乡村道路日常维护和管理，路面清扫、路肩整修及公路沿线各类堆积物清理工作，组织对公路水毁等自然灾害阻断交通的紧急抢修工作
村级环卫员	负责本村公共区域卫生的保洁、清扫和管理，负责农户自家产生垃圾清理和院落周边保持洁净的督促、监督和管理，确保实现村域卫生院门净、路面净、路边净、墙根净、花坛绿化带净的"五净"的标准
乡村绿化员	负责村内庄前屋后、村组周边（空闲地、荒滩、荒坡、荒地）、通村道路两侧、河渠池塘等区域的绿化和管理，协助做好乡镇安排的绿化亮化美化任务
乡村水电保障员	负责本村农村饮水工程村级、社级管网、入户工程的日常管理、维护和抢修工作，水务突发事件的上报和应急处置，山洪预警"户户知"工程运行管理工作。搞好河坝、灌溉渠道等其他水利设施的维护管理工作。负责村民用电的服务和保障工作
农村养老服务员	对有农村特困人员供养服务机构（即农村敬老院）的乡村，提供生活照料和精神慰藉等养老服务
村级就业社保协管员	协助实施辖区内的劳动和社会保障管理服务工作，做好辖区内城乡劳动力转移就业工作。协助搞好救灾救济、优待抚恤、拥军优属和弱势群体救助工作
乡村公共安全管理员	负责本村社会治安综合治理，及时排查调处各种矛盾和纠纷，维护社会秩序。协助掌握辖区治安动态，做好治安信息收集、反馈，搞好群防群治工作。负责本村食品安全的监督管理。负责本村房屋等建筑安全的排摸、提醒和上报工作
乡村公益设施管理员	负责村级阵地、文化广场、乡村舞台、体育器械、路灯、公厕、垃圾箱、排水渠等公益设施管理

（数据来源：临夏市人社局）

（6）强化考核管理。为了使乡村公益性岗位的开展更有效率，临夏市强化了相关的考核管理工作，所采取的主要措施包括：

一是建立考核管理机制。由临夏市人社局、扶贫办、财政局等部门组成考核督导组，定期或不定期地对所有聘用人员在岗情况进行抽查。各镇、村委会负责对聘用人员每月进行考核，建立动态化管理台账。考核结果将作为核发岗位补贴的依据，凡平时考核或年终考核不合格的人员，由镇政府向市人社部门提出建议，经审核后，取消其服务资格，并由财政部门停止发放岗位补贴。

二是各镇政府与聘用人员签订《乡村公益性岗位人员聘用协议》。该聘用协议实行一年一签，一年期满后，贫困劳动力工作考核合格才可以续签。协议明确了双方的权利义务责任和相关保障，并由镇政府为聘用的贫困劳动力缴纳工伤保险，所缴费用统一由市财政承担。

三是建立聘用人员退出机制。临夏市规定，凡有以下情形的，将退出乡村公益性岗位：①入学、服兵役、转入城镇、户籍迁出或移居本村之外；②刑事犯罪；③终止就业需求；④不履行岗位职责；⑤由他人顶替上岗；⑥服务期满；⑦通过其他渠道已实现就业；⑧经认定其他不适合继续担任公益性岗位的情形。凡有人员退出时，镇政府会在当月月底前上报市人社部门审核，审核完成后财政部门停止发放岗位补贴。出现空岗时，各镇政府会按规定程序予以补充，并上报市人社局备案。

【案例】

今年44岁的马进芳家住临夏市枹罕镇王坪村。2009年，她的丈夫魏万虎在外务工时因脚手架倒塌而不幸受伤，最终鉴定为二级伤残，从此无法外出务工，每年只能享受1200元的伤残补助金。马进芳和她的丈夫育有一儿一女，儿子还在读高中，女儿今年刚刚大学毕业。由于供女儿读大学，该户因学致贫，被确定为王坪村的建档立卡贫困户。马进芳需要照顾身体残疾的丈夫，无法外出务工，只能在家务农，而务农的收入远远无法满足家庭的正常开销，致使家境愈发贫困。按照临夏市制定的《临夏市乡村公益性岗位实施方案》，马进芳家的情况符合临夏市乡村公益性岗位的申请条件，因此，她被聘为枹罕镇王坪村村级卫生保洁员。由于保洁员的工作格外辛苦，每月除了享受500元的乡村公益性补贴外，马进芳每月还可以额外领取1000元补助，月工资收入基本稳定在1500元左右。这样的工作安排，让马进芳既照顾了家庭又实现了稳定就业。女儿自2018年7月大学毕业后，与江苏南通的一家企业签订了劳动合同，也成功实现了就业，月工资达到6000元。最终，依靠着乡村公益性岗位和女儿的努力工作，马进芳全家彻底脱离了贫困。

2. 城市基础设施建设和公共服务类公益性岗位

在临夏市政府财政支出中，城市基础设施建设和公共服务是非常大的一部分，往往需要雇佣很多人来从事相关的工作。为了让有就地就近就业需求的贫困劳动力能够拥有就业机会，并解决临夏市自身产业基础很难提供更多稳定就业岗位的问题，自2017年起临夏市政府按照一定比例将一些城市基础设施建设和公共服务类岗位分配给贫困劳动力。截至2018年，已累计吸纳贫困劳动力1820人，对贫困劳动力的本地就业起到了明显的带动作用。为做好临夏市贫困劳动力就地就近就业工作，向贫困劳动力提供与城市基础设施建设和公共服务相关的公益性岗位，临夏市专门出台了《关于促进全市精准扶贫劳动力就地就近就业的通知》。

以涉农项目实施为依托，提供公益性岗位。临夏市规定，各项目单位要把四镇农村水利、道路建设和公共服务设施建设等涉农项目作为吸纳贫困劳动力就业的有效途径，积极组织项目施工单位吸纳本镇贫困劳动力参与建设施工，增加贫困劳动力的收入。在实施涉农项目和公共服务设施建设时，要求项目施工单位吸纳临夏市籍贫困劳动力用工率不得低于30%。

以城市重点工程建设和公共服务为依托，提供公益性岗位。临夏市规定，各部门要抓住城市重点工程建设的机遇，切实发挥政府投资和重大项目建设的就业带动作用。扶贫、人社部门要加强与发改、水电、园林、住建、交通和房产等项目主管单位的协调和配合，及时摸清城市重点建设项目的用工需求，及时发布岗位信息，积极引导贫困劳动力就地就近就业。同时，临夏市要求，各项目实施单位要把吸纳本市贫困劳动力就业作为一项必须完成的任务，施工单位吸纳临夏市籍贫困劳动力用工率不得低于20%。在城市公共服务方面，临夏市规定，城管、园林、给排水、供暖公司等有用工需求的单位，新增用工岗位重点要向有劳动能力但找不到就业渠道的建档立卡贫困家庭倾斜，让贫困劳动力可以参与城市公共服务建设。

3. 大学生就业扶贫专岗

2018年起，临夏市政府决定在各村开发大学生就业扶贫专岗，从全市建档立卡贫困家庭中遴选出优秀的尚未就业的高校毕业生，让其担任扶贫专干，每人每月由市财政给予3000元的岗位补助。这一做法，是临夏市政府瞄准具有较高教育背景的贫困劳动力，给予稳定就业机会的一项举措。这些来自贫困家庭的大学生，本身具备很强的工作能力，又非常了解临夏市农村生活的实际。让他们走进各村工作，一方面能够使这些大学生得到进一步的锻炼和提升，为临夏市农村基层干部队伍的建设储备人才；另一方面，可以在一定程度上提升临夏市农村的管理水平，为广大村民提供更好的服务。

在具体实施的过程中，首先由各镇负责在全市建档立卡户中开展摸底调查工作，并组织符合条件的人员（既是临夏市籍建档立卡贫困户，又拥有全日制大专以上文凭）到市人社局进行报名，同时对应聘人员进行初审。其次，市人社局会完成对应聘人员的资格审核工作，并组织笔试、面试等程序进行选拔。最后，将选拔的结果在各村进行公示，公示结束之后由扶贫办负责对符合条件的人员进行安置，明确其具体的工作岗位。

大学生扶贫专岗人员张艳平就是参与大学生就业专岗的典型例子。2014年，她从甘肃畜牧工程职业技术学院电气自动化技术专业毕业，随后参加多次基层招录考试都未通过。2015年底，她嫁到了王坪村的一户贫困家庭里。这家贫困户一共6口人，公公祁小林，52岁，在家附近干瓦工活。奶奶余存妮，69岁，无劳动能力。婆婆张玉芬，46岁，在家务农。丈夫祁伟伟，26岁，间歇性从事室内外房屋维修粉刷工作。她的女儿祁美馨今年刚满一周岁。由于家中老的老小的小，有劳动能力的人又缺乏一定的务工技能，致使家庭生活陷入困难。2015年结婚后，为了增加家庭收入，张艳平经常在临夏市内打零工，但是收入很不稳定。2018年7月，张艳平经过资格审核，报名参加了临夏市大中专毕业生扶贫专岗招聘，经过笔试和面试，最终被成功聘为枹罕镇王坪村大学生扶贫专岗人员，从事村委文书工作，每月享受专岗补贴3000元，实现了稳定就业。张艳平作为一名生活在贫困家庭的普通大学生，通过自身的努力和奋斗，成功被聘为扶贫专岗人员，实现了稳定就业，最终还带动全家顺利脱贫。

（四）建设"扶贫车间"促进就近就地就业

从2018年起，在厦门市政府的大力支持下，临夏市围绕特色农产品、来料加工品、民族特色工艺品、民族特色食品、日常生活用品等具有较强需求和比较优势的特色产业，鼓励和引导相关企业在镇、村设立"扶贫车间"，让留守妇女、农村贫困劳动力在家门口实现就业。为了保证"扶贫车间"的就业扶贫效果，临夏市结合本地的实际情况，专门制定了《关于扶持发展"扶贫车间"促进建档立卡贫困劳动力转移就业的实施意见》，用于指导"扶贫车间"建设工作。

1. "扶贫车间"设定原则

临夏市将农村贫困劳动力的就业作为建设"扶贫车间"的首要任务。具体设定原则如下：（1）坚持产业带动就业原则。临夏市"扶贫车间"的建设，坚持依托乡村产业发展，大力扶持农副产品加工、工业产品加工制造、手工艺品制作等劳动密集型产业的发展，创造更多就业岗位，吸纳贫困人口就业。（2）坚持居家就业原则。临夏市按照方便组织留守妇女、贫困家庭劳动力就地就近就业的原则，鼓励和引导企业将一些简单的生产环节引向农村，在镇、村设立厂房式"扶贫车间"，让留守妇女、贫困家庭劳动力在家门口实现就业。（3）坚持脱贫优先原则。临夏市的"扶贫车间"，将发展底子薄的建档立卡贫困劳动力作为就业扶贫的对象，对贫困劳动力进行免费技能培训，并优先为其提供"扶贫车间"的岗位，签订用工协议，使其拥有固定的收入来源，实现就业脱贫、劳动致富。

为了体现"扶贫车间"坚持脱贫优先的原则，临夏市在进行"扶贫车间"的认定时，将认定工作与贫困劳动力的就业牢牢挂钩，出台了"扶贫车间"吸纳贫困劳动力的具体规定。临夏市要求，吸纳临夏市籍建档立卡贫困劳动力10名以上（含10名）或满足用工总数中20%以上是贫困劳动力，并与贫困劳动力签订6个月以上的劳动合同，且能够按时足额发放劳动报酬的加工车间，才可以向人社部门提出"扶贫车间"的认定申请，再由市人社局会同市财政、农牧、工信、扶贫等部门进行认定。同时，被认定为东西协作"扶贫车间"，注入东西协作资金的企业每年要向注资地村委会按注入资金3%的标准分红，分红主要用于贫困户发展生产或改善生活。临夏市对"扶贫车间"认定规定的出台，对"扶贫车间"真正发挥扶贫功能，聚焦贫困人口起到了积极的作用。

2. 金融和财政优惠助力"扶贫车间"发展

为了促进"扶贫车间"吸纳农村贫困劳动力就业，真正发挥扶贫功能，临夏市出台了多项扶持政策促进"扶贫车间"带动贫困劳动力就业。对于吸纳贫困劳动力的数量和比例满足"扶贫车间"的认定要求的企业，临夏市优先将小微企业贷款、市级扶贫资金、合作社补助资金提供给"扶贫车间"。除此之外，临夏市还出台了大量的财政奖补政策促进"扶贫车间"吸纳贫困劳动力就业。临夏市规定，"扶贫车间"吸纳 10 名以上建档立卡贫困劳动力，且稳定就业半年以上、按时足额支付劳动报酬的，可给予 2 万元的一次性补助；稳定就业 3 年以上、按时足额支付劳动报酬的，可给予 6 万元的一次性补助。属于省级创业就业孵化示范基地（园区）的"扶贫车间"，吸纳建档立卡贫困劳动力达到用工总数 20% 以上，且符合资金补助条件的，当年度给予 60 万元的一次性补助。并且，临夏市鼓励"扶贫车间"对吸纳就业的建档立卡贫困劳动力开展岗前技能培训。凡是对贫困劳动力开展岗前技能培训的"扶贫车间"，临夏市给予每人每月 1600 元的补助，最多持续补助 3 个月。临夏市出台的这些扶持政策，对"扶贫车间"吸纳农村贫困劳动力就业具有明显的积极作用。

3. 建设多种类型"扶贫车间"

临夏市按照"有成熟的企业、有成熟的产品、有成熟的市场"的建设条件，鼓励和引导全市产品销路广、市场份额大、管理经营好的工业企业充分结合自身状况和各村实际，通过"企业＋农户"等模式，积极探索建设厂房式、居家式"扶贫车间"。同时，鼓励村集体发挥带动作用，探索建设合作社式"扶贫车间"，吸纳贫困劳动力在本村就业。临夏市大力建设的"扶贫车间"主要有以下三种类型。

（1）厂房式"扶贫车间"。临夏市采取"企业＋农户"的模式，依托现已成熟的企业，在镇、村创办分厂、加工车间或在企业内部另辟厂房、车间，引导和吸纳周边村的贫困劳动力从事产品初加工、来料加工制造等工作。临夏市最主要的"扶贫车间"就是这种厂房式的"扶贫车间"。

（2）居家式"扶贫车间"。临夏市围绕市内砖雕、木雕、布鞋加工、手工艺品加工等特色产业，在闲置的农家庭院、民居民宅设置分散加工点，引导和鼓励周边村的贫困劳动力参与生产，把"家"变成"扶贫车间"。当前，临夏市一些依靠手工技艺进行产品生产的"扶贫车间"就采取了这种模式。

（3）合作社式"扶贫车间"。临夏市依托"三变"改革，充分发挥村集体的组织、带头、示范作用，采取"村集体+合作社+贫困户"的模式，通过引导村资金、扶贫资金入股等方式，建设合作社式的"扶贫车间"。对贫困户来说，除年终领取保底金和分红外，有劳动意愿的贫困劳动力还可以到合作社务工增加收入。临夏市折桥镇大庄村的志强食用菌合作社，就是合作社式"扶贫车间"的典型代表。

4. 多举措保障"扶贫车间"建设

（1）强化组织领导。"扶贫车间"的建设需要多部门共同参与，因此必须强化组织领导，做好各部门的职责分工。临夏市专门成立了以市委、市政府主要领导任组长的"扶贫车间"建设工作领导小组，负责指导、协调和督查"扶贫车间"建设工作的落实，并对全市各部门、各镇政府进行了清晰的职责划分（见表7-5），从而落实了各行政主体的工作责任，确保各项政策措施能够落到实处，形成强大合力，保障"扶贫车间"建设工作的顺利进行。

表7-5　临夏市建设"扶贫车间"的各部门职责分工表

部门	职责分工
人社局	协调各个部门加快"扶贫车间"的认定过程，做好"扶贫车间"资金带贫效益评估工作，做好"扶贫车间"的贫困劳动力维权，督促相关部门落实奖补政策
镇政府	负责对企业入驻、投产、运营管理等情况的监督管理，贫困劳动力就业的组织、动员工作，配合企业搞好员工培训、厂房建设、用水用电等工作

续表

部门	职责分工
发改局	负责向上争取项目，搞好项目的立项审批，做好"扶贫车间"的产业布局，对"扶贫车间"建设、使用、管理、作用发挥等方面总体评估和调控
财政局	负责向上争取资金，做好年度"扶贫车间"建设资金的拨付工作，协助人社部门做好"扶贫车间"认定工作，负责财政奖补政策的落实
扶贫办	负责"扶贫车间"吸纳建档立卡贫困劳动力的身份鉴别，落实"扶贫车间"建设必要的项目资金，负责财政奖补政策的落实
工信局	负责鼓励引导市内外企业参与"扶贫车间"建设，争取协调落实奖补政策
农牧局	负责对引入的"扶贫车间"建设企业的经济实力、经营能力进行评估，引进创建农产品加工为主的劳动密集型"扶贫车间"
商务局	负责电商"扶贫车间"的建设管理
招商局	积极引进特色产业和劳动密集型企业入驻"扶贫车间"
住建局	负责对镇、村"扶贫车间"厂房质量标准化建设监督验收，使用后车间质量的监管
安监局	负责指导监督"扶贫车间"安全生产
环保局	负责"扶贫车间"建设和生产的环境保护
审计局	负责对"扶贫车间"的申报、审批、立项、资金分配、注资成效绩效监督等工作
消防部门	负责"扶贫车间"消防安全的监督监管
食药、工商等部门	对建成认定的"扶贫车间"，按照性质进行归口管理

（数据来源：临夏市人社局）

（2）强化资金保障。"扶贫车间"的顺利建设需要有充足的资金作为保障，为此，临夏市积极利用厦门市政府的财政援助进行建设。根据表7-6可知，临夏市的"扶贫车间"除城郊镇堡子村的"玉翠工艺品加工扶贫车间"外，其余"扶贫车间"均是由厦门市政府出资援建的。① 这充分反映出厦门市在临夏市"扶贫车间"的建设过程中给予了非常大的资金扶持，这在很大程度上帮助临夏市减轻了财政压力。

表7-6 临夏市"扶贫车间"的基本情况统计表

"扶贫车间"所在地	建设主体	吸纳就业人数 合计	贫困劳动力（人）	占比	人均月收入（元）
新平制香厂江牌村	厦门援建	83	37	44.58%	1800
罗家堡俊林肉牛加工	厦门援建	165	23	13.94%	2000
王闵家兴全服饰加工	厦门援建	20	10	50.00%	2400
张王家振学电热毯	厦门援建	27	10	37.04%	1700
茶马古市河州香包	厦门援建	25	10	40.00%	1800
聂家村清河源副食品加工	厦门援建	61	15	24.59%	2500
甘肃佳家味	厦门援建	86	20	23.26%	2000
艾米尔清真食品加工	厦门援建	58	12	20.69%	2500
荣华清真食品加工	厦门援建	22	12	54.55%	2400
佳润清真食品加工	厦门援建	51	15	29.41%	2400
燎原帐篷加工（木厂村）	厦门援建	40	13	32.50%	2500
燎原帐篷加工（败家村）	厦门援建	22	10	45.45%	2500
玉翠工艺品加工	企业入驻	20	13	65.00%	2500
学和民族用品	厦门援建	120	10	8.33%	2500
临夏市西部马具	厦门援建	38	10	26.32%	2500

---

① 临夏市"扶贫车间"除了厦门市政府出资以外，企业也会出资，但厦门市政府出资50%以上，建设主体就标为厦门援建。

续表

"扶贫车间"所在地	建设主体	吸纳就业人数			人均月收入（元）
		合计	贫困劳动力（人）	占比	
临夏市穆亲斋清真食品罗家堡扶贫车间	厦门援建	18	10	55.56%	2500
临夏市龙康制药有限公司	厦门援建	16	10	62.50%	2000
临夏市振学电热毯厂	厦门援建	15	10	66.67%	1800
临夏市志强食用菌合作社	厦门援建	13	10	76.92%	1800

（数据来源：临夏市人社局）

（3）强化宣传推广。为了吸引更多的农村留守贫困劳动力加入"扶贫车间"，必须做好"扶贫车间"的宣传推广工作。一方面，临夏市从贫困劳动力中充分挖掘依靠"扶贫车间"成功实现就业脱贫的典型案例，利用电视、报刊、网络、短信、标语、宣传牌等媒介积极宣传推广。另一方面，临夏市各乡镇政府和相关的帮扶单位经常派帮扶干部去贫困户家中做工作，积极向留守贫困劳动力宣传"扶贫车间"的脱贫效果，大力引导和帮助他们去"扶贫车间"就业，并优先为其安排工作岗位。

（4）强化监督检查。除了强化宣传推广之外，为了使"扶贫车间"向贫困劳动力提供长期稳定的就业岗位，还需要做好监督检查工作。为此，临夏市要求，各镇、各相关部门要及时对"扶贫车间"的认定情况、吸纳就业情况、生产经营情况和安全防护情况进行统计汇总，并逐级报送，确保信息沟通顺畅，使"扶贫车间"建设工作领导小组可以对"扶贫车间"建设和吸纳贫困劳动力就业过程中的问题及时发现并及时解决，保障"扶贫车间"的脱贫效果。结合表7-6的统计数据可知，从吸纳就业的情况来看，临夏市制定的"扶贫车间"必须吸纳一定人数或一定比例贫困劳动力的规定起到了很好的政策效果。截至2018年，19家被认定的"扶贫车间"共吸纳贫困劳动力260人，对贫困劳动力的就业带动作用非常明显。而且"扶贫车间"中工人的人均月收入普遍在1700元以上，给贫困劳动力的持久长效脱贫提供了充分的保证。从生产经营情况来看，临夏市"扶贫车间"在经营过程中非常注重经营的规范性，所有"扶贫车间"必须与工人签订劳动合同，这在很大程度上保障了贫困劳动力的合法权益，为留守贫困劳动力的就业脱贫上了一把牢固的保险锁。

（五）深入开展东西劳务协作

习近平总书记指出，劳务协作是一个双赢的制度设计，要把劳务协作作为东西部扶贫协作和对口支援工作的重要内容。为了提升农村贫困劳动力的就业层次和稳定性，进一步完善农村就业服务体系，临夏市紧紧抓住东西劳务协作的有利时机，从2017年开始，积极对接厦门市思明区、集美区，向区内的企业进行定向劳务输转，为贫困劳动力提供更多稳定的就业岗位。目前，临夏市的6个村（王坪村、江牌村、苟家村、慈王村、罗家湾村、单子庄村）与厦门市思明区街道及企业结成了帮扶对子，及时获得企业的用工信息并得到相应的帮助。同时，临夏市逐步构建起了一套成熟的贫困劳动力对外输转机制，出台了《临夏市东西扶贫劳务协作三年工作规划（2018—2020年）》，使东西劳务协作真正走上了规范化的轨道，切实提高了临夏市贫困劳动力的稳定就业率和务工收入，达到了"输转一人、脱贫一户"的效果。在这一过程中，临夏市的主要做法如下。

1. 加强跨部门协作

东西劳务协作是一项系统工程。为了更好地发挥东西劳务协作对就业脱贫的带动作用，临夏市多个相关职能部门通力协作，及时对东西劳务协作中出现的政策性问题、机制性问题进行协调沟通，适时调整，发挥合力，统筹推进东西劳务协作，助力脱贫攻坚。

临夏市把东西劳务协作纳入各职能部门的责任考核指标中，进而增强了各职能部门的紧迫感，并且层层落实工作任务。人社部门切实担负起主体责任，连同市劳务办、市民政局、市妇联、市教育局专门成立了临夏市脱贫攻坚领导小组转移就业专责工作组，负责全面统筹推进相关举措的落实情况和具体任务的完成情况。为了确保各项政策措施可以落到实处，工作组中各部门制定了各自的专项工作职责（见表7-7），把各项工作细化实化。同时，工作组实行定期会议制，每月专责工作组都要召开一次碰头会，及时总结工作中遇到的问题，并积极安排下个月的工作。临夏市每个季度会召开一次专责工作组汇报会，向临夏市脱贫攻坚领导小组汇报专责工作组的工作开展情况，及时统筹解决工作中遇到的问题，并安排部署下一步的工作重点。

表7-7　临夏市脱贫攻坚领导小组转移就业专责工作组职能分工

部门	具体职责
人社局	负责做好贫困劳动力的职业技能培训工作，提升贫困劳动力的技能水平和就业创业能力；及时汇总报送工作进度，完成脱贫攻坚领导小组交办的其他任务
劳务办	负责加强驻外劳务服务站和基地建设，完善职业培训、就业服务、劳务维权"三位一体"的工作机制；建立输出地和输入地劳务对接机制；准确认定建档立卡贫困人口中劳务输出脱贫人口数量，建立工作台账，严格退出验收，审核录入数据，加强培训指导和政策宣传
民政局	负责退伍军人免费职业技能培训
教育局	负责"两后生"学历教育，及"两后生"短期技能培训
市妇联	负责"陇原巧手"技能培训

（数据来源：临夏市人社局）

2. 营造参与劳务输转的社会氛围

临夏市对外劳务输转工作的开展，必须注重提高贫困劳动力的积极性，增强贫困劳动力外出务工的热情，并加大贫困劳动力对政府组织的东西劳务协作的了解程度和信任程度。临夏市充分利用政府网站、微博、微信公众号等新媒体平台和电视、广播、报纸等传统媒体，加大对赴厦门务工的建档立卡贫困务工人员中的先进人物和典型事迹的宣传报道，推广具体工作中的好经验、好做法。通过实例和舆论宣传，带动贫困户转变观念、解放思想，营造对外劳务输转的良好社会氛围。人社部门利用春节后人员较集中的时机，在各村开展"春风送岗位——劳务输转进村入社"行动，不仅发布就业信息，还从务工收入、企业福利、生活起居等影响劳务人员输转的关键点入手，开展一系列宣传解答和动员工作。同时，临夏市各乡镇、村委采取多种形式和途径，亲自到贫困户家中进行上门动员和宣传，鼓励贫困劳动力通过对外劳务输转改善家庭收入状况，在村中逐渐形成了通过对外劳务输转脱贫致富的广泛共识。

3. 奖励参与劳务输转劳动力

为了鼓励临夏市建档立卡贫困劳动力外出务工，通过转移就业带动更多建档立卡贫困家庭稳定脱贫，实现"输转一人、脱贫一户"的目标，临夏市人社局专门出台了《关于实行临夏市建档立卡贫困户务工人员奖励的实施方案》。该方案明确规定，从2018年起，针对在全国范围内稳定就业6个月以上的临夏市籍建档立卡贫困家庭劳动力（年龄16—60岁），临夏市每年提供400个名额，一次性发放3500元/人的务工奖励。只要外出务工的贫困劳动力可以提供工资证明（加盖单位公章）、劳动合同的复印件、由企业给职工缴纳的社会保险的凭据以及建档立卡贫困户的证明，就可以向人社部门申请奖励，审核通过并公示无异议后，就可以拿到政府提供的外出务工奖励。同时，临夏市对参与劳务输转的贫困劳动力给予每人1000多元的补贴，用于交通费、体检费等。临夏市积极向厦门市政府争取，针对输转到厦门市且稳定就业达到3个月以上的贫困劳动力，由厦门市人社部门每人每月发放食宿补贴500元。这些针对贫困劳动力的外出务工奖励,进一步增强了贫困劳动力外出务工的动力。

4. 做好劳务输转对接、维权与跟踪服务

在对外劳务输转的过程中,临夏市大力完善驻厦门劳务工作服务站的职能,积极建立劳务输出对接机制,注重贫困劳动力在异地就业的维权与跟踪服务,为东西劳务协作的顺利推进保驾护航。2017年,临夏市劳务办开始派驻工作人员赴厦门市劳务工作服务站开展工作,并积极与厦门市思明区、集美区就业服务中心和各用工单位进行对接,完成了对厦门市思明区主要工业企业的考察,确认了对接协作企业,并与相关企业签订了正式的人力资源合作协议。同时,针对临夏市对外输转劳动力中部分少数民族群体独特的饮食和生活习俗,临夏市驻厦门劳务工作服务站也与相关企业进行了协商,很好地解决了这一问题。厦门市思明区的诚益光学有限公司、信达光电科技有限公司、通达科技有限公司均已同临夏市签订了劳务合作协议,相关工作进展顺利。同时,临夏市正积极拓展与南通、苏州、昆山、台州、义乌、惠州等地的劳务协作,大力开展劳务输出基地建设。

为了更加充分地保证贫困劳动力的合法权益,解决贫困劳动力异地就业可能面临的维权困境,临夏市专门建立了由驻外劳务工作服务站负责的输出人员回访制度。临夏市驻厦门的劳务工作服务站,会定期派专门的工作人员在贫困劳动力相对集中的劳务基地进行回访,了解贫困劳动力在实际工作中遇到的困难。每当发生劳务纠纷时,劳务工作服务站的工作人员会主动与务工单位及厦门市劳动保障监察部门取得联系,尽力协调好用工单位与贫困劳动力之间的矛盾,保障输转到外地的贫困劳动力的合法权益不受侵害。

5. 加强监督检查保障劳务输转效果

为了及时掌握对外劳务输转的进展和遇到的问题，临夏市人社局定期对各镇、街道开展相关的工作检查，并及时通报有关情况，对东西劳务协作中有创新、有特色、成效显著的典型经验和有效做法进行宣传推广，对工作不力、进展缓慢的单位和个人上报临夏市脱贫攻坚领导小组，进行通报批评。同时，临夏市在开展对外劳务输转工作的过程中，由临夏市人社局牵头，联合各镇建立了针对贫困劳动力对外劳务输转的信息统计制度，实时跟踪和了解临夏市贫困劳动力对外劳务输转的情况，及时解决贫困劳动力在参与东西劳务协作过程中面临的问题，保障对外劳务输转对贫困劳动力就业脱贫的效果。

三、就业扶贫的主要成效

临夏市围绕就近就业促进就业扶贫，不仅使贫困户增收效果明显，也使贫困户的思想文化观念和精神面貌得到了明显改善。就近就业扶贫的诸多举措还推动了临夏市的产业转型升级，进一步促进了城乡就业管理和服务体系的均等化。

（一）贫困户就业脱贫增收效果明显

临夏市对贫困劳动力的技能培训工作帮助贫困劳动力实现了增收和稳定就业。如图7-3可知，从2013—2018年，临夏市已累计培训贫困劳动力11008人次，并全部取得了《职业资格鉴定证书》。这些经过职业技能培训的贫困劳动力，因为有了更强的就业技能，岗位工资收入比培训前人均增加300元左右，就业稳定率比参加培训前提升10%—15%左右。

	2013年	2014年	2015年	2016年	2017年	2018年
培训的贫困劳动力	1564	1205	1769	2139	2173	2158

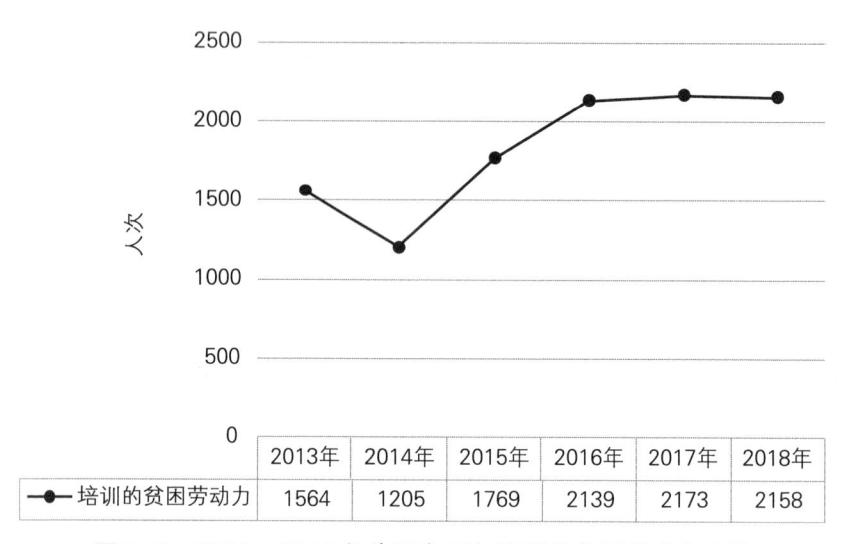

图 7-3　2013—2018 年临夏市历年培训的贫困劳动力人数

（数据来源：临夏市人社局）

临夏市大力开发的公益性岗位为贫困劳动力提供了大量的工作机会。截至 2018 年，临夏市共开发乡村公益性岗位 212 个，每名参加乡村公益性岗位的贫困劳动力可以享受每月 500 元的补助，对于一些特别辛苦的岗位，临夏市还会对贫困劳动力发放额外的补贴。城市基础设施建设方面，临夏市已累计吸纳贫困劳动力 1820 人，这些贫困劳动力的务工年总收入突破 4000 万元，人均年收入达到 2 万元左右。城市公共服务方面，2017 年，临夏市城管部门就地吸纳了 271 名贫困劳动力从事保洁工作，市园林局、林业局、供排水公司等也接收了贫困劳动力 285 人，人均月收入可以达到 3000 元。2018 年，临夏市在 4 镇开发了 10 个针对贫困家庭的大学生就业扶贫专岗，这 10 名大学生已到村上岗工作，每人每月可领取 3000 元的岗位补贴。

临夏市"扶贫车间"对带动就业取得了积极成效。结合表 7-6 提供的数据可以看出，当前，临夏市共有"扶贫车间"19 家，已经吸纳贫困劳动力260人，所有"扶贫车间"中最低的人均收入在1700元左右，且大部分"扶贫车间"的人均收入都达到了2500元。临夏市对外劳务输转也起到了非常明显的脱贫效果。2017年，临夏市共输转贫困劳动力942人，其中向厦门输转贫困劳动力122人。2018年，临夏市共输转贫困劳动力485人，其中向厦门输转贫困劳动力175人。这些外出务工的贫困劳动力月工资基本稳定在4000—6000元。近年来，临夏市有组织的劳务输转人次在逐年增加。

【案例】

枹罕镇王坪村村民祁永昌既是该村的贫困户，也是该村的养殖大户，主要养殖牛、羊、猪等家畜。过去，由于养殖技术落后和畜病方面知识的欠缺，家畜的病亡率一直很高，这严重地影响了他的收入和脱贫，成了他的心头大患。为此，祁永昌四处打听询问，希望得到最科学的养殖方法。

就在他最迷茫、最无助的时候，村委的扶贫干事到他家告诉他，临夏市在组织职业技能培训，其中就包括种植养殖技术的培训内容，并且培训完全是免费的，还会给他补贴路费和伙食费。起初他还不太相信，直到村干部给他看了《关于临夏市人社局精准扶贫劳动力技能培训报名通知》，祁永昌这才大喜，说道："国家真是为了我们这些贫困户煞费苦心啊，我这就报名，习主席总在电视上说中国梦，要我说，我祁老头儿能靠我的养殖业脱贫致富，这养殖梦可不就是我的中国梦！"说完村干部连连称赞，还嘱咐他一定要重视技能培训，珍惜来之不易的学习机会，掌握养殖知识后一定可以脱贫致富。

在课堂上，祁永昌将养殖专家的每句话都铭记心中，尤其是专家针对西北地区养殖技巧的讲解他更是听得格外入神，还时不时地向老师提出自己在养殖过程中发现的问题，也对自己总结的经验与同班的学员进行探讨、分享。这一趟培训之旅让祁永昌获益匪浅。回到家，祁永昌开始针对自己养殖方法中的错误，将一些原本不恰当的地方进行更正，将所学的养殖知识充分运用到实践之中。

随后，祁永昌养殖的 2 头牛日渐肥硕，30 只猪也茁壮成长，25 只羊更是健康机灵。凭借着养殖技术的提高，祁永昌的收入也越来越高，在 2015 年成功实现了脱贫。他甚至还成为村里其他养殖户的老师，经常有人向他咨询养殖方面的问题。祁永昌打算继续扩大养殖规模，争做全村养殖业的排头兵。

一次技能培训，给祁永昌家的生活带来了翻天覆地的变化。

（二）贫困劳动力信心和能力明显增强

在脱贫攻坚之前，临夏市相当一部分贫困劳动力的自主择业意识不强，自身发展动力不足，"等靠要"的消极就业思想严重。缺乏市场意识和致富信心，不想外出、不敢外出的落后就业观念充斥在大多数贫困劳动力的脑海中。临夏市在推动就业扶贫工作的过程中，通过大力开展宣传教育活动，以及村"两委"工作人员和驻村帮扶干部挨家挨户地做工作、讲道理，大部分贫困劳动力都完成了思想上的转变，精神面貌也得到了极大的改观。就业带来的生活改变使贫困劳动力逐步增强对就业扶贫政策的认同感，进一步转变过去保守、滞后、消极就业的观念，外出务工也使其市场意识得到了增强。临夏市绝大部分贫困劳动力都已经拔掉了"思想穷根"，克服了"等靠要"的消极思想，致富信心得到了明显增强，形成了正确的价值观导向，贫困劳动力自力更生、自主脱贫的主观能动性被充分激发出来,"要我脱贫"逐渐变为"我要脱贫"。同时,贫困劳动力实现稳定就业之后,开始专心生产、增加收入,以往串门聊天、玩扑克打麻将的现象逐渐减少,整体精神面貌积极向上,焕然一新,有了更多的获得感、充实感、幸福感。伴随着思想文化观念和精神面貌的改善,贫困劳动力能够积极主动地参与到职业技能培训、公益性岗位、"扶贫车间"、东西劳务协作等就业扶贫政策中,实现稳定就业、脱贫增收。

【案例】

八宝盖碗茶是临夏市一种极具特色的茶饮,在临夏市悠久的茶文化中有着深厚的历史文化渊源。如今,八宝盖碗茶不仅飘散茶香、传承历史,而且为更多贫困群众带来了脱贫致富的新机遇,为实现全面小康增添了产业发展的新引擎。

在临夏市枹罕镇铜匠庄村,有一间扶贫车间,名为"荣华清真食品加工扶贫车间",这里就是河州茗源八宝盖碗茶的生产地。2018年,扶贫车间正式成立,为铜匠庄村的贫困劳动力打开了一扇脱贫致富的新窗,给他们带来了在家门口就可以实现就业脱贫的喜讯。王俊朝是枹罕镇铜匠庄的建档立卡户,他同时也是扶贫车间的一员,平常主要负责清算、整理库房的工作。"我家就在这儿,家里三口人,没来这儿之前我一直在外地打工,家里也一直只有妻子照料,出门在外有急事也无能为力。知道家门口开了厂,我特别高兴,就来这里上班了,老板对我也特别好,打心底里感到高兴!这不,扶贫车间开始运行之后,我就让妻子郭文秀也来上班,活都是按计件制算的,家里有事也能照应得上,真是一举两得!现在我们两个人工资加起来有3000多元,比起以前好太多了,我们夫妇想好了,一定越做越好,让老板多加薪,让自己的生活过得更好!"

王俊朝高兴地说。

铜匠庄村的扶贫车间还吸引了邻近村庄的贫困劳动力参与进来，枹罕镇郭家庄的村民张永红就是其中的典型代表。从前，因为要照顾公婆和孩子，张永红只能待在家中无法外出工作，这样就使得家庭的经济重担全部落在了丈夫的肩上，仅凭丈夫一人的收入显然难以养活这个六口之家，她家也因此陷入了贫困。自从附近村的扶贫车间办起来之后，张永红就近就可以工作，自己一个月下来也有了3000元以上的收入，慢慢富裕起来的生活让张永红的喜悦之情溢于言表，显然，扶贫车间的工作给她带来了满满的幸福感。

（三）城乡均等化就业服务体系初步构建

临夏市通过就业扶贫，将城市的就业管理和服务体系向农村和农民进行延伸和拓展，促进了城乡劳动就业体制的均等化。更多的农村贫困人口被纳入就业促进政策的覆盖范围，进而增强了临夏市劳动就业政策的可及性、公平性。一方面，临夏市建立起统筹城乡就业的政策体系。临夏市坚持以人为本、因地制宜的原则，先后出台了《临夏市推进贫困劳动力就业扶贫实施方案》《临夏市促进全市精准扶贫劳动力就地就近就业的通知》等文件，以政策的形式积极推进农村贫困劳动力在职业技能培训、工作权益保障、公共就业服务等方面享受与城镇职工同等的待遇，为统筹城乡就业提供了制度保障。另一方面，临夏市建立起统筹城乡培训和就业的服务体系。临夏市通过大力开展针对农村贫困劳动力的技能培训工作，构建了一套精准、全员、对接就业的培训体系，实现了城乡职业技能培训的均等化。同时，临夏市通过打造针对贫困劳动力就业的信息管理系统，设立公益性岗位，开设"扶贫车间"带动就业，强化东西劳务协作，完成了对农村贫困劳动力就业的全程管理，并构建了一整套依靠公益性岗位和"扶贫车间"带动就业的操作流程，还形成了一套成熟的对外劳务输转机制，逐步建立健全了针对农村贫困劳动力的公共就业服务体系，实现了城乡就业管理和服务的均等化。

（四）有力支撑产业升级转型

临夏市以就业扶贫为契机，通过对职业技能培训的大力投入，建立健全城乡一体化的劳动力就业培训体系，培养了适应现代产业发展需求的技能劳动者，全方位、有计划、多形式地提高了包括贫困劳动力在内的所有农村劳动力的素质技能，增强了全市的人力资本水平。临夏市通过对贫困劳动力开展农业技术培训，一方面，促进了设施农业和城郊型农业等其他农业业态的发展，推动临夏市农业的转型升级；另一方面，通过对贫困劳动力开展装载机操控、挖掘机操控、电工电焊、计算机应用等类型的职业技能培训，为临夏市工业经济的发展提供了技能劳动者，带动临夏市工业的转型升级。通过对贫困劳动力开展民族清真餐饮、家政服务等类型的技能培训，进一步满足了临夏市城镇化过程中对服务业从业人员的大量需求，并提高服务业的发展水平，带动服务业的升级。因此，就业扶贫能够有效地补充临夏市产业转型升级过程中对劳动力要素的需求，为临夏市推动产业结构调整和转型升级提供技能劳动者储备，进而为整个临夏市产业升级的顺利实现奠定基础。

第八章 临夏市健康扶贫提升健康水平

习近平总书记指出，没有全民健康，就没有全面小康。让贫困群众看得上病、看得好病，有效降低因病致贫、因病返贫率是解决"两不愁三保障"问题的重要目标，也是有效提升人民群众对脱贫攻坚满意度的重大举措。因病致贫、因病返贫是导致农村人口贫困的主要原因之一。精准扶贫开展以来，临夏市针对因病致贫、农村居民健康素养不高、医疗资源紧张等问题，分类施策、因人施策，全面高效地落实了党中央、甘肃省、临夏州关于健康扶贫的部署要求和各项政策措施。临夏市打赢了健康脱贫攻坚战，不仅使贫困人口大病和长期慢性病得到及时有效治疗，自我保健能力和健康水平明显提升，还全面加强了临夏市农村基本公共卫生服务和健康教育水平，提高了临夏市医疗卫生服务能力和可及性。

一、脱贫攻坚路上的医疗卫生挑战

疾病和残疾是农村居民陷入贫困的重要原因。据统计，截至2015年底，全国因病致贫、因病返贫贫困户占建档立卡贫困户比例达到44.1%，而在深度贫困地区，该数据则更加不容乐观。随着脱贫攻坚不断深入，因病致贫、因病返贫问题越加凸显，比例不降反升。在深度贫困地区，疾病尤其是重大疾病更易使该地区贫困群众陷入"病—贫"交织的恶性循环之中。

（一）因病致贫返贫人数比率高

在临夏市，因病致贫返贫、因残致贫问题随着脱贫攻坚的推进而逐步凸现出来。从致贫原因来看，临夏市主要致贫原因是缺资金、缺技术，因病致贫户在所有的 2.51 万建档立卡户中占比不大。2017 年临夏市因病致贫户占贫困户比率为 8.6%。从脱贫攻坚的形势看，因病致贫越往后比重越高，其呈现出来的顽固性和长期性越明显。因病致贫返贫户表现出贫困程度更深、贫困时间更久、脱贫难度更大的特征。从表 8-1 提供的统计数据来看，临夏市因病人数占贫困人口的比率从 2015 年的 24.7% 上升到 2018 年的 35.93%。慢性病和大病成为临夏市因病致贫返贫的主要因素，占比也随着未脱贫人口减少而有所上升，从 2015 年的 32.03% 上升到 2018 年的 35.19%。因病致贫户的未脱贫原因多种多样：有的因疾病卧床多年，不仅自身无法工作，还累及家人全程照料，导致全家深度贫困；有的因医疗知识匮乏，对于普通常见的疾病采用不当的处理措施，医治很久但毫无疗效，因此背负上沉重的医疗负担；有的则是因家人均患有慢性疾病，舍不得治或者治疗不连续，造成病情拖延；有的是对政策不了解，患有重大疾病或者遭遇重大变故而没有及时申请医疗保障和社会救助。整体来说，临夏市农村贫困人口因病致贫、因病返贫的程度深、时间长、脱贫难度大，需要专门健康扶贫政策的大力支持。

表 8-1　2015—2018 年临夏市因病致贫分布情况

年份	未脱贫人数	因病人数	因病致贫比率	慢性病和大病人数	慢性病和大病人数占因病致贫人数比率
2015	2490	615	24.7%	134	32.03%
2016	2874	676	23.52%	150	32.99%
2017	1414	503	35.57%	124	34.99%
2018	1052	378	35.93%	88	35.19%

（资料来源：临夏市扶贫办内部资料）

健康疾病等突发事件带来的支出增加是返贫的重要原因。自精准扶贫以来，临夏一共有 868 户脱贫户返贫，其中约有 35% 的贫困户是因为家庭成员患病或残疾而返贫。因病返贫与因残返贫是临夏市巩固扶贫过程中不可忽略的风险。临夏农村老龄人口现占总贫困人口的 16%，其健康问题严重。尤其是重病治疗自费部分费用较高，这对于刚刚脱贫正处于收支平衡的农户而言经济负担过重。不仅如此，生病康复的过程中，劳动力一般都需要进行短期的休养，甚至长期卧床休息，这就直接造成了家庭劳动力的丧失，从而导致家庭收入减少，因此极易出现返贫。

（二）农村居民健康素养不高

民族地区往往由于其特殊的文化背景、偏远的地理位置、落后的经济条件，其居民尤其是农村居民的健康素养能否跟上全国居民健康素养提升的步伐直接影响到全民健康这一战略目标的实现。农村居民健康状况受居住环境、文化程度、年龄、性别、婚姻状况及经济收入等因素的影响。由于地理、宗教、经济等原因，加上文化程度普遍较低和健康知识普及性不高，临夏市贫困人口日常生活保健及健康知识欠缺，对疾病的危险认识不足，进而导致患病率增高。长久以来，农村地区存在医疗保障政策落实不到位的情况，医保政策宣传不到位、农户知悉度不够；部分大病保险承保的保险公司配合不到位，部分医疗机构没有设立大病保险经办窗口，报销周期较长；基层干部责任意识不强、工作能力不足，存在医保政策落实不力的问题。课题组调查发现，尽管大部分调查者认为开展健康教育非常有必要，但74.24%的调查者表示未参与过任何健康教育，希望政府及卫生部门能加大健康教育宣传力度。农村居民健康素养不高严重制约了农村人口素质的提高，成为挡在健康扶贫和健康临夏面前的一座大山。

（三）医疗资源紧张

我国人口约占世界人口的20%，但医疗资源仅占世界的9%，以9%的资源服务20%的人口，在供需上就存在极大的不平衡，注定了我国医疗供给问题的严峻性。临夏市是临夏州府所在地，医疗资源相对集中，但由于地区经济发展相对滞后，整个临夏州的医疗资源都比较匮乏，而州医院又要服务于州全境，因此临夏市医疗资源相对紧张。临夏市没有三甲医院，仅有两所二甲医院，医疗设备更新慢，已经不能满足就医者的服务需要。临夏市乡镇卫生院服务能力较差，村卫生室没有实现全覆盖且设施简陋，仅能依靠县级两所医院服务群众，没有建立起完备的医疗服务体系，缺乏县—镇—村间的联动机制，群众看病都去市区，造成县级医院资源的进一步紧缺和镇卫生所村卫生室的持续落后。村卫生室未覆盖所有行政村落，办公面积狭小，上岗医生水平有待提高。提供的工资待遇低，医疗设施欠缺导致医疗人才技能无法发挥，医疗人才不愿到当地就业，人才外流严重。临夏市全市医疗服务机构已经3年未引进一名本科及以上学历的毕业生。临夏地处藏区和回民区交界地方，对于地域性、民族性、特色性的医疗服务也有一定需求，在脱贫攻坚前专业化的医疗服务机构也较少，这些因素也形成了对临夏医疗服务体系进一步发展完善的制约。如何解决医疗资源紧张的问题成为缓解因病致贫返贫的重要突破口。

二、健康扶贫的主要做法

2016年6月21日，国家卫计委等15个中央部门联合发布《关于实施健康扶贫工程的指导意见》，健康扶贫被正式提上脱贫攻坚的议事日程。该意见明确要求：针对因病致贫、因病返贫问题，区别不同情况，采取一地一策、一户一档、一人一卡，精确到户、精准到人，瞄准因病致贫的家庭和病种，突出重点地区、重点人群、重点病种，防治并举，分类救治，助力脱贫攻坚。临夏市是甘肃省内较早将健康扶贫付诸行动的县。临夏市委市政府积极贯彻落实中央和甘肃省的健康扶贫政策，在一年多的时间里摸排情况并严格贯彻落实各项政策，并顺利通过甘肃省和国务院扶贫办对于健康扶贫的各项标准。

（一）开展健康扶贫"七个一"工程

经国务院同意，国家卫计委等15个中央部门于2016年6月联合发布《关于实施健康扶贫工程的指导意见》，为推进健康中国建设补短板，着力点在贫困地区的医疗卫生服务能力提升。2017年9月，甘肃省卫计委等五部门联合印发《关于加强建档立卡贫困人口健康扶贫工作的实施意见》，要求各级部门建立健康扶贫长效工作机制，对建档立卡贫困人口实行精准识别、精准帮扶、精准管理、精准保障和精准退出，大病患者得到集中救治，慢病患者得到有效管理，建立基本医疗费用保障制度，大幅减轻建档立卡贫困人口医疗费用负担，将个人自付合规医疗费用年累计控制在3000元以内。2018年5月，甘肃省卫计委等七部门又联合印发《进一步推进健康扶贫工作实施方案》，再进一步落实落细健康扶贫工作。

2016年是临夏市健康扶贫的起始之年，主要任务是小范围调查，摸清因病致贫情况。临夏市针对县域内贫困人口进行专项调查，相比州内其他县甚至省内其他县都行动较早。2016年临夏市卫计局已针对全市未脱贫户因病致贫、因病返贫情况进行专项调查摸底，落实《临夏市精准扶贫卫生扶贫支持计划的实施方案》。专项调查初步对全市因病致贫返贫户数人数排查，对因病致贫户开通了慢病卡办理绿色通道，并计划进一步制定优惠政策，对因病致贫户通过免费体检、开通医院绿色通道、减免挂号费诊疗费、设立济困病床、先看病后付费等措施进行帮扶，切实解决因病致贫的问题。

2017年临夏市开始全方位摸底排查，建立健康扶贫的人员档案系统，并制定和落实健康扶贫"七个一"工程。为使健康扶贫工作落到实处，临夏市委、市政府研究出台了《临夏市健康扶贫专项工作方案》和《临夏市健康扶贫巡回诊疗专家组分组方案》，制定了健康扶贫"七个一"专项措施，即开展一次系统摸底、进行一次健康体检、建立一份健康扶贫手册、签订一份家庭医生服务协议、制订一份诊疗方案、确定一所定点医院、办理一张慢病卡。临夏市历时3个月派出550余人次对全市所有建档立卡户的患病情况进行入户摸排，并组建了由县乡村医生和省州专家组成的"1+1+1+1+1"签约团队，为全市建档立卡贫困人口因病致贫返贫户制定"一人一策"。临夏市对摸排出的125名大病患者、395名慢病患者及时制定了"一人一策"帮扶措施，落实送人就医和送医上门政策。随后，签约团队进一步对全市的未脱贫户、巩固提升户、兜底保障户的患病情况进行了入户摸排并同步录入健康扶贫App中，共计2.3万人落实了"一人一策"政策。依托于"七个一"工程，临夏市获取了贫困户的有效信息，摸清了群众的医疗需求，对全市建档立卡户的基本情况有了较好的了解，为后续健康扶贫工作的展开营造了大好局面。

临夏市"七个一"工程

开展一次系统摸底。由各镇卫生院负责,入户核准因病致贫、因病返贫人口的患病情况,认真填写《健康扶贫帮扶表》,做到一户一册,精准到人。为落实健康扶贫专项工作措施提供基础保障。

进行一次健康体检。由乡镇卫生院牵头对因病致贫、因病返贫人员进行一次全面详细的免费健康体检,将体检结果记录在《健康扶贫手册》中,为实施后续诊疗提供准确依据。对因诊断水平有限,不能作出准确诊断的患者,由帮扶专家组协调转诊到县级医院进行诊断。

建立一份健康扶贫手册。在实现因病致贫人口健康档案全覆盖的基础上,为因病致贫因病返贫家庭建立专用的健康扶贫手册,内容涵盖政策宣传、诊疗方案等信息,确保帮扶成效有据可寻。

签订一份家庭医生服务协议。根据《临夏市家庭医生签约服务实施方案》,优先对因病致贫、因病返贫户中的患者开展家庭医生签约服务,通过提供超值的特需服务,让群众得到更多的实惠。

制订一份诊疗方案。在系统摸底、健康体检的基础上,由省市级医疗专家负责为每位帮扶患者制订一份切实可行的诊疗方案。为镇村一级帮扶医生落实治疗措施提供准确依据。

确定一所定点医院。由巡回诊疗专家组根据病情的轻重缓急为每位患者确定一所县级以上公立医院作为定点医院,实施定点治疗。为符合"甘肃省50种农村重大疾病"的患者及时协调省州定点医院进行诊治。定点医院为患者就诊一律开通绿色通道和专用病房,免除挂号费,免交住院押金,实行先治疗后付费。坚持政策最大限度向因病致贫返贫患者倾斜,符合济困病床的患者纳入济困病床制度，并对相关费用进行减免。

办理一张慢病卡。在市医院、民族医院开通绿色通道，为因病致贫、因病返贫人员中符合甘肃省规定的慢病救治的患者免费办理慢病卡，免除一切检查费，切实减轻困难群众的经济负担。

（资料来源：临夏市卫计委内部资料）

（二）施行"先诊疗后付费"和"一站式"服务优惠政策

根据甘肃省政府办公厅《关于印发甘肃省城乡居民大病保险工作实施方案（2018版）的通知》和《关于完善甘肃省城乡居民基本医疗保障政策的通知》文件精神，临夏市各级定点医疗机构自2018年6月1日起对建档立卡贫困患者严格执行"先诊疗后付费"和"一站式"服务政策。根据政策要求，对贫困户和城乡居民患50种重大疾病的提供基本医疗保险、大病保险和医疗救助"一站式"即时结报服务，患者出院时只交个人自付费用。为确保落实"先诊疗后付费"政策和"一站式"服务，临夏市委、市政府指定临夏市人民医院、民族医院等7所医院、4所镇卫生院为医疗救助"一站式"服务定点医院，委托定点医院指派医疗救助经办人员，现场开展医疗救助"一站式"即时结算服务工作。临夏市按照上年度定点医疗机构产生医疗救助资金60%的比率及时向各医疗救助定点医院预拨资金，确保医疗救助"一站式"即时结算工作开展。

临夏市对建档立卡贫困人口参加基本医疗保险个人缴费部分按要求给予资助，确保贫困人口全员参保参合。2018年，临夏市共资助28937名贫困人口参加2019年度新型农村合作医疗保险，其中：农村特困对象456人，农村低保对象2922人，农村孤儿35人，福利机构集中供养人员214人，建档立卡贫困人口25360人，资助参合金267.1万元。农村特困对象、农村低保一类对象、孤儿、福利机构集中供养人员、未脱贫建档立卡贫困户，均按每人220元给予了全额资助。农村低保二、三、四类对象和已脱贫建档立卡贫困户按每人80元给予了差额资助。

临夏市严格落实建档立卡患者住院不能产生不合规费用、实际报销占比大于85%、3000元以上费用兜底等政策，使贫困群众享受到了更多实实在在的实惠。临夏市由卫生计生部门牵头，联合市扶贫办、市民政局、市医保中心对全市所有农户的患者患病报销、慢病卡办理和医疗救助等进行了全面摸排，了解和掌握农户医疗费用报销情况。对摸排出的未办理门诊慢性病卡、自付费用超过3000元和意外伤害住院未报销人员按照政策进行了报销和兜底保障。2014年以来，基本医疗的筹资标准逐年提高，从2014年的380元提高到2018年的670元。临夏市按照省州要求先后于2015年和2017年两次对建档立卡贫困患者新农合住院费用报销比率提高了5个百分点，建档立卡贫困人口报销比率比普通人群高出10个百分点，切实降低了贫困人口的医疗负担。

针对因病返贫问题，临夏市制定了《临夏市家庭医生签约服务实施方案》，组建了以全科医生、执业医师、公共卫生人员、乡村医生、健康专干为主的家庭医生服务团队。根据《甘肃省建档立卡贫困人口因病致贫返贫户"一人一策"健康帮扶指导方案》要求，临夏市为全市的建档立卡贫困户、慢性病患者、重点疾病患者、残疾人群等进行"一人一策"家庭医生签约服务。截至2018年底，临夏市建档立卡户除部分死亡和整户外出共计签约26442人，建档立卡人口数为26773人，签约率为98.7%，农村慢性病患者、重大疾病患者均已全部完成家庭医生签约和"一人一策"措施制定。

（三）夯实社会救助体系

临夏市不断加强农村低保与精准扶贫政策有效衔接，对农村低保分类按标施保，将符合低保条件的贫困户全部纳入最低生活保障范围。临夏市共识别认定兜底保障对象 1000 户 2297 人，其中：农村特困对象 431 户 492 人（集中供养 37 人，分散供养 455 人），农村低保一类对象 144 户 351 人，农村低保二类对象 425 户 1454 人。社会救助兜底保障对象识别认定严格执行了"一核对、二测评、三评议、四审核、五审批、六公示"操作程序。2018 年，临夏市在对全市农村低保对象已于 2017 年进行清理规范的基础上，坚持"应保尽保、应退尽退、公平公正、动态管理"基本原则，进一步提升农村低保规范管理水平，重新认定了全市农村低保对象，兜底对象的准确率进一步巩固提高，确保把所有符合农村低保条件的困难群众全部纳入保障范围，切实保障困难群众基本生活不出问题。临夏市核销核减不符合条件的农村低保对象 93 户 470 人，新增 207 户 966 人，确保了应保尽保、应扶尽扶。

临夏市按标施保，确保救助资金及时足额发放。按照省、州人民政府统一部署，临夏市按时完成了农村低保提标工作：农村低保标准 3720 元/年/人，其中一类对象保障标准 310 元/月/人，二类保障对象 290 元/月/人，三类保障对象 85 元/月/人，四类保障对象 60 元/月/人；农村特困集中供养人员年补助标准 6432 元/人，分散供养标准 5178 元/人。2018 年，全年发放农村低保金 929 万元，农村特困供养金 259.4 万元，农村低保的兜底保障作用得到有效发挥。

（四）变被动型医疗服务为主动型医疗服务

传统医疗为被动型的医疗，居民只有在患病的情况下才会找医生、上医院，贫困人群尤是如此。对医疗体系的距离感和自身健康素养的缺失导致他们陷于"患病—贫困—贫病交加"的循环，而对于这个循环的认识不清或者不去主动解决问题将会令循环自我强化。临夏市作为深度贫困地区同样面临这样的问题。在认识到问题的根源后，临夏市转变工作思路，发挥其医疗资源优势，集合优势力量主动出击，以"七个一"工程为抓手主动深入千家万户，摸清因病致贫返贫的基本情况，变被动型医疗服务为主动型医疗服务。通过主动出击，一方面有助于医疗专家掌握临夏市贫困人群的健康面貌和医疗问题，为健康扶贫描绘了清晰的图像，有助于分类施策、因人施策；另一方面，也有助于贫困人口在家门口就可以获得医疗服务和提升健康素养。

结合贫困户患病摸排工作，临夏市整合优质的医疗人才资源，从市属医院和民营医院中抽调100名具有副高级职称的专家或主治医师组建了4个巡回诊疗专家组，每个巡回诊疗专家组对口负责1个镇开展巡回诊疗服务，至少每月一次在村文化广场上对所有群众实施义诊半天，下午专门针对建档立卡户进行上门服务。从2017年9月开始至今，已开展了14轮巡回诊疗活动，先后为2.5万余名建档立卡贫困人员进行了健康体检。尤其是，由全国道德模范、临夏市人武部部长逄秘书组建的医疗小分队在4镇共开展免费义诊5场，义诊320余人次。巡回诊疗专家组优先对全市建档立卡贫困群众开展家庭医生签约服务，为因病致贫返贫患者制定了切实可行的"一人一策"诊疗方案，并根据病情的轻重缓急为每位帮扶患者确定了一所县级以上公立医院作为定点医院实施定点治疗。

同时，临夏市要求专家组联合村医、镇卫生院医生对辖区内的所有因病致贫、因病返贫人员进行结对帮扶，并根据全面体检的结果为患者制订详细的诊疗方案，在后续治疗中指导镇级医生和村级医生开展诊疗。镇级帮扶医生要为因病致贫、因病返贫患者落实专家组的诊疗方案，并实时跟进，积极向专家组汇报诊疗效果，确保诊疗过程不出问题。同时协调定点医院给予建档立卡患者最大限度的优惠政策，降低诊疗费用。村医主要对病情稳定的长期慢性病患者进行跟踪服务，每月对因病致贫、因病返贫患者上门服务2次，并开展健康知识宣讲，逐步引导患者建立健康的生活方式。

（五）宣传健康知识

临夏市在前期的摸排工作、义诊活动中发现，文化程度不高、基本健康护理知识欠缺、医疗保障政策和健康扶贫政策不知晓等问题突出。针对这些问题，临夏市采取综合手段宣传健康扶贫，提高农村群众健康素养。（1）在各镇卫生院、村卫生室、健康教育文化广场设置健康扶贫政策固定标语、宣传栏和大型宣传牌。（2）印制发放7.4万份《健康扶贫政策解读》折页和《健康扶贫政策读本》，并由健康专干、家庭签约医生、村医和巡回诊疗专家组，入户面对面详细解读健康知识。（3）在临夏市电视台开设专题栏目介绍健康知识。开设《健康临夏》专题栏目，以专题讲解的形式滚动播出最新健康扶贫政策；开播养生堂节目，倡导健康文明生活行为方式。（4）充分利用微信手段传播健康知识。例如，建立县级健康扶贫工作微信群1个，镇级微信群4个，入户专家组以村为单位建立了微信群36个；组织全市卫生计生系统干部职工、百名专家及村医关注"陇原健康"微信公众号，及时了解健康扶贫相关政策。（5）开展各类健康主题公众咨询宣传活动103次，接受健康咨询5125人次，举办各级各类健康教育讲座112次，累计参加讲座10461人次。通过采取综合手段加强政策宣传，使健康扶贫政策宣传覆盖人数达6.5万人次，使临夏市农村贫困群众对健康扶贫政策的认识有了大幅提高，居民的健康素养也在此过程中得到了提升。

（六）完善"市—镇—村"三级医疗服务体系

建立完备的县域内医疗体系是解决群众就医难、看病贵问题的重要举措。临夏市狠抓医疗基础设施短板，2011年至2018年投资7892万元建设项目12个（见表8-2），不断提升"市—镇—村"三级医疗体系的整体医疗服务能力。在做强县级医院方面，临夏市改扩建人民医院和民族医院，争取大病不出市，把患病群众留在本市。2015年，临夏州发改委发文批复临夏市人民医院整体迁建项目，分两期实施，规划总建筑面积80440平方米，总投资约3.5亿元，建设年限为2017年至2020年。该项目于2017年8月23日开工建设，2020年底投入使用。项目完成后将强有力提升临夏市县级医疗系统的服务能力。

在做活镇级卫生院方面，临夏市将四个镇级卫生院打造成联系县级医院和村卫生室的重要纽带。乡镇卫生院在承担一定的医疗服务功能外，负责向上总结反映基层情况，向下传达县级层面政策，起到医疗信息沟通的作用。对薄弱乡镇的医疗设施进行强化，做到医疗条件改善的路上一个也不能掉队。尤其是，枹罕镇是临夏市地处最为偏远、面积最大、人口最多的一个乡镇，2015年临夏市共投资125万元对枹罕镇卫生院进行了升级改造，有力地巩固和提升了枹罕镇的基本医疗服务能力。

在做实村一级卫生室方面，临夏市积极改造原有的医疗设施，增加医疗设备，配齐持证上岗的村医，以期满足群众日常的医疗服务需求。完成标准化村卫生室建设项目和落实村医保障性政策，巩固医疗体系，延伸医疗服务体系触角。2014年政府新投资140万元新建的20所村卫生室，均配备了诊断床、血压计、血糖仪、听诊器等常用的医用器材。到2014年底，临夏市的36个行政村均配备一所建筑面积达到60平方米的标准化村卫生室，所有村医均持证上岗，规范执业。临夏市各乡镇为每一个村配齐一名健康专干，加强健康扶贫业务能力培训，督促健康专干全力投入健康扶贫工作中，参与健康管理、健康服务、健康宣传、健康教育，落实"五帮""两核"制度（"五帮"是帮助建档立卡贫困户参保、帮助保护健康权益、帮助联系就医及转诊、帮助监督签约服务、帮助报销就医费用；"两核"是核对医疗费用报销情况、核对签约服务落实情况）。

在制度上，临夏市逐步落实分级诊疗制度，县级医院分级诊疗病种达到250种以上，按70%比例进行补偿，镇卫生院分级诊疗病种达到50种以上，按80%比例进行补偿，从而有效缓解医疗资源紧张的态势，提升医疗服务能力。另外，临夏市引进专科民营医院作为有效补充，解决了一批特殊患病群众的难题，也补齐了医疗服务某些领域的短板和弱项。依托于"市—镇—村"完备的医疗服务体系，临夏市在建立居民健康档案、健康教育、预防接种、儿童保健、孕产妇保健、老年人保健、慢性病管理、重性精神疾病管理等14类、55项方面持续发力，有效减少了因病致贫返贫的发生。

表8-2 2011—2018年临夏市卫计局基建项目汇总表

序号	项目名称	项目进度	完成投资（万元）	年度
1	5所标准化村卫生室建设项目	完成	30	2011年
2	3所标准化村卫生室建设项目	完成	18	2012年
3	城郊卫生院改造建设项目	完成	125	2012年
4	折桥镇卫生院改造建设项目	完成	125	2012年
5	南龙镇卫生院改造建设项目	完成	125	2013年
6	13所标准化村卫生室建设项目	完成	91	2013年
7	20所标准化村卫生室建设项目	完成	140	2014年
8	城南社区卫生服务中心建设项目	完成	200	2015年

续表

序号	项目名称	项目进度	完成投资（万元）	年度
9	市医院薄弱学科建设项目	完成	637	2016年
10	市医院重点专科建设项目	完成	290	2016年
11	红园社区卫生服务中心改造工程	完成	110.8	2016年
12	市医院整体迁建项目	实施中	6000	2018年
合计：7892万元				

（资料来源：临夏市卫计委内部资料）

（七）采取"请进来，送出去"方式提高医疗队伍水平

近年来，临夏市坚持把加强卫生人才队伍建设作为推动医院发展、满足人民群众医疗卫生需求的一项重要工作来抓。临夏市通过加入州级综合医联体和省级医院的优势学科联盟，建设临夏市医疗共同体，积极参与东西部协作医疗人才交流等方式，采取"请进来，送出去"的办法，不断加强专业技术人员向省州大医院流动交流。同时，临夏市医疗卫生部门通过制订人才培养计划，加大人才培养力度，邀请省级专家对临夏市的医务人员手把手"传、帮、带"，逐步提升临夏市医疗卫生专业技术人员的业务能力。

临夏市人民医院同甘肃省中医院建立了帮扶关系，在市人民医院成立了省中医院分院，签订对口帮扶责任书。甘肃省中医院选派13名专家在临夏市长期驻点进行帮扶，按照专业进驻市医院的妇产、儿科、急诊、消化、麻醉、影像、骨科、皮肤科等薄弱学科，参与到诊疗工作中进行业务指导。2018年为两所县级医院（市人民医院、市民族医院）招录内科、外科、妇科、儿科、心血管等专业的50名医疗卫生专业技术人员，将2018年分配的7名农村定向医学生聘用到四镇卫生院，进一步充实基层

力量。学科建设方面，临夏市医院于2018年确定为19个县级综合医院作为薄弱学科建设项目实施单位之一。根据发展需要，投资250万元实施市医院消化内科、神经科薄弱学科建设项目。

自2016年甘肃省卫计委与厦门市卫计委签订《厦门市—临夏州东西部扶贫卫生协作协议》以来，厦门市两次派驻专家5人，其中急诊科1名、社区管理1名、心血管1名、重症及麻醉各1名，到临夏市人民医院进行为期3个月的支医。专家们进驻市人民医院相关科室，将先进技术及理念带进来，带动了医院医疗的发展及科室医护人员技术的提高。医护人员学习气氛高涨，工作积极性提高，在医疗方面先进技术与当地同行进行广泛交流、协作，收效甚大。此外，为了提升村医服务群众低的积极性，根据《临夏市乡村医生管理及养老问题管理办法》，临夏市政府为乡村医生养老政策的落实提供政策保障。如2017年落实了34名离岗乡村医生生活补助资金18.54万元，为32名在岗乡村医生落实14.98万元购买了企业职工养老保险。通过这些措施，临夏市有效调动了村医的工作积极性。

三、健康扶贫的成效

由于历史、地理和经济不发达，临夏市医疗体系长期处于不完备状态，医疗设备老旧，更新换代缓慢，医疗人才引进困难、流失严重，居民健康素养较低，这使得临夏市医疗卫生条件与全国平均水平有较大的差距。从甘肃省开始着手健康扶贫政策落实的时间节点计起，到临夏市依次顺利通过省级实地检查、第三方评估组评估、国家贫困县退出验收评估，到2018年9月最终顺利实现脱贫摘帽，总共经历约一年时间。这一年时间里，临夏市高效、全面通过健康扶贫有关的各项指标检验。

（一）因病致贫返贫率得到有效降低

临夏市通过家庭医生签约、组团式"一人一策"帮扶，使因病致贫返贫患者的病情得到及时控制和好转。对慢性病进行签约服务，对大病重病进行定点救治和兜底保障，减轻了困难家庭的经济负担，解除了患者的后顾之忧，有效降低了因病致贫返贫率。临夏市为所有符合条件的群众免费办理慢性病卡，累计办理慢性病卡4821张，切实做到了应办尽办；累计门诊慢特病（慢性病、特种重大疾病）补偿3.4万人次，补偿基金1240万元，所有符合条件的患病人口全部享受了基本医疗相关政策。临夏市实现了资助贫困县最低生活保障对象、特困供养人员、建档立卡贫困人口参加基本医疗保险资助率100%的目标。2018年以来，临夏全市共救助农村低保对象、特困供养对象、精准扶贫对象及重特大疾病患者1412人次，救助资金423.04万元，做到了救助资金向农村重病患者倾斜、向建档立卡贫困人口倾斜，切实解决了困难群众因病致贫因病返贫问题。

临夏市通过为建档立卡贫困人口提供有针对性的、全方位的、免费的"一人一策"家庭医生签约服务，"送医上门、送人就医"服务，切实解决了建档立卡贫困人口有病看不了、看病就医难、健康没人管的问题，最大限度减少因病致贫、因病返贫，提高贫困人口的获得感和满意度。例如城郊镇的专家组在结对帮扶时，发现金白给牙患有老年性的腰腿痛，丈夫杨麦海木患有气管炎，还有一名患有严重精神病的儿子，家庭情况特别困难。该精神病患者臀部因被碱灼伤有一整片的化脓腐烂，肛门堵塞，情况危急。帮扶专家立即在现场对该患者实施了诊疗，随后联系州中医院精神卫生中心专家入户进行了会诊，并送去了对症治疗所需药品和生活用品，共为患者减免近5000元的治疗费用。同样，枹罕镇江牌村的马文杰患有肾病综合征，无力支付医疗费用，仅靠日常用药控制病情，经过医疗帮扶专家积极协调在市人民医院住院治疗，并为他联系了济困病房，在政策内报销的基础上，再次对总费用减免了18%，实际补偿比达到87%，切实减轻了患者负担，预防了因病致贫。

（二）群众看病难和看病贵问题得到有效缓解

临夏市健康扶贫的一系列举措，如健康扶贫"七个一"工程、大病保险、医疗救助"一站式"服务、报销和兜底保障政策等，均着眼于解决贫困人口的看病难和看病贵问题，极大地减轻了患者及家人的经济负担和精神负担，使贫困人口大病得到及时有效救治保障。医务人员与入户摸底和免费体检，面对面为群众上门服务，第一时间掌握了患者病情及家庭情况，打通了医务人员和患者的"最后一公里"，不仅把健康扶贫各项措施落到实处，也为群众带去了实惠。临夏市新农合参合率接近100%，报销人次和补偿金额都呈快速上升趋势，在缓解看病难和看病贵问题中起到越来越重要的作用（见表8-3）。临夏市累计为3.4万人报销医疗费用1.17亿元，为2040人落实大病救助资金871.6万元，落实医疗救助资金1969.3万元。

表8-3　2014—2017年新农合补偿数据

年份	新农合参合率	农业人口数（人）	报销人次（人次）	补偿金额（万元）	新农合筹资（万元）
2014	98.13%	68980	9198	2371	2608
2015	98.27%	69489	11013	2616	3242
2016	98.35%	70498	16938	3103	3745
2017	98.55%	70796	20762	3560	4191

（资料来源：临夏市扶贫办内部资料）

临夏市百名专家下基层义诊活动不仅仅体现为"送医下乡"的工作形式，更重要的是在这个过程中与广大农民群众建立良好的沟通机制，让医生与患者面对面、让问题与方法面对面、让矛盾与沟通面对面，重新构建新型医患关系。通过这样一种互动机制，让患者更多地发声，让医生离开医院环境，去现场深切体会患者就医难的苦衷，对于培养医生的职业道德素养帮助颇大。在此过程中，患者有更多的机会向医生诉说病情和就医中遇到的困难，同时也得到医疗健康知识方面的提升。百名专家下基层义诊活动并不仅仅体现在为了解决群众的生病就医难题，更多的是让精准扶贫、普惠医疗的政策深入人心，让群众共同见证、共同享受、共同感怀、共同评价精准扶贫的成果。老百姓普遍评价，"医生救死扶伤的好作风又回来了"。

案例

枹罕镇青寺村郭家社年仅4岁的李国宏患有严重的先天性心脏病，前期诊断为右心室双出口、室间隔缺损、大动脉异位，病情很严重。专家组了解到情况后，立即组织人员开展了送医上门服务，及时联系省人民医院专家后，帮助诊断病情。但由于患者病情严重，省内医疗服务技术暂不能开展此类手术，省上专家又帮助患者联系了北京的中国医学科学院阜外医院，通过各方努力，手术顺利进行，患者恢复良好。

家住南龙镇杨家村的村民妥学明40岁，患精神分裂症15年，生活无法自理。医疗专家组把病人和家人及时送到临夏州中医院精神卫生中心就诊，陪同患者做了B超、心电图、脑电图等一系列检验检查，后入住了院内康复中心，经过2个月的免费治疗，妥学明的病情有了明显的改善。家属还将印有"精准扶贫解忧患　心系群众办实事"字样的锦旗送给了该村的帮扶单位和驻村工作队。

临夏市送医上门的热情服务赢得了广大群众的好评，提升了群众对健康扶贫工作的满意度。

（三）农村居民健康素养不断提升

通过入户帮扶、集中宣传、医患互动、媒体传播等多种方式，临夏市显著提升了群众的健康素养。尤其是，医疗专家与群众建立了"一对一"的长期帮扶关系，按照"慢病签约服务、大病定点救治、重病兜底保障"的原则，由帮扶专家负责因病致贫、因病返贫群众顺利脱贫，并对农村贫困群众在健康养生、防病治病知识方面进行经常性宣传，提高了农村居民的健康素养水平。例如，家住枹罕镇马家庄村年仅6岁的喇东红面部及四肢皮肤有结痂及患处感染情况，帮扶专家得知病情后立即联系省中医院皮肤科专家入户进行了诊断，初步诊断为牛痘样水疱病，当即给予了治疗和用药指导意见，并对家属传授了日常护理知识以及饮食指导。健康扶贫政策不仅给患者本人身体、心理上给予了帮助，也给这个家庭带去了党和政府的温暖与关怀。

（四）医疗卫生服务能力和可及性显著提升

健康扶贫以来，临夏市加大医疗项目投资、人员培训和重点学科建设，可看病种274种，比2017年增加了28种，乡镇医院可看病种由2017年的60种提高到70种。目前，临夏市每千人拥有医务人员数2.23人，每千人拥有护士数1.4人，每千名农村人口拥有乡村医生0.8人，每个乡镇卫生院均配备有救护车。市属的公立医疗机构设置病床770张，每千人拥有病床数3.1张。从2013—2018年临夏市医疗服务能力情况也可以看出，各项指标均在加快变好，医疗服务能力在不断上升。随着2020年市医院整体迁建项目完成，临夏市医疗卫生服务能力预计将有较大好转（见表8-4）。

表8-4　2013—2018年临夏市医疗卫生服务能力情况

	2013年	2014年	2015年	2016年	2017年	2018年
门诊人次	147691	304078	486087	721521	924153	1142881
住院人次	10440	26189	40966	54942	68493	82923
手术台次	2565	5186	7831	10270	12504	14833
重点专科数	0	0	0	0	1	3
薄弱学科建设数	0	0	0	2	5	7
高级职称人员	42	45	55	65	75	79
大型设备拥有数	31	35	37	47	63	69

注：自2013年起作为原始数据，之后历年数据均为2013年基数上增加合计数
（资料来源：临夏市卫计委内部资料）

临夏市本着"做强市一级、做活乡一级、做实村一级"的目标，完善了"市—镇—村"三级医疗体系。脱贫攻坚以前，临夏市乡镇卫生院服务能力较差，村卫生室没有实现全覆盖且设施简陋，仅能依靠县级两所医院服务群众，没有建立起完备的医疗服务体系，缺乏县—镇—村间的联动机制，群众看病都去县城，造成县级医院资源的进一步紧缺和镇卫生所、村卫生室的持续落后。另外，临夏地处藏区和回民区交界地方，对于地域性、民族性、特色性的医疗服务也有一定需求，在建档立卡前专业化的医疗服务机构也较少，这些因素也形成了对临夏市医疗服务体系的制约。健康扶贫使得上述问题得到了有效的缓解。截至2018年，临夏建成市级综合医院2所，市疾控中心、妇保院站、地病办、卫生监督所各1所，乡镇卫生院4所、社区卫生服务中心5所，民营医院21家，村卫生所（室）55所，个体诊所175所，构成比较完善的三级医疗服务体系。各个行政

村确保有村卫生室，有乡村医生，有即时结报网络，有健康专干，有健康管理台账。乡级确保有达标的乡卫生院，有全科医生，有签约团队（签约率达95%以上），有健康管理登记册，有"先看病后付费"服务。另外，为有效补充县级医院的医疗能力短板，满足不同群众的就医爱好，市卫计局在政府支持下，引进了藏医、专业眼科和骨科微创等外地专业化医疗机构，受到群众的欢迎。市、镇、村医疗机构之间的沟通机制已经基本建成，全市送医距离在20分钟车程以内，确保突发疾病能够得到有效救助。

第九章 临夏市脱贫摘帽的经验、启示和展望

如何摆脱贫困,走向共同繁荣是人类面临的发展难题。2013年11月,习近平总书记在湖南省湘西自治州花垣县十八洞村首次提出精准扶贫理念,为新时期中国扶贫开发工作指明了方向,也将1978年以来人类史上最大规模的减贫行动推向了高潮和决胜阶段。2013年以来,临夏市和全国其他831个贫困县一道,前途命运得到了根本性改变,创造了中国扶贫史上的最好成绩,也为世界反贫困事业提供了中国方案。党的十九大报告提出,实施乡村振兴战略。要坚持农业农村优先发展,按照产业兴旺、生态宜居、乡风文明、治理有效、生活富裕的总要求,建立健全城乡融合发展体制机制和政策体系,加快推进农业农村现代化。摆脱贫困是实现乡村振兴的前提和基础,要把脱贫攻坚同实施乡村振兴战略有机结合起来。本章将总结临夏市脱贫摘帽的基本经验,探讨临夏市脱贫摘帽的重要启示,并提出临夏市从脱贫攻坚走向乡村振兴的政策建议。

一、脱贫摘帽的基本经验

自2014年至2018年的五年时间里,在党中央、国务院、甘肃省、临夏州的坚强领导和临夏市各族人民的共同努力下,临夏全市累计减贫5577户共计2.37万人,剩余贫困人口下降至289户1052人,贫困发生率

从27.83%降至1.22%，取得了脱贫攻坚的决定性胜利。2018年9月，临夏市顺利通过甘肃省脱贫摘帽核查验收，成为临夏州首个脱贫摘帽的贫困县，成为2017年度全国125个脱贫摘帽县之一，在全州、全省乃至全国起到了模范带头作用。临夏市打赢脱贫攻坚战的基本经验包括：

（一）以习近平总书记关于扶贫工作重要论述作为打赢脱贫攻坚战的根本指导

临夏市在短短的五年时间里将贫困发生率从27.83%减少到1.22%，使临夏市的脱贫攻坚走在了甘肃省的前列，走在了民族地区的前列，是临夏发展历史上一项前无古人的壮举。这一壮举的实现得益于临夏市全体干部群众勠力同心、不折不扣地贯彻落实习近平总书记关于扶贫工作的重要论述，贯彻落实党中央、国务院扶贫办、甘肃省、临夏州关于精准扶贫、精准脱贫的一系列政策和部署。2013年以来，面对临夏市边缘化、原子化、个体化的农村贫困人口和部门化、碎片化、粗放化的减贫模式，临夏市坚决按照精准扶贫方略的要求，变传统的"大水漫灌"式减贫模式为"精准滴灌"式减贫模式，促进临夏市减贫治理模式的升级换挡，使广大贫困群众在脱贫攻坚中得到了实实在在的实惠。在顶层设计上，临夏市委市政府遵循习近平总书记关于把打赢脱贫攻坚战作为重大政治任务、以人民为中心、以脱贫攻坚统揽经济社会发展全局、把脱贫攻坚作为头等大事和第一民生工程等一系列重要论述，强化组织保障，凝聚各方力量，因地制宜、精心谋划脱贫攻坚的全过程。在具体目标上，临夏市始终着眼于解决"两不愁三保障"突出问题，既不好高骛远、也不吊人胃口，又不降低标准、影响质量，确保了辖区贫困人口在现行标准下全部脱贫。

重在精准是临夏市脱贫攻坚的一个鲜明观点。习近平总书记指出，扶贫工作"贵在精准，重在精准，成败之举在于精准"。在具体操作上，临夏市严格按照"五个精准"和"六个一批"的要求指导具体脱贫攻坚实践，实现了扶贫攻坚的高效、精准和扶贫效果的高质量和可持续。以就业扶贫为例，临夏市用精准扶贫的思想探索出了一套就业精准扶贫的"临夏做法"：首先，通过开展扎实深入的入户调查，精准识别就业扶贫的对象；其次，构建了覆盖全部贫困劳动力的就业信息管理系统，可以及时跟踪反馈每名贫困劳动力的就业情况，实现精准管理；最后，根据就业扶贫对象未稳定就业的原因、就业的需求，精准采取有效促进贫困劳动力稳定就业的帮扶做法，逐户制定具体的就业帮扶举措，开准"药方"，对症下药，真正做到就业扶贫扶到人身上，脱贫落到人头上。可以说，没有习近平总书记精准扶贫方略的根本指导，就没有临夏市脱贫攻坚来之不易的伟大成果和生动实践。

（二）全力打造一个善谋划、敢担当、有作为的领导班子和一支团结、协作、肯干的精锐队伍

深度贫困地区的脱贫攻坚是一场战役，一个优秀的指挥官与一支精锐的队伍是打赢这场战役的重中之重。临夏市脱贫攻坚具有贫困人口多、致贫原因复杂、自有财政薄弱、人力资源不足等特点。全面贯彻落实习近平总书记提出的精准扶贫、精准脱贫基本方略和党中央、国务院、甘肃省、临夏州的各项决策部署，是一项兼备系统性、复杂性、精准性的综合性工作。一个善谋划、敢担当、有作为的领导班子开创了临夏市脱贫攻坚的新路途、新实践。临夏市委、市政府领导班子始终把打赢脱贫攻坚战作为重大政治任务，坚持以脱贫攻坚统揽经济社会发展全局，把脱贫攻坚作为发展头等大事和第一民生工程来谋划，把各级党组织的执政能力建设、班子建设和作风建设贯穿于脱贫攻坚全过程，形成了组织有力、目标同向、全力以赴、共同推进的工作格局。"上面千条线，下面一根针。"脱贫攻坚涉

及多层级方方面面的部门和机构，涉及每个贫困户的切身利益。临夏市委市政府通过建立"脱贫攻坚领导小组""市镇村户"帮扶体系、"三级会议"体系，在脱贫攻坚中及时发现问题和解决问题，提升了解决问题的能力。县级干部、科级干部、普通干部对口帮扶，四级联动，使从上到下各层领导及党员明确了责任担当，务实、踏实地参与到精准扶贫工作中。

伟大的脱贫攻坚战役需要有伟大的战士，而伟大的战士孕育在伟大的脱贫攻坚战斗中。临夏市形成了"将最强的领导力量、最优的帮扶资源向贫困村倾斜，为贫困村配强驻村帮扶工作队，为贫困户精准选派帮扶责任人，确保打赢脱贫攻坚战"的思想和决心。在选兵上，临夏市注重选配讲大局、敢担当、基层工作经验丰富、善于带领群众脱贫致富的实干型优秀干部担任镇党政正职，注重从乡镇事业干部、大学生村官和优秀村干部等"三类人员"中选拔党政班子成员，注重将政治坚定、年富力强、作风过硬的优秀科级干部选派到脱贫攻坚一线担任第一书记，注重从致富能手、专业合作组织负责人、外出经商人员、退伍转业军人和大学生村官中选拔配备村党组织负责人。据统计，临夏市全市共计4000多名帮扶干部投身于脱贫攻坚第一线。在用兵上，临夏市围绕一个中心，按照一个步调，推动脱贫干部走村入户采集信息、制订计划、落实帮扶，坚持在脱贫攻坚一线锤炼干部作风。在考核激励上，临夏市坚持严管厚爱，激励约束并重，狠抓干部作风建设，把精准扶贫工作业绩纳入党政领导班子、领导干部综合考核评价体系，对全市精准脱贫工作中的263名先进集体和个人进行了表彰，40名工作在扶贫一线的干部进行了提拔重用或调整到重要岗位。可以说，临夏市脱贫攻坚战的伟大实践锻炼出一支斗志昂扬、乡土气息、朴实肯干的乡村干部队伍，为临夏市实施乡村振兴战略奠定了组织和干部基础。

（三）聚焦"两不愁三保障"，靶向滴灌精准施策

临夏市以实事求是为准则，高度聚焦"两不愁三保障"，统筹抓好义务教育、基本医疗、住房安全等重点工作，扎扎实实推进各项任务落地见效。为了精准识别贫困户，临夏市根据"9771"贫困户识别法，将符合条件的贫困人口（包括返贫、新认定人口）纳入建档立卡范围，对贫困人口自然增减进行调整，并及时采集、更新、录入贫困人口信息。为了充分调动各方资源，临夏市变政府"独角戏"为政府、行业、社会"大合唱"，积极构建专项扶贫、行业扶贫、社会扶贫"三位一体"的大扶贫格局，用心、用情、用力解决"两不愁三保障"。为了精准脱贫，临夏市从贫困户最急需、短板处下手，根据贫困户"两不愁三保障"的具体情况和致贫原因，全方位综合采取教育扶贫、产业扶贫、就业扶贫、健康扶贫、社会保障兜底等具体措施，帮助贫困村贫困户解决义务教育、基本医疗、住房安全、产业发展等方面的短板。经过不断努力，临夏市高质量解决了"两不愁三保障"问题，全市贫困户人均可支配收入增速高于全国和甘肃省平均水平，实现了从幼儿园到高中的全程免费教育，实现了全市C级、D级危旧房清零目标，所有符合条件的患病人口全部享受了基本医疗相关政策，为4000多名符合条件的群众免费办理慢性病卡，有效降低了因病致贫返贫率。在退出方面，临夏市严格依据"收入、两不愁、三保障"三部分11项指标，组织驻村干部、驻村帮扶工作队，逐村逐户进行测算，坚持公开、公平、公正，真正做到了贫困退出的真实可靠。经过努力，临夏市高质量完成建档立卡贫困户"两不愁三保障"任务，从根本上消除了绝对贫困问题。

（四）坚持扶贫扶志扶智相结合，激发贫困人口内生动力

针对部分贫困户家庭不睦、不尚勤俭、"等靠要"思想严重等问题，临夏市坚持扶贫扶志扶智相结合，因户施策、因人施法，激发贫困群众脱贫致富的内生动力。扶贫扶志扶智"三扶并举"的理念和做法，为临夏市精准扶贫精准脱贫工作拓展了新局面。尤其是，临夏市首倡"以德扶贫"的理念和行动，不仅为当地贫困家庭解决了脱贫过程中遇到的诸多家庭矛盾，促进了家庭和睦，使得贫困人口能齐心协力共同致富，还进一步促进了乡风文明建设。党员干部的亲民作风还感染了困难群众，在改善干群关系的同时，也使村民从"干部干，群众看"到"干部群众一起干"，最后转变为"群众自己干"。产业就业扶贫促使当地贫困群众的"等靠要"思想观念发生彻底转变，改变了贫困群众的精神风貌，全面提升了脱贫斗志及信心，使他们掌握一技之长。在教育扶贫上，临夏市将国家对于"三区三州"的15年免费教育政策落实到位，实施学前阶段免费教育政策，在36个行政村全覆盖建设一所幼儿园，有力促进了教育公平、均衡发展及基本公共服务均等化。临夏市控辍保学成果突出，优先教育发展，各项指标居于全省甚至全国前列，使得贫困家庭学子的入学机会得到保障，提升了下一代的知识文化水平，减少了低端劳动力，为其今后发展提供了更多可能。可以说，临夏市扶贫扶志扶智相结合使贫困人口在思想、精神面貌上焕然一新，激发了贫困群众自我发展的内在动力，提高了贫困人口的自我"造血"能力，给当地贫困人口的生产生活带来了实质性改变。

（五）将脱贫攻坚与城乡融合发展相结合，有效解决"怎么扶"问题

半城半农是临夏市城乡关系的最大特点，城乡要素流通不顺畅、城乡

产业发展不均衡、城乡公共服务配置不均衡等城乡发展不平衡问题是临夏市经济社会发展最大的短板，也是制约贫困人口享受城镇化、工业化成果的阻碍。党的十八大以来，临夏市坚持以脱贫攻坚统揽经济社会发展全局，不断加强城乡要素资源、产业之间的互动、交流、协作，逐步缩小城乡公共服务差距，探索出一条以城带乡、城乡共建解决"怎么扶"问题的道路。在产业扶贫上，临夏市紧扣州府所在地的区位优势和快速城镇化的市场优势，因地制宜地选择具有比较优势的城郊型特色产业，如设施蔬菜、花卉产业、牛羊养殖、休闲农业、乡村旅游，在带动贫困户脱贫致富的同时也促进了城乡要素和产业融合。在就业扶贫上，临夏市将城市的培训和就业服务体系向农村进行延伸和拓展，建立健全城乡一体化的劳动者就业培训体系，通过全员技能培训、提供公益性岗位和发展"扶贫车间"促进贫困劳动力就地就近稳定就业，有效提高了包括贫困劳动力在内的所有农村劳动力的就业稳定性和层次。在健康扶贫上，临夏市不断健全"市—乡—村"三级医疗服务体系，提供"送医上门"和"送人就医"服务，变被动式为主动式医疗服务，打通服务群众健康"最后一公里"，实现了城乡医疗资源的共享，有效解决了贫困群众看病难和看病贵问题。在聚焦"两不愁三保障"的基础上，临夏市统筹推进美丽乡村建设、村庄绿化美化、农村旱厕改造、农村污水收集处理等基础工程，整体提升脱贫村和非贫困村、脱贫户和未脱贫户的公共服务水平。全市实现了村级文体广场、乡村大舞台、综合文化站、标准化村卫生室、农家书屋、老年人日间照料（活动）中心以及健身中心村级全覆盖；村社道路硬化率、危旧房改造率、自来水入户率、动力电、宽带网络、电视信号、通信信号覆盖率均达到100%。可以说，临夏市将脱贫攻坚与城乡融合发展相结合，不仅使脱贫攻坚与城乡一体化发展相呼应，也让农民享受到与城镇居民同样的文明和实惠，使整个城乡经济社会更加全面、协调、可持续发展。

（六）让少数民族群众同享脱贫政策，不让一个少数民族掉队

民族地区能否顺利脱贫摘帽，是关系到全国脱贫攻坚工作的决定因素。少数民族群众能否顺利脱贫摘帽，也是全国人民能否摆脱贫困的关键标尺。临夏市坚持以脱贫攻坚统领经济社会发展全局，推动了民族团结和宗教事业进步。临夏市以党风建设为中心，锤炼一支作风优良的少数民族扶贫干部队伍，使少数民族村庄干部作风明显转变、素质明显提升，从而使少数民族村庄农村基层党组织的凝聚力、战斗力得到加强，农村治理水平和脱贫能力得到提升。作为多民族聚集地区，临夏市脱贫攻坚过程中，因势利导，充分尊重了各民族的宗教信仰，动员鼓励宗教人士积极参与社会扶贫，取得了较好的成效。临夏市通过让少数民族群众同享产业、医疗、教育、就业、住房改建等政策，促进少数民族村庄和群众融入现代产业体系、现代公共服务体系、现代教育体系，尽可能弱化脱贫攻坚中的民族差别，促进脱贫攻坚与中华民族共同体意识相融合。尤其是，临夏市特别注重全面加强文化教育建设，全方位提升学前教育、义务教育、职业教育、高等教育的质量，深化教育内涵，改变校园人文环境与硬件设施，促进教育公平，通过教育脱贫助推少数民族学生铸牢中华民族共同体意识。

二、脱贫摘帽的重要启示

临夏市减贫历程是中国西部民族地区减贫历程的一个缩影。经过改革开放40多年的努力，尤其是党的十八大以来的探索，临夏市跟全国其他贫困地区一样，成功走出了一条具有中国特色的减贫道路。探寻临夏市如何成功实现脱贫摘帽，在全面建成小康社会、落实联合国《2030年可持续发展议程》消除贫困目标的今天，不仅对全国和其他发展中国家的减贫

事业有特别的借鉴意义，也有助于反思贫困治理的相关理论和理念。

（一）坚持精准扶贫与区域发展相结合

2013年以来，临夏市坚持以脱贫攻坚统揽经济社会发展，在脱贫攻坚过程中兼顾解决个体贫困和区域发展，不仅彻底消除了个体层面的绝对贫困问题，还全面提升了区域层面的物质文明、政治文明、精神文明、社会文明、生态文明。

在个体层面，临夏市全面贯彻落实习近平总书记提出的精准扶贫、精准脱贫方略，把真正的贫困人口弄清楚，把贫困程度、致贫原因等信息搞清楚，因户施策推进教育扶贫、就业扶贫、产业扶贫、健康扶贫，确保了对贫困人口的精准扶贫和精准脱贫。在产业就业方面，缺门路、缺资金、缺技术、缺劳动力是临夏市产业扶贫的制约因素，但具体到不同的贫困户，这些制约因素又各有不同，且呈现出不同的表现形式。在扶贫过程中，临夏市注重摸底调研，针对不同贫困户开出不同药方，因地制宜、精准施策。临夏市创新"菜单式扶贫"方式，针对不同贫困户的情况精准滴灌、靶向治疗：对想发展设施蔬菜、乡村旅游的，及时给予资金、技术支持；对有就业创业技能培训需求的贫困人口，免费开展技能培训，增强扶贫对象自我发展能力；对暂时缺乏致富门路的，采取入股分红享受固定收入。在公共服务方面，临夏市对贫困户致贫原因和各项支持政策逐一对照梳理，解决好公共服务政策与贫困户之需、实现贫困村之需的精准对接，使包括贫困户孩子在内的所有城乡孩子均享受到从幼儿园到高中阶段全免费教育，所有符合条件的贫困患病人口全部享受了基本医疗相关政策，所有贫困户全部住上了安全住房。

在区域层面，临夏市以脱贫攻坚统揽经济社会发展，将脱贫攻坚全面融入经济建设、政治建设、文化建设、社会建设和生态文明建设中。在经济建设方面，通过产业扶贫和就业扶贫，打造城郊型农业富民产业，推动资金、技术、人才下乡入户，构建农户与现代农业的产业链和组织联系，全面解决了贫困户发展产业面临的环境、市场、资金、组织、技术约束，不仅推动了贫困户脱贫致富，也促进了农业转型升级和一二三产业融合发展；在政治建设方面，通过坚持群众主体作用和不断完善基层党组织建设，充分赋予和尊重贫困群众知情权、决策权、监督权、管理权，提高了村庄内部自我管理、自我教育、自我服务、自我监督能力，夯实了党在基层的执政基础；在文化建设方面，坚持扶贫扶志扶智相结合，倡导以德扶贫，消除陋习培育良好家风，提高了贫困群众内生动力，丰富了农村文化精神生活，净化了乡村风气；在社会建设方面，通过大力实施教育扶贫、健康扶贫，推进安全饮水、道路硬化、文化广场建设等项目，提高了农村贫困人口享受到的基本公共服务水平，解决了农村地区存在的医疗、教育、社保、基础设施等短板问题，促进了城乡公共服务均等化；在生态文明建设方面，通过统筹推进美丽乡村建设、村庄绿化美化、农村旱厕改造、农村污水收集处理等基础工程，开展农户庭院整治，改善庭院环境，全面改善了农村人居环境。可以说，经过脱贫攻坚，临夏市物质文明、政治文明、精神文明、社会文明、生态文明得到全面提升，城乡融合发展取得积极进展。

临夏市将解决个体贫困与促进区域发展相结合，使得精准扶贫、精准脱贫行动与促进一二三产业融合、改善城乡公共服务均等化、培育乡风文明有机融合了起来，相辅相成、相互促进。例如，本地就业是城镇化良性发展的关键，也是解决农村空心化和贫困问题的一条可行道路。临夏市通过提升贫困家庭劳动力技能水平和就业创业能力，完善政府就业服务，确保实现"培训一人、就业一人、致富一人、脱贫一户"的目标，走出了一条以城带乡促进贫困劳动力本地就业之路。这不仅有助于贫困劳动力兼顾工作和照顾家庭，还夯实了临夏市产业升级转型的人才基础。在贫困户产业就业能力和公共服务可获得性不断提高的同时，也全面促进了本地区的产业升级、公共服务情况的改善和社会发展，真正让包括贫困人口在内的农民真切看到且享受到脱贫攻坚带来的好处。

临夏市坚持将解决个体贫困和促进区域发展相结合，不仅为发展中国家贫困治理的探索和完善提供了良好的典范和经验，也用中国精准扶贫实践丰富了反贫困理论。如何兼顾解决个体贫困与区域发展是发展中国家反贫困实践面临的一大挑战。消除贫困不仅是个体层面的事情，也是一项区域经济、政治、文化、社会、生态文明建设相互协调、共同作用的系统工程。个体贫困最早被界定为物质匮乏，但随着研究的深入，能力缺乏、文化落后、权力剥夺、环境脆弱等都被认为是贫困的表现，并形成了贫困原因能力剥夺学说、贫困代际传递说、资本短缺论、贫困文化论、制度性贫困论、环境决定论等几大理论。在理论上，已有关于解决贫困的研究提出了"大推进理论""人力资本理论""资产建设理论""基本公共服务均等理论"，但这些理论大多有针对性地解决个体层面的贫困问题，在实践中并没有系统而彻底地解决区域贫困问题。过去的减贫实践要么偏重贫困户个体或村庄层面，试图采取外部干预促使解决贫困人口的资金、人力资本、土地、技术等短缺问题，要么更多地着眼于区域层面，试图通过发展经济使涓滴效应惠及更多贫困人口。发展战略和减贫战略缺乏融合，导致个体层面的减贫举措很少兼顾到区域层面，难以改变制约减贫的区域或中观层面约束，而区域层面的发展战略总是偏向于惠及基础条件好、好扶或能扶的区域和人口，导致贫困人口越来越集中于"老、少、边"地区。个体贫困和区域贫困相互交织，形成恶性循环。临夏市精准脱贫的实践表明，要在短时间内消除贫困，不仅需要注重个体层面的产业、赋权、就业、教育、医疗等反贫困措施，还需要在区域的经济建设、政治建设、文化建设、社会建设、生态文明建设等各方面和全过程综合发力。此外，单一扶贫手段不能彻底解决贫困问题，必须通过经济、政治、文化、社会、生态文明等综合性扶贫手段，对建档立卡贫困群众全覆盖落实产业、医疗、教育、住房、饮水、社会保障、金融支撑等扶持政策；单一层面的扶贫措施不能彻底解决个体贫困和区域贫困问题，必须在个体、社区、区域层面实施多层次的综合扶贫措施，彻底解决束缚贫困人口脱贫致富的个体、家庭、体制性障碍。

（二）坚持有为政府与有效市场相结合

临夏市脱贫摘帽的实践反映了贫困治理中有为政府和有效市场的重要性。一方面，临夏市脱贫摘帽是政府主导推动的结果。临夏市遵循了中国共产党总揽全局、执政为民的执政理念，建立了脱贫攻坚责任、政策、投入、动员、监督、考核六大体系，为打赢脱贫攻坚战提供了政治、制度、资金、人才保障。从2014年至2018年，临夏市累计投入各类扶贫资金376199.29万元，极大地保障了脱贫攻坚的顺利进行。脱贫攻坚是一项综合性的工作，涉及20多个行业部门。各级政府及其部门各司其职、各尽其力——上级政府提供方略、政策、资金支持，地方政府统筹落实、业务部门专业化治理、相关部门各献其力、帮扶干部尽心尽力，形成了强大的贫困治理能力。尤其是在产业扶贫上，临夏市将政府产业脱贫的主要职责定位于做好产业规划，从信贷、保险、土地、税收政策上给予精准扶持，引导社会力量参与产业扶贫，不是为了脱贫而盲目发展产业，一拥而上。临夏市积极优化产业发展环境，在项目、资金、保险金融、税费、技术服务、人才队伍等方面给参与产业扶贫的市场主体以支持，加大对交通、电力、通信等基础设施建设投入力度，强化科技服务支持，稳步有序地将本地优势产业培育打造成特色品牌。正是由于政府不"越位"，也不"缺位"，临夏市的产业扶贫才没有跑偏，并实现可持续发展。

另一方面，临夏市还注重发挥好各类市场主体作用，遵循市场和产业发展规律，让农民、农业合作社、村集体因地制宜选择产业发展方向和模式，自主经营，提高产业发展的持续性和有效性。临夏市委、市政府在充分研判当地农村产业发展的内外部环境和尊重市场规律的基础上，出台相关资金、技术、人才扶持政策，引导各类新型农业经营主体根据产业特点和市场情况自主决定产业发展，通过产业升级转型和模式创新，为消费者提供丰富、优质的产品，助力脱贫攻坚。在"玉米改菜、改花"中，种植户、村集体、农业合作社等经营主体可以选择玉米改菜或改花与否，政府主要提供资金、技术支持。在"菜单式"扶贫中，贫困户可以自主选择蔬菜种植或者畜牧养殖，或者选择将扶持资金入股龙头企业和农业合作社。对于空壳村，各村可以结合自身实际自主选择政府注资使用模式，如通过与企业或合作社签订分红协议共享分红，选择发展乡村旅游或者城市服务业。由于临夏市根据各贫困村的资源禀赋以及贫困户的经营能力和脱贫需求引进和发展有潜力的产业，产业扶贫并没有出现脱离实际和一哄而上的现象。

临夏市为临夏州州府所在地，城镇化水平高，具有政府和市场相互融合推动城乡一体化的基础，而临夏市较小的农村辖区面积和农村人口又降低了政府开展脱贫攻坚的成本。临夏市依托得天独厚的区位优势和市场优势，用产业扶贫激活县域经济发展和转型，用城乡公共服务均等化提升贫困人口公共服务水平，走出了一条以城带乡、城乡融合发展的脱贫道路。临夏市脱贫攻坚顺应了党中央致力于让贫困群众共享改革开放成果、与全国人民同步迈入全面小康社会的政治愿景，承接了改革开放四十年政府积累起来的政策、技术、财政优势，顺应了城镇化、市场化和城乡融合进程中的市场效应。可以说，一个有为政府、有效市场是临夏市根除贫困的关键，其实践也丰富和发展了减贫理论中关于政府和市场关系的论述。

（三）坚持外部力量与地方主体性相结合

像临夏市这样的深度贫困地区，在反贫困过程中面临着诸多不利条件：地方财政自生能力不足，"资源变资产"受到限制或者成本很高，脱贫成本极高。利用上级政府、外来企业、社会组织的力量成为许多发展中国家反贫困的重要方式。然而，大批外来机关干部、学者、企业经营者、技术人员生活在城市，被认为是权力、知识和先进文化的代表，推动着科学的东西进入贫困乡村，却不太习惯和理解乡村生活、乡村环境、乡村社会、乡村经济、乡土规则。他们为贫困群众设计的脱贫方案，是否符合贫困群众的需求？因此，如何促进外部力量与地方主体性相融合需要找到正确的方式和方法。

临夏市的脱贫攻坚不是"一个人的战斗"。消除绝对贫困，全面建成小康社会，是中华民族的千年梦想，也是近百年来中国共产党人的初心和使命。2013年以来，全国上下脱贫攻坚力度之大、规模之广、影响之深，前所未有。像其他贫困县一样，临夏市脱贫攻坚取得的伟大成就，离不开自上而下的坚强领导和全社会的倾力投入：习近平总书记亲自部署、亲自指挥了包括临夏市在内的全国脱贫攻坚，习近平总书记关于扶贫工作的重要论述构成了临夏市精准扶贫、精准脱贫的基本遵循和行动指南；党中央、国务院、甘肃省、临夏州的一系列好政策和实举措，如教育扶贫、产业扶贫、就业扶贫、健康扶贫等，以及累计投入的30亿元扶贫资金，是临夏市脱贫攻坚的坚强保障；福建厦门市思明区在资金、产业、项目、人才等方面的倾力援助，为临夏市脱贫攻坚注入了强大活力。

临夏市脱贫攻坚实践凸显了地方主体主动性和创造性的重要性。作为民族地区，临夏市的民族构成、宗教信仰、教育水平等各方面脱贫条件都具有特殊性,这也决定了临夏市不能完全照搬其他地区的脱贫攻坚办法。在"谁来扶"这一问题上,临夏市积极响应党中央号召,改政府帮扶"唱独角戏"为全社会脱贫攻坚的"大合唱",积极鼓励地方企业、社会团体、慈善组织等参与精准扶贫工作,有效吸引、利用和盘活社会力量和资金。更为重要的是,临夏市建立起一支无私奉献、敬业专业、踏实肯干的贫困治理队伍。这一贫困治理力量的主体是由当地干部、当地企业家、当地村民、贫困群众等人组成的。这些人对临夏市有感情,扎根于临夏市具体的社会经济条件和文化传统,又大胆吸收借鉴外部的经验教训,基于本地实践的检验、革新创新贫困治理手段和方案。地方干部群众积极贯彻落实党中央的精准扶贫精准脱贫方略,又立足本地、因地制宜、因户施策,在一定程度上减少了形式主义、官僚主义的干扰和形象工程、政绩工程的产生,避免了脱贫攻坚过程中的不计成本、不计效果和不切实际等问题。

临夏市坚持外部力量和地方主体性相结合,不断探索、试验、纠正、归纳、总结适合本地的贫困治理解决方案,走出了一条民族地区城郊型农村的脱贫攻坚道路。这一条道路充分发挥了临夏市城镇化程度高的特点,激发贫困群众的主体力量、内生力量,让包括贫困群众在内的农村居民收获满满幸福感。例如,临夏市充分利用不同村镇的优势资源发展主导产业,推进枹罕镇牡丹繁育基地、南龙镇核桃特色经济林基地、折桥镇农家乐林业休闲旅游区和城郊镇花卉培育销售基地,为贫困村镇和贫困群众量身打造脱贫致富的新产业格局;"以德扶贫"就体现了临夏市干部群众的主动性和创造性,既解决了贫困家庭面临的家庭不和、斗志不足、子女不孝等问题,又激发了贫困群众的内生动力和"造血"能力,拓展了扶志扶智理念;临夏市坚持将城市的基础设施、教育、医疗、社会保障等公共服务向农村居民尤其是贫困人口延伸,让广大农村居民享受到了与城市一样的公共服务水平,促进了城乡公共服务均等化。可以说,临夏市的扶贫工作坚持以本地化和贫困群众为中心,紧紧围绕促进贫困群众的全面发展来展开,以实际行动践行了习近平总书记以人民为中心的发展思想。

三、从脱贫攻坚走向乡村振兴

实现脱贫攻坚与乡村振兴战略的有机衔接,对于实现"两个一百年"奋斗目标具有重要意义。临夏市脱贫攻坚的经验,之所以是经验,而不是模式,关键是深深刻入了这个时代的烙印。临夏人民没有辜负脱贫攻坚所带来的机遇,但也不应忽视潜在的挑战,如扶贫财政刚性支出与地方财政困难的矛盾、扶持项目可持续问题、运动式治理向常态化治理的衔接转换问题、干部队伍思想和行动懈怠问题、脱贫攻坚经验教训如何扬弃、脱贫攻坚如何与实施乡村振兴战略相衔接等问题。正因为此,临夏市脱贫攻坚的经验不仅需要总结,需要反思,还需要展望,这样才能为乡村振兴添加正能量。

(一)细心查问题、补短板,巩固脱贫成果

在短短几年时间里,临夏市涌入大量资金、项目开展脱贫攻坚,时间紧、任务重,既取得了巨大的成绩,也难免手忙脚乱,遗留了一些问题。要保证高质量打赢脱贫攻坚战,促进脱贫攻坚与实施乡村振兴战略相衔接,还需要临夏市认真梳理总结出台的各项方针政策,细心查问题、补漏洞,把不可持续的政策和措施调整到可持续方向上,把风险大的措施慢慢消化掉。形成可持续的人才和制度保障措施来管理脱贫攻坚期间形成的庞大集体资产,如卫生室、饮水设施、农村道路、水利设施。逐步破除贫困户的"等靠要"思想,进一步激发贫困户脱贫致富的内生动力。减少政府对产业扶贫和金融贷款的行政干预,逐步解决带贫机制中分红问题,让市

场的回归市场。将教育扶贫和健康扶贫作为工作重心，下大力气解决教育和医疗人才紧缺问题，不断改善医生和教师的工作和生活条件，提供良好的培训和各种必要的物质和精神奖励。进一步清理扶贫领域存在的官僚主义和形式主义问题，提高基层干部的工作能力。

（二）以城乡融合发展引领乡村振兴战略实施，争取纳入城乡融合发展实验区，打造深度贫困地区城乡融合发展模式

临夏市乡村振兴的出路在于实现城乡融合发展。2019年5月公布的《中共中央 国务院关于建立健全城乡融合发展体制机制和政策体系的意见》提出了城乡融合发展三步走的路线图，并强调"把试点作为重要改革方法，选择有一定基础的市县两级设立国家城乡融合发展试验区，支持制度改革和政策安排率先落地，先行先试、观照全局，及时总结提炼可复制的典型经验并加以宣传推广"。党的十八大以来，经过脱贫攻坚战这一场伟大的战役，临夏市已逐步具备实现以城乡融合发展引领乡村振兴的制度、人才、经验基础。辖区面积小、"半城半农"、甘肃省第一批脱贫摘帽县、脱贫攻坚与城乡融合发展相结合的经验等，决定了临夏市具有争取纳入城乡融合发展实验区，打造深度贫困地区城乡融合发展模式的优势。

下一步，临夏市以城乡融合发展引领乡村振兴，需要重点在如下几个方面形成突破和特色：一是探索加快推进农村宅基地制度、集体经营性建设用地入市制度改革，适度放宽宅基地、闲置房屋、集体经营性建设用地入市。探索采取出租、入股等形式，将空置的宅基地整合利用，推动宅基地置换退出以及整理复垦，有序释放农村宅基地红利。培育和健全城乡建设用地统一市场，完善城乡建设用地一体化和征用政策。加快农村集体建设用地入市及价格弹性增长机制，优化农村土地资源配置。二是探索制定财政、金融、社会保障等激励政策，吸引各类人才、工商资本、科技成果

返乡入乡发展城郊农业。要为城市资本、人才和技术进入农村创造条件，逐步建立适应城乡融合发展的现代农业产业体系、生产体系、经营体系，推动了城市与农村的一二三产业交叉联动发展。例如，激励包括大学生在内的城市中的创新创业人才进入农村和农业部门，从而在农业中形成与现代农业技术相适合的人力资本结构。在以旅游业为代表的第三产业发展的同时，进一步通过税收优惠、人才补贴等措施推动建立良好的投资环境，鼓励自主创业，促进劳务输出向创业经济转型，吸纳人才走进来，打造一支强大的乡村振兴人才队伍。三是探索健全全民覆盖、普惠共享、城乡一体的基本公共服务体系，推进城乡基本公共服务标准统一、制度并轨，尤其是率先在教育、医疗、文化、社会保障体制等方面形成突破，推动乡村公共服务一体化和平台化。

（三）谋划实施一批重大生态建设项目，打造临夏特色村寨

临夏市干旱少雨，水土流失面积占比高达总面积的40%，生态环境恶劣的问题一直没有彻底解决。要建立健全生态文明综合考评机制、资源有偿使用机制、生态补偿机制，调动各相关主体保护生态环境的积极性。尤其是，要谋划推进一批重大生态工程建设项目，如水土流失治理、山水林田湖草治理、退耕还林还草等。同时，多民族聚居、多文化交融是临夏市特色所在。临夏市各村庄居住环境得到了极大改善，但距离乡村振兴战略要求的生态宜居尚有距离，仍需进一步补齐短板，打造临夏特色村寨。临夏市应顺应其民族地区文化特色，因地制宜，科学规划，注重特色民居保护，打造特色村寨。把特色民居保护放在少数民族特色村镇建设的首位，把凸显民族建筑风格放在特色民居保护的首位，避免发生"破坏性建设"现象。挖掘临夏市建筑文化资源，开展房屋、院落整体规划，扶持农民依照推荐模板开展房屋和院落的建设和装修。加大对临夏传统工艺和文化的

进一步开发创新，在甘肃省及全国范围内打造临夏知名建筑地标和文化产品，以文化创新促进美丽宜居乡村建设。

（四）推进以德治家，以家风带动民风，育化乡风文明

临夏市扶贫扶志扶智取得了显著的经济和社会效益，需要进一步推进以德治家，以家风带动民风，打造睦邻文化，扎实构建乡村振兴的微观基础和文化基因。需要重视0—6岁儿童的品德教育，加大对临夏市农村地区学前教育的公共财政投入，有效衔接学前教育与小学教育，同时牵头宣传部、妇联积极开展家风文化建设，营造以母亲为核心的良好的家风氛围，以家风连民风。进一步建设农村基本养老设施，完善文化广场等公共文化服务建设，建设更多更丰富可供老年人集中活动的公共场所，使老年群体老有所为、老有所乐。在完善基层文化场所、乡村体育设施等硬件建设的基础上，重视日常活动的组织及维护，积极举办送文化下乡、大型民间文艺表演、体育竞技等形式多样的文体活动，全面提升乡镇综合文化站和村综合文化中心使用率，提高群众在日常文化活动中的参与度。充分结合临夏当地民族特色，组织开展各类民俗文化活动，让节日更富乡风特色，让农村更具有情感及文化感。建立健全移风易俗激励约束机制，加大正面典型的宣传力度和负面典型的批评力度，以典型教育引导群众，着力整治歪风陋习，营造积极向上的社会风气。

（五）以党建为引领，推动自治、德治、法治融合，促进社区治理有效

经过脱贫攻坚，临夏市乡村治理不断完善，但距离自治、德治、法治"三治"融合、治理有效的道路仍然有一段距离。要坚持党建统领村民会议、村民代表会议、村民议事会、农业合作社、宗教团体建设，鼓励基

层群众参与临夏市农村公共事务的治理，完善包括村民会议、村民代表会议、村民议事会、村民理事会、村民监事会等在内的民主议事制度。通过走院落、入农家，紧紧围绕村民关心的热点问题，广泛听取村民意见建议，详细记录群众诉求想法，根据村情有针对性地制订及修订村规民约，让村规民约与村情民意紧密结合，达到群众普遍认同，谋求事半功倍的效果。让全体村民知晓和积极参与到村规民约建设中来，采取群众喜闻乐见的宣传方式，让村规民约家喻户晓，在潜移默化中得到民众的认同，形成村民的"行为自觉"。建立良好有效的监督引导机制，及时有效处理处置违规违约现象，加强村规民约的信服力，逐步形成相互监督、共同遵守村规民约的良好风尚。加大公安部门查办和惩处乡村黑恶势力、宗族恶势力、宗教极端势力的力度，消除社会不稳定潜在因素。

（六）以增加农民财产性收入和工资性收入为突破口，不断提高农民收入水平

临夏市成功脱贫摘帽，绝大部分群众实现了"两不愁三保障"，但总体而言劳动力就业结构仍显单一，增收渠道仍然有限。群众生活质量还有较大提升空间，农民收入来源还需多元化。作为城郊农村，临夏市应坚持以"承包地、宅基地、集体资产改革"为突破口增加农民财产性收入，转包、出租、互换、入股、转让、抵押、担保等多种市场交易形式，激活和流动土地等财产要素。积极创新村集体经营性资产增长的市场化投资途径，按照"宜农则农、宜工则工、宜商则商"的因地制宜发展思路，合理确定发展定位与发展战略，对村范围内新发展的二、三产业项目给予税费减免优惠，辅助集体经营性资产增长。不断完善城乡社会保障体系覆盖力度，兜底保障困难群众生活。建立覆盖全民、城乡统筹、保障适度、可持续的多层次社会保障体系，加大覆盖农村及贫困人口，以完善的社会保障

体系降低生活及社会风险对贫困人口的冲击。充分利用现代科技手段加强"互联网+岗位"平台建设，向农民进行个性化岗位推荐，鼓励临夏市区龙头企业及相关用人单位吸纳贫困劳动力就近就地就业，促进就近就业，持续增加农民工资性收入。

参考文献

[1] 陈琳、陈耀华：《以信息化带动教育现代化路径探析》，《教育研究》2013年第11期。

[2] 陈鸣声、钱东福：《我国西部地区个人现金卫生支出致贫影响研究——基于少数民族边远地区的调查》，《中国卫生政策研究》2017年第6期。

[3] 陈在余、王海旭、蒯旭光：《农户因病致贫的动态变化及其影响因素分析》，《湖南农业大学学报（社会科学版）》2017年第6期。

[4] 曹诗颂、王艳慧、段福洲等：《中国贫困地区生态环境脆弱性与经济贫困的耦合关系——基于连片特困区714个贫困县的实证分析》，《应用生态学报》2016年第8期。

[5] 丁冬、郑风田：《撤点并校：整合教育资源还是减少教育投入？——基于1996—2009年的省级面板数据分析》，《经济学（季刊）》2015年第2期。

[6] 段博仁：《撤点并校后的农村教育现状——以福建调研地为例》，《农村经济与科技》2018年第2期。

[7] 杜毅、孙晓锦：《我国农村贫困致因研究综述》，《洛阳理工学院学报（社会科学版）》2016年第4期。

[8] 桂金赛、孙玉芬：《云南深度贫困片区扶贫攻坚面临的困难与对策实证研究》，《全国商情》2016年第24期。

[9] 郭庆旺、贾俊雪、高立：《中央财政转移支付与地区经济增长》，《世界经济》2009年第12期。

[10] 贺晓娟、陈在余、马爱霞：《新型农村合作医疗缓解因病致贫的效果分析》，《安徽农业大学学报（社会科学版）》2012年第5期。

[11] 揭子平、丁士军：《滇桂边境民族地区贫困的特殊性及反贫困对策——以云南梁河县和广西防城区为例》，《中南民族大学学报》（社会科学版）2018年第1期。

[12] 林伯强：《中国的经济增长、贫困减少与政策选择》，《经济研究》2003年第12期。

[13] 林闽钢：《在精准扶贫中构建"因病致贫返贫"治理体系》，《中国医疗保险》2016年第2期。

[14] 林业巩固脱贫成果示范模式及相关支持政策调研组：《加强林业扶贫是深度贫困地区实现脱贫攻坚的有效途径——晋、陕两省吕梁山区林业扶贫调研报告》，《林业经济》2017年第8期。

[15] 龙安邦、范蔚：《我国教育公平研究的现状及特点》，《现代教育管理》2013年第1期。

[16] 龙玉其：《民族地区社会保障的发展及其反贫困作用》，《云南民族大学学报（哲学社会科学版）》2015年第6期。

[17] 刘宥延、巩建锋、段淇斌：《甘肃少数民族地区生态环境与农牧民贫困的关系及反贫困对策》，《草业科学》2014年第8期。

[18] 刘慧、叶尔肯吾扎提：《中国西部地区生态扶贫策略研究》，《中国人口·资源与环境》2013年第10期。

[19] 李忠彬：《民族地区精准脱贫的"村寨模式"研究——基于10个特色村寨的调研》，《西南民族大学学报（人文社科版）》2017年第1期。

[20] 李实:《中国农村劳动力流动与收入增长和分配》,《中国社会科学》1999年第2期。

[21] 李海鹏、梅傲寒:《民族地区贫困问题的特殊性与特殊类型贫困研究》,《中南民族大学学报(人文社会科学版)》2016年第3期。

[22] 李俊杰、李海鹏:《民族地区农村扶贫开发政策回顾与展望》,《民族论坛》2013年第5期。

[23] 李俊杰、狄新:《民族地区深度贫困现状及治理路径研究——以"三区三州"为例》,《民族研究》2018年第1期。

[24] 李长亮:《民族地区精准扶贫:实践与启示——以临夏县D村为例》,《西北民族研究》2017年第2期。

[25] 刘小珉:《多维贫困视角下的民族地区精准扶贫——基于CHES2011数据的分析》,《民族研究》2017年第1期。

[26] 刘一伟:《劳动力流动、收入差距与农村居民贫困》,《财贸研究》2018年第5期。

[27] 吕方:《精准扶贫与国家减贫治理体系现代化》,《中国农业大学学报(社会科学版)》2017年第10期。

[28] 黄承伟:《论习近平新时代中国特色社会主义扶贫思想》,《南京农业大学学报(社会科学版)》2018年第3期。

[29] 黄承伟:《中国扶贫开发道路研究:评述与展望》,《中国农业大学学报(社会科学版)》2016年第5期。

[30] 黄承伟、覃志敏:《我国农村贫困治理体系演进与精准扶贫》,《开发研究》2015年第2期。

[31] 莫光辉:《五大发展理念视域下的少数民族地区多维精准脱贫路径——精准扶贫绩效提升机制系列研究之十一》,《西南民族大学学报(人文社会科学版)》2017年第2期。

[32] 庞香萍:《优化民族地区新型农村社会保障公共服务的探讨》,《农业经济》2016年第2期。

[33] 祁新华、林荣平、程煜、叶士林:《贫困与生态环境相互关系研究评述》,《地理科学》2013年第12期。

[34] 史志乐、张琦:《少数民族深度贫困地区脱贫的绿色减贫新构思和新路径》,《西北民族大学学报(哲学社会科学版)》2018年第3期。

[35] 宋嘉:《教育——脱贫攻坚战的主力军》,《现代交际》2018年第10期。

[36] 田先红:《家计模式、贫困性质与精准扶贫政策创新——来自西南少数民族地区S乡的扶贫开发经验》,《求索》2018年第1期。

[37] 覃志敏:《连片特困地区农村贫困治理转型:内源性扶贫——以滇西北波多罗村为例》,《中国农业大学学报(社会科学版)》2015年第6期。

[38] 唐毓懋:《贵州省毕节市农村贫困研究》,中国农业科学院,硕士论文,2011年。

[39] 汪三贵、张伟宾、陈虹妃、杨龙:《少数民族贫困变动趋势、原因及对策》,《贵州社会科学》2012年第12期。

[40] 汪三贵、刘未:《"六个精准"是精准扶贫的本质要求——习近平精准扶贫系列论述探析》,《毛泽东邓小平理论研究》2016年第1期。

[41] 汪三贵、曾小溪:《从区域扶贫开发到精准扶贫——改革开放40年中国扶贫政策的演进及脱贫攻坚的难点和对策》,《农业经济问题》2018年第8期。

[42] 汪辉平、王增涛、马鹏程:《农村地区因病致贫情况分析及思考——基于西部9省市1214个因病致贫户的调查数据》,《经济学家》2016年第10期。

[43] 王黔京、沙勇、陈芳:《民族地区农村家庭健康现状调查与健康精准扶贫策略研究——基于云南省的抽样数据》,《贵州民族研究》2017年第6期。

[44] 王小鲁、樊纲:《中国地区差距的变动趋势》,《经济研究》2004年第1期。

[45] 王庶、岳希明:《退耕还林、非农就业与农民增收》,《经济研究》第4期。

[46] 王赞新:《集中连片特困地区的生态补偿式扶贫标准与思路——以大湘西地区为例》,《湖湘论坛》2015年第4期。

[47] 王晓毅:《反思的发展与少数民族地区反贫困——基于滇西北和贵州的案例研究》,《中国农业大学学报(社会科学版)》2015年第8期。

[48] 王晓毅:《精准扶贫与驻村帮扶》,《国家行政学报》2016年第3期。

[49] 王延中、宁亚芳:《新时代民族地区决胜全面小康社会的进展、问题及对策——基于2013—2016年民族地区经济社会发展问卷调查的分析》,《管理世界》2018年第1期。

[50] 王飞:《边疆民族地区精准脱贫中的主要问题及建议》,《中央民族大学学报(哲学社会科学版)》2018年第4期。

[51] 魏来、童雪涛、冯毅、朱晓荣:《遵义市H区新型农村合作医疗解决因病致贫能力》,《特区经济》2014年第12期。

[52] 吴乐、孔德帅、靳乐山:《生态补偿有利于减贫吗?——基于倾向得分匹配法对贵州三县的实证分析》,《农村经济》2017年第9期。

[53] 许丽丽、李宝林、袁烨城等:《基于生态系统服务价值评估的我国集中连片重点贫困区生态补偿研究》,《地球信息科学学报》2016年第3期。

[54] 肖时花、吴本健:《轨迹与趋向:民族地区70年扶贫历程研究》,

《广西民族研究》2018年第5期。

[55]乐章：《反贫困与社会发展：关于农村扶贫开发的一个实证分析》，《中南财经政法大学学报》2005年第1期。

[56]殷浩栋、汪三贵、郭子豪：《精准扶贫与基层治理理性——对于A省D县扶贫项目库建设的解构》，《社会学研究》2017年第6期。

[57]杨浩、汪三贵、池文强：《少数民族地区精准脱贫进程评价及对策研究》，《贵州民族研究》2016年第7期。

[58]杨龙、李萌：《贫困地区农户的致贫原因与机理——兼论中国的精准扶贫政策》，《华南师范大学学报（社会科学版）》2017年第4期。

[59]杨小敏：《"教育致贫"的形成机制、原因和对策》，《复旦教育论坛》2007年第3期。

[60]袁媛：《少数民族地区弱势群体社会保障机制的建构》，《贵州民族研究》2017年第7期。

[61]张宏军：《弱势群体"教育致贫"的原因及对策》，《学术论坛》2010年第3期。

[62]张朋、郑小凤：《云南"撤点并校"学校体育资源开发阻力分析》，《红河学院学报》2018年第1期。

[63]张伟宾、汪三贵：《扶贫政策、收入分配与中国农村减贫》，《农业经济问题》2013年第2期。

[64]张钦、赵雪雁、雒丽、王亚茹、薛冰：《高寒生态脆弱区气候变化对农户生计的脆弱性影响评价——以甘南高原为例》，《生态学》2016年第3期。

[65]张冬梅：《财政转移支付民族地区生态补偿的问题与对策》，《云南民族大学学报（哲学社会科学版）》2012年第5期。

[66]张丽君、董益铭、韩石：《西部民族地区空间贫困陷阱分析》，

《民族研究》2015年第1期。

[67] 张丽君、吴本健等:《中国少数民族地区扶贫进展报告(2016)》,中国经济出版社2017年版。

[68] 张丽君、吴本健等:《中国少数民族地区扶贫进展报告(2017)》,中国经济出版社2018年版。

[69] 张丽君、吴本健等:《中国少数民族地区精准扶贫案例集》,中国经济出版社2017年版。

[70] 郑长德:《"三区三州"深度贫困地区脱贫奔康与可持续发展研究》,《民族学刊》2017年第6期。

[71] 周林刚、王赪:《论民族农村社区社会保障体系的建构》,《西北民族研究》2002年第4期。

[72] 庄天慧、张军:《民族地区扶贫开发研究——基于致贫因子与孕灾环境契合的视角》,《农业经济问题》2012年第8期。

[73] 左停、杨雨鑫、钟玲:《精准扶贫:技术靶向、理论解析和现实挑战》,《贵州社会科学》2015年第8期。

[74] 左停、金菁、李卓:《中国打赢脱贫攻坚战中反贫困治理体系的创新维度》,《河海大学学报(哲学社会科学版)》2017年第10期。

[75] 左停、徐小言:《农村"贫困—疾病"恶性循环与精准扶贫中链式健康保障体系建设》,《西南民族大学学报(人文社会科学版)》2017年第1期。

[76] 左停、徐加玉、李卓:《摆脱贫困之"困":深度贫困地区基本公共服务减贫路径》,《南京农业大学学报(社会科学版)》2018年第2期。

[77] 曾以禹、吴琼、衣旭彤:《深度贫困地区林业精准扶贫案例研究》,《林业经济》2017年第8期。

[78] 赵智兴、南钢、焦炜:《弱势阶层视角下山区农村小学布局问题

及破解——基于四川某山区农村的田野调查》,《教育学术月刊》2017年第11期。

[79]赵雪雁、刘春芳、王学良、薛冰:《干旱区内陆河流域农户生计对生态退化的脆弱性评价——以石羊河中下游为例》,《生态学报》2016年第13期。

[80]周侃、王传胜:《中国贫困地区时空格局与差别化脱贫政策研究》,《中国科学院院刊》2016年第1期。

后　记

2018年12月，受国务院扶贫办全国扶贫宣教中心委托，课题组一行15人前往临夏市，总结临夏市脱贫摘帽的主要做法和典型经验。犹记得，第一天到达临夏市时，课题组就被这片土地多元包容的文化历史深深吸引，被临夏市脱贫攻坚的巨大成就深深折服，被临夏市党员干部的实干担当、昂扬气质深深感染。一种使命感促使课题组铆足干劲、凝心聚力，全心全意投入总结临夏市脱贫攻坚的成就和经验中来。在这个过程中，我一再告诫团队成员，要立足现实，扎根实践，向中国甚至世界讲好临夏脱贫攻坚故事。

临夏市是中国民族地区减贫事业的典型代表，朴实无华、实实在在。改革开放以来脱贫路，剩下难啃的"硬骨头"大多集中在民族地区。短短几年时间里，包括临夏市在内的全部民族地区贫困县都已实现或将实现历史性消除绝对贫困。在一波波的脱贫摘帽喜讯中，外界也许早已习惯甚至漠然了某一个贫困县的脱贫摘帽，认为在强有力的政府领导和社会动员下，脱贫摘帽理所当然、没有什么大不了的。甚至，还有观点质疑，在经济下滑的背景下，动员如此多的资源帮扶偏远地区的少数人口，是政绩工程，劳民伤财，违背市场规律、经济发展规律。上述观点都忽略了——消除贫困、改善民生、实现共同富裕不仅是我们党的初心和庄严承诺，也是人民的共同期盼和心声，顺应了时代的要求和呼唤。强有力的政府领导和社会动员能力至关重要，但也不应忽视，深受贫困之苦的贫困地区人民，自强不息、艰苦奋斗、积极作为，也是决定脱贫攻坚能否成功的关键。

正如习近平总书记在2018年新年贺词中强调的，幸福都是奋斗出来的。临夏广大干部群众是这场脱贫攻坚战的主力军，是精准扶贫、精准脱贫方略的积极落实者、实践者、贡献者。在我们的调研过程中，时时被临夏市干部群众所呈现出的奋斗精神、实干劲头感动：市委四大领导班子对中央、省、州脱贫攻坚的相关情况、相关政策了如指掌，对全市所有贫困村的脱贫攻坚工作如数家珍，对全市所有重点贫困户的脱贫进展一清二楚；在乡镇、村庄脱贫一线，一大批像课题组里的研究生一样年纪的年轻干部，扑下身子、走家串户，带着村干部和困难群众拿对策、申项目、推进项目，经过磨砺从"愣头青"成长为懂农业、爱农村、爱农民的青年干部；在马家庄，村书记自豪于如何动员年轻大学生回村创业，盘活村庄资源成立农民合作社，带领贫困群众脱贫致富，并畅想着乡村振兴的美好生活；在"扶贫车间"，企业家深情地向我们回忆了响应号召、回馈家乡，创办"扶贫车间"和助力脱贫攻坚的历程；在设施大棚，我们看到，贫困群众起早贪黑、肯干实干，用自己勤劳双手实现脱贫致富；在罗家湾村，贫困老人动情地向我们讲述，帮扶干部如何像亲人一样，帮助解决家庭矛盾、发展生产、看病买药；在贫困户家庭，了解他们脱贫攻坚不屈不挠、努力奋进的吃苦精神，体验他们喜笑颜开、感恩党和政府的精神面貌……可以说，正是这一个个具体生动的共产党人和群众形象，撸起袖子实干苦干，创造了临夏市脱贫攻坚的历史。

乡村振兴的号角已经吹响，临夏市正从脱贫攻坚大踏步走向乡村振兴。临夏市脱贫攻坚已融入当地经济建设、政治建设、文化建设、社会建设、生态文明建设中，促进了物质文明、政治文明、精神文明、社会文明、生态文明全面提升。我们期待，临夏市能够按照产业兴旺、生态宜居、乡风文明、治理有效、生活富裕的总要求，建立健全城乡融合发展体制机制和政策体系，在乡村振兴的实践中再立丰碑。我们有理由相信，经过脱贫攻坚的洗礼和积淀，临夏市一定可以如期实现乡村振兴。

我代表课题组，感谢临夏这片土地的人民，提供了一个极好的研究场地，让我们从临夏市的案例出发，理解中国脱贫攻坚的逻辑和经验，贡献于中国特色扶贫经验的探索。感谢全国扶贫宣传中心原主任（现为中国扶贫发展中心主任）黄承伟，骆艾荣副主任、孙晓岚亲自谋划和指导了本项研究。感谢临夏原州委书记杨元忠，临夏州委书记郭鹤立、州委副书记、州长马相忠，临夏州委常委、副州长刘富祯，在百忙之中亲自关怀和指导了课题组在临夏市的调研。感谢全国贫困地区干部培训中心兰州分院副院长张宏理、培训处干部李丽临，以及甘肃省扶贫办项目三处干部王超，全程参与了调研并给予了有力协助。课题组的顺利调研离不开临夏市委、市政府的倾力支持和密切配合。尤其是，感谢临夏州委常委、临夏市委书记曹正民、市长郭维安，临夏市人大常委会主任马临生，临夏市委副书记、临夏市政协主席张卓，临夏市委常委董致杰，临夏市委常委、组织部部长罗建，亲自安排课题组的调研后勤，带领课题组成员走访扶贫现场，接受课题组深度访谈，交流脱贫攻坚历程和所思所想。课题组走访了临夏市扶贫办、组织部、宣传部、财政局、发改局、农业局、畜牧局、林业局、金融办、住建局、民政局、教育局、工信局、文旅局、卫计局、人社局、民宗局、统计局等10多个部门，与这些部门的负责人和工作人员召开座谈会，感谢他们的密切配合，并跟我们分享了在脱贫攻坚一线的宝贵工作感悟。城郊镇、折桥镇、南龙镇、枹罕镇等4个乡镇的镇干部和工作人员，瓦窑村、大庄村、苟家村、张王家村、聂家村、拜家村、江牌村、王坪村、罗家湾村、马家村等10个村庄的帮扶干部、村干部、贫困户和普通村民，积极配合课题组的访谈或者问卷调研，在此表示真诚的感谢。调研过程中，课题组还得到了临夏市委、市政府办公室工作人员对调研后勤和行程的悉心安排和协助，在此表示感谢。可以说，没有临夏市各级党政干部和群众的密切配合，课题组的调研不会完成得如此顺利。临夏市各级党政干部和群众长期奋斗在脱贫攻坚的第一线，勤于思考、勇于探索，与他们交谈和相处，燃起了课题组学术思想的火花，让我们感受到了精神上的力量，振奋了我们讲好临夏脱贫攻坚故事的斗志。因此，本报告是集体劳动的成果。感谢临夏市人民！

　　由于调研和写作时间有限，作为外来者的我们对临夏市脱贫攻坚这一复杂工程的理解，不见得就是完全正确，甚至还有可能出现错误。文中所有瑕疵和错误，均由课题组负责。如若对临夏市脱贫攻坚的描写和分析不到位，还望包涵。敬请读者多多提出宝贵意见。

张丽君
2019年8月19日于中央民族大学文华楼